教育部中外语言交流合作中心《国际中文教育中文水平等级标准》
教学资源建设项目（项目编号：YHJC22WT004）

（修订版）

国际中文教师语音教学手册

Guoji Zhongwen Jiaoshi
Yuyin Jiaoxue Shouce

宋海燕 编著

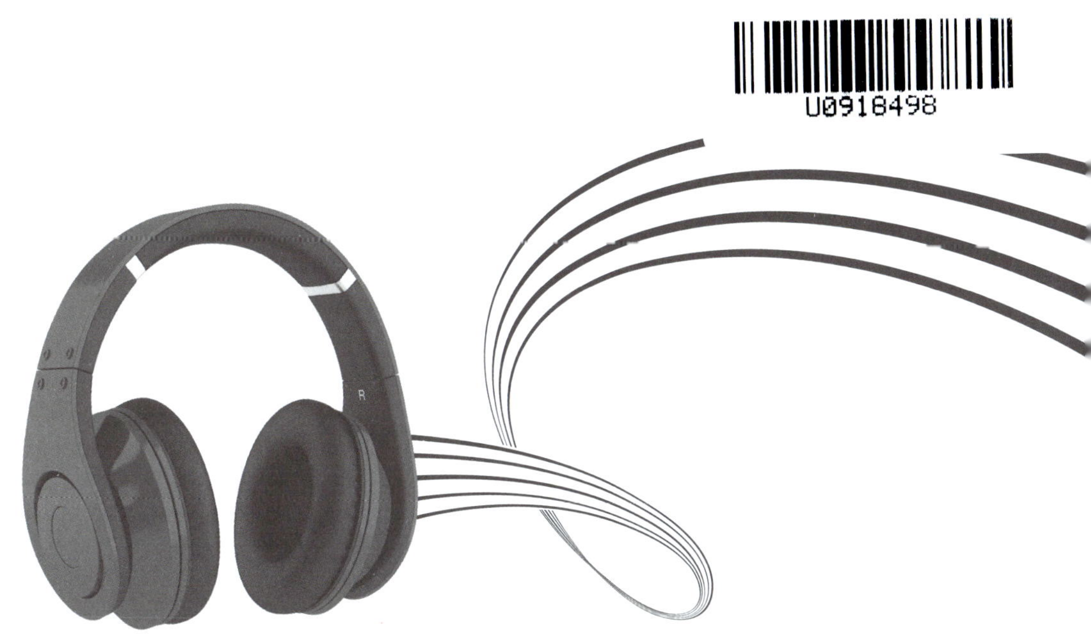

HANDBOOK ON PHONETICS TEACHING FOR INTERNATIONAL CHINESE TEACHERS

(Revised Edition)

中国教育出版传媒集团
高等教育出版社 · 北京

图书在版编目（CIP）数据

国际中文教师语音教学手册 / 宋海燕编著. -- 修订版. -- 北京 : 高等教育出版社, 2025.3. -- （国际中文教师课堂教学资源丛书）. -- ISBN 978-7-04-063117-3

Ⅰ. H195.3

中国国家版本馆 CIP 数据核字第 20246CT917 号

策划编辑 李 玮　　责任编辑 李欣欣　　封面设计 马天驰　　版式设计 马 云
插图绘制 霍 苗　　插图选配 李欣欣　　责任校对 李 玮　　责任印制 赵义民

出版发行 高等教育出版社
社 址 北京市西城区德外大街 4 号
邮政编码 100120
印 刷 三河市春园印刷有限公司
开 本 889mm×1194mm 1/16
印 张 19.5
字 数 534 千字
购书热线 010-58581118
咨询电话 400-810-0598

网 址 http://www.hep.edu.cn
http://www.hep.com.cn
网上订购 http://www.hepmall.com.cn
http://www.hepmall.com
http://www.hepmall.cn
版 次 2015 年 7 月第 1 版
2025 年 3 月第 2 版
印 次 2025 年 3 月第 1 次印刷
定 价 128.00 元

物 料 号 63117-00

前言

人们每天都要说话，每天都要使用语音。以汉语为母语的中国人，每天都要说汉语，但并不是每个人都能提炼、展示汉语语音知识，更不要说能够讲解或者教学了。

和词汇、语法相比，语音有其特殊性。这种特殊性在于，语音教学既有更难的一面，也有更容易的一面。“更难”体现在：如果没有深入的关于语音教学或练习的认识，就很难打开思路，而词汇或者语法至少还能想出一些例子。“更容易”的一面则在于：语音内容是一个相对封闭的系统，不像词汇、语法那么多、那么复杂，把这些内容梳理清楚并找到一些规律性的方法和技巧，全面地把握语音教学就不成问题。

本书是高等教育出版社策划的“国际中文教师课堂教学资源丛书”中的一本，是教育部中外语言交流合作中心2022年度《国际中文教育中文水平等级标准》教学资源建设项目（项目编号：YHJC22WT004）的成果之一。本丛书第一版出版后受到广泛的欢迎和好评。在《国际中文教育中文水平等级标准》（以下简称《等级标准》）出台的新背景下，结合新形势及相关使用反馈，我们对本书进行了修订，希望这本书能继续为国际中文教育语音教学提供可借鉴的教学资源和可参考的实践技能。

本次修订主要体现在以下几个方面：

1. 调整内容顺序

将原书中作为附录的“语音教学问答”放到本书第一部分，旨在引导读者先从整体上构建对于国际中文教育语音及教学的全面认知，便于其更深入理解后续内容并更有效地运用于教学实践。

2. 对标《等级标准》

对照《等级标准》，在“语音教学问答”部分修改并增加条目，就国际中文教育语音教学标准及内容进行对照性阐述，详见“语音教学问答”第11条和12条。同时，附上音节表，并参照《等级标准》标注音节对应等级，便于教师对照查阅。

3. 改变呈现方式

适应教育媒介发展新形势，将每个章节原有的“语音训练营”内容以数字资源形式呈现，读者可以扫描二维码使用，既提高了资源利用的便利性，也缩减了纸版教材体量，使其更便于携带。同时全书的配套录音也以数字资源

扫码获取本书配套录音

的形式呈现。

4. 完善整体内容

与时俱进，修改例句等语料，完善内容与表述。

本书的对象

和丛书其他手册一样，本书为广大国际中文教师和有志于从事国际中文教育工作的读者而编写。其适用对象为海内外的中文教师、国际中文教师志愿者，以及国际中文教育专业的本科生和研究生；适用范围为专业课教学、职业培训或者自学。

本书的结构

1. 三个部分

本书整体上分为三个部分：一是语音教学问答，包括语音基础知识、语音教学和语音课堂教学三个主题，以问答的形式简明扼要地介绍相关知识、原则、方法等，帮助读者建立对语音及语音教学的整体认知。二是语音教学系统知识，分类分章分节地对汉语语音系统的各类项目进行具体讲解，全面夯实读者的汉语语音知识及教学技能。三是附录，包括可以帮助读者直观感受汉语语音课堂的声调课堂教学示例，书中课堂练习、测试和语音训练营的录音文本及参考答案，以及供教师查阅的音节表。

2. 十个篇章

除第一章外，按照语音系统的不同类别分为九章，依次是：声调、单韵母、声母、复韵母、音节、连读变调、儿化、轻声、语调。每一章细分为节，详述该类别下的具体内容。这样既能比较系统、有条理地呈现汉语语音的基本内容，同时也与目前大多数通行教材对语音的处理相通，便于使用者顺利、轻松地对照本手册进行教学，基本不用二次提炼和加工。

3. 四个板块

本书各章的主要内容包括语音分项内容、语音训练营、综合听读材料和测试四个板块。分项内容逐一具体介绍该类语音项目的具体内容；语音训练营是针对该类语音项目的练习；综合听读材料是针对该章所有语音内容的综合练习；测试是针对该章所有语音内容的若干测试题目。后三项都以活动页的形式呈现，教师可按需复印使用。

4. 三个条目

在声调、单韵母、声母和复韵母部分，每节内容包括：教师知识储备、教学方法、常见问题及对策。教师知识储备提供关于该项语音内容的基础知识，帮助教师认识并掌握相应的语音项目；教学方法从国际中文教学课堂实践出发，针对每个语音项目介绍切实有效的方法和技巧；常见问题及对策列举该语音项目在国际中文教学中可能出现的问题并提出具体的处理对策。从音节部分开始，教学方法和常见问题及对策合并为教学建议。

本书的特色

1. 语音知识与教学技能结合并重

概说、教师知识储备是语音知识的介绍和传授；教学方法、常见问题及对策是教学技能的提示和指导。

2. 教学对策与建议简明有效

本书对教学对策与建议的介绍充分考虑了读者的实际情况，不做长篇大论的抽象描述，而是以具体的课堂教学为参照，分项分条列举，力争用简明的语言介绍有效的方法，使读者看得懂、用得上。

3. 注重实际语音能力的提高

语音能力具有鲜明的动作技能的性质，需要大量的练习才能掌握。本书提供大量的活动页及测试题，可供教师复印使用。活动页通过大量的听辨及发音练习训练发音能力，测试重在检验最终的教学效果。

4. 练习与活动注重针对性、趣味性与实用性的兼顾

每一个练习或活动都针对具体的语音内容设定明确的练习目标，保证其针对性；同时在内容编排、形式设计等方面兼顾趣味性；在词句选择方面考虑其常用性，尽量确保学习者在练习目标语音项目的同时伴随习得一些实用词句。

5. 整体设计方便实用

本书全面涵盖汉语语音系统的内容，介绍各项内容的基本知识，提供简明有效的教学方法，配备大量的练习和活动。教师一册在手，即可全面把握汉语语音的基本内容，同时可根据教学的具体情况，灵活选择、组合相关资源，自制成一本有针对性的学生用书。

本书的多重用途

1. 教师自身汉语语音知识扎实系统化的参考书

本书基本涵盖了现代汉语普通话语音方面的主要内容及教学方法，这是做好一个国际中文教师特别是教语音的国际中文教师的基础。对于那些感觉自身语音知识不够扎

实系统的教师，可以在整体阅读学习本书的基础上巩固提高。因此，本书可以作为国际中文教师培训或自学的参考书。

2. 国际中文教育语音教学的资源库

如果教学中没有专门的语音教材或者学生的教材中没有涉及语音部分，教师完全可以根据学生水平及学习阶段、按照本书设置的教学顺序复印相关的活动页，自己组合装订成一份语音教学材料，按部就班地对学生进行教学。即使学生的教材中编排有语音教学内容，教师也可视情况从本书中选择必要的材料进行补充，或者根据本书的顺序、方法和材料组织语音教学。

3. 汉语语音教学答疑解惑的指导书

不管是在国内还是国外，不管是专门的语音教学还是其他课型的教学，只要学生有语音方面的相关问题或困惑，就可以查阅本书并利用相关的练习材料帮助学生进行练习。

本书再版之际，衷心希望这本书能对国际中文教育的从业者有所帮助。由于本人水平有限，本书疏漏之处恐在所难免，敬请同行、读者批评指正。

作者

2024年5月10日

使用说明

语音教学问答

采用问答形式介绍汉语语音系统基础知识、国际中文教育语音教学原则、理念及语音课堂教学的核心问题。建议读者开卷首先阅读这一部分，以构建对汉语语音及其教学的整体认知，便于更好理解和把握后续相关内容。

概说

每章开篇简明扼要地总结、介绍该类语音项目的核心要点，为该章具体小节相关内容的理解打下基础。

教学方法/教学建议

声调、单韵母、声母和复韵母部分从教学用语和口形示范两个角度为教师提供具体的教学方法。其中，教学用语提供英语翻译，便于教师按需使用。音节、连读变调、儿化、轻声和语调部分以教学建议的形式为教师针对相关语音项目的具体教学情况提供可操作的思路，教师可据此思路有针对性地组织教学。

教师知识储备

分项总结教师需要储备的关于单个语音项目的基础知识。声调、单韵母、声母和复韵母部分具体分为基本知识、发音方法和发音关键；音节、连读变调、儿化、轻声和语调部分分为基本知识和教学关键。对该部分的了解和掌握可以帮助教师内化并提升具体的教学能力和技巧，提高教学效果。

常见问题及对策

声调、单韵母、声母和复韵母部分基于语音教学研究文献、学生语音偏误总结分析等列举呈现单个语音项目的常见偏误及具体的教学对策。教师可在课前熟悉该部分内容，在教学中提前引导学生避免出现类似偏误，也可利用具体的对策指导、纠正学生的偏误。

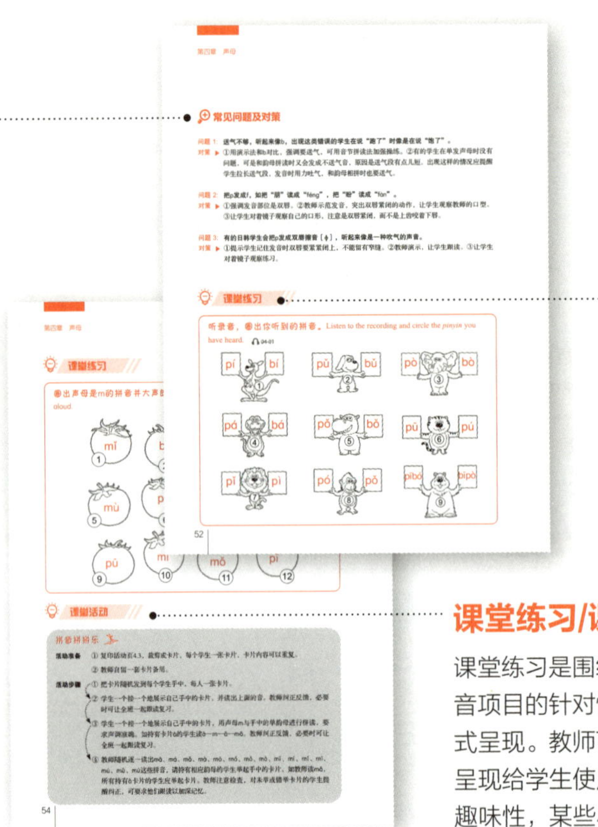

课堂练习/课堂活动

课堂练习是围绕当节语音项目及其相关语音项目的针对性练习，力图以趣味性的形式呈现。教师可提前复印或用投影等形式呈现给学生使用。为增加教学的互动性及趣味性，某些小节有课堂活动，活动内容是对当节语音项目或此前相关语音项目的知识和技能的检验。教师可提前复印或自备活动页按照活动提示组织活动，也可根据活动启发，自行设计不同内容或形式的课堂活动。

语音训练营

针对当节语音项目设计的针对性练习，练习页和录音材料以数字资源的形式呈现。教师可扫码使用。语音训练营的最后一题通常是包含该语音项目的常用词语、配图和英文翻译，教师可以引导学生用以学习相关常用词语。

测试

针对整章主要内容的独立测试题。教师可复印给学生进行独立测试。声调、单韵母、声母和复韵母部分一般提供多套测试题，遵循“单独听辨—音节听辨—语境听辨”的递进顺序，教师可按需全部使用或选择使用。

综合听读材料

每章后包含该章所有语音项目的综合听读材料，目的是帮助学生综合练习该章语音项目并发现难点或偏误，以便有针对性地进行纠正及巩固。教师可复印或通过投影等形式呈现给学生使用。该部分材料比较多，教师可根据实际情况全部或部分选用，可变换多种练习形式。

附录1

声调课堂教学示例以课堂实录的形式呈现语音教学课堂的线性流程，增强教师对课堂的直观感知。

附录2

录音文本及参考答案为本书课堂练习、测试、语音训练营等的录音文本和答案，供教师参考。

附录3

音节表呈现《等级标准》中各等级下的音节条目，便于教师查阅对照。

目 录

第五章　复韵母　107

第六章　音节　193

第七章　连读变调　208

第一章

语音教学问答

语音基础知识

1. 什么是语音?

自然界存在着各种各样的声音。语音是声音的一种，它和人有关，是由人发出的声音。我们敲击物体发出的声音、动物发出的声音都不叫语音。虽然语音和人有关，但并不是人发出的所有声音都是语音。困了打哈欠的声音、平时呼吸的声音、不舒服时咳嗽或打喷嚏的声音都不是语音，因为这些声音不能传递具体的意义，没有交际作用。语音是指人说话时由发音器官发出的表达一定意义的声音。

2. 语音有哪些属性?

（1）物理属性。语音同自然界的其他声音一样，产生于物体的振动，具有物理属性，主要表现在音高、音长、音强和音色四个方面。音高指声音的高低，它是由物体振动的频率决定的。在汉语普通话中，不同的音高构成了不同的声调，有区别意义的作用。音长指声音的长短，它是由物体振动的时间决定的。有的语言中音长有区别意义的作用，如英语的eat［i:t］和it［it］。在汉语普通话中，音长主要与表达中的语调有关，如“啊”用较短的低降调说出时表示应答，用较长的低降调说出时则表示赞叹。音强指声音的强弱，它是由物体振动幅度的大小决定的，与轻重音相联系。音色指声音的特色，也叫音质。一个人的音色可以让别人很快辨别出来他的声音。

（2）生理属性。语音是由人的发音器官发出来的，不同的语音是由不同的发音器官及其活动决定的，这就是语音的生理属性。人体重要的发音器官包括动力源、发音体和共鸣器三部分。

（3）社会属性。语音能在社会交际中起作用靠的是它所表达的意义。换句话说，语音必须在一种语言中具有表达意义的作用才能被称为这种语言的语音。比如，英语中thank的发音是［θænk］，表示“感谢”的含义，［θ］在这个音节中有表达意义的作用，所以属于英语的语音系统。虽然中国人也能发出［θ］，但是汉语的字词跟这个音没有关联性，也就是说，这个音在汉语普通话中没有表达意义的作用，所以不属于汉语的语音系统。某个语音有没有表达意义的作用，在哪种语言中有表达意义的作用，并不是某个人自己决定的，而是使用这种语言的全体社会成员约定俗成的，因此语音又具有社会属性，这也是语音的本质属性。

3. 人体重要的发音器官有哪些?

（1）肺——语音的动力源。肺的呼吸作用产生的气流是人类发音的原动力，人类的大部分语音都是在肺部呼出气流时发出的，但利用吸气发出的声音在有的语言或方言中也起表达意义的作用。人类发音的强弱和肺部气流压力的大小有关系，想让声音强，肺部就要呼吸较大量的气流，呼吸的气流量小，声音就比较弱。所以呼吸能力受限的人特别是病人，发出的声音就比较弱。

（2）声带——语音的发音体。肺部呼吸产生的气流冲击声带，带动声带的不同运动，就能产生不同的声音。声带是人类重要的发音体，一个人声音嘶哑或失声，大多是某种因素造成声带不能正常运动或声带本身病变而导致的。语音的高低和人的声带的长短、厚薄、松紧相关。声带放松，振动频率低，发出的声音就低；声带拉紧，振动频率高，发出的声音就高。不同的人声带生理特点不一样，声音也就不同。从性别上看，女人的声音一般比男人的高，这是因为女人的声带通常短而且薄。从年龄上看，小孩儿的声音往往又细又尖，这是因为孩子的声带更短更薄，随着声带的发育，声音会发生改变。变声一般从14岁左右开始。

（3）口腔和鼻腔——语音的共鸣器。声带运动产生的声音通常是含混不清的，像蜜蜂嗡鸣一样，而我们平时听到的语音是经过共鸣放大的。人类发音的共鸣器包括口腔、鼻腔、咽腔和喉腔，其中口腔和鼻腔是最重要的共鸣器。鼻腔的形状是固定不变的，口腔的形状却可以改变，人类大部分的发音器官都集中在口腔里。具体来说，口腔里的发音器官主要有：上下唇、上下齿、齿龈、硬腭、软腭、小舌和舌头，舌头又可以分为舌尖、舌叶和舌面，舌面又分为前、中、后，舌面后部常常被称为舌根（见图1.1、图1.2）。

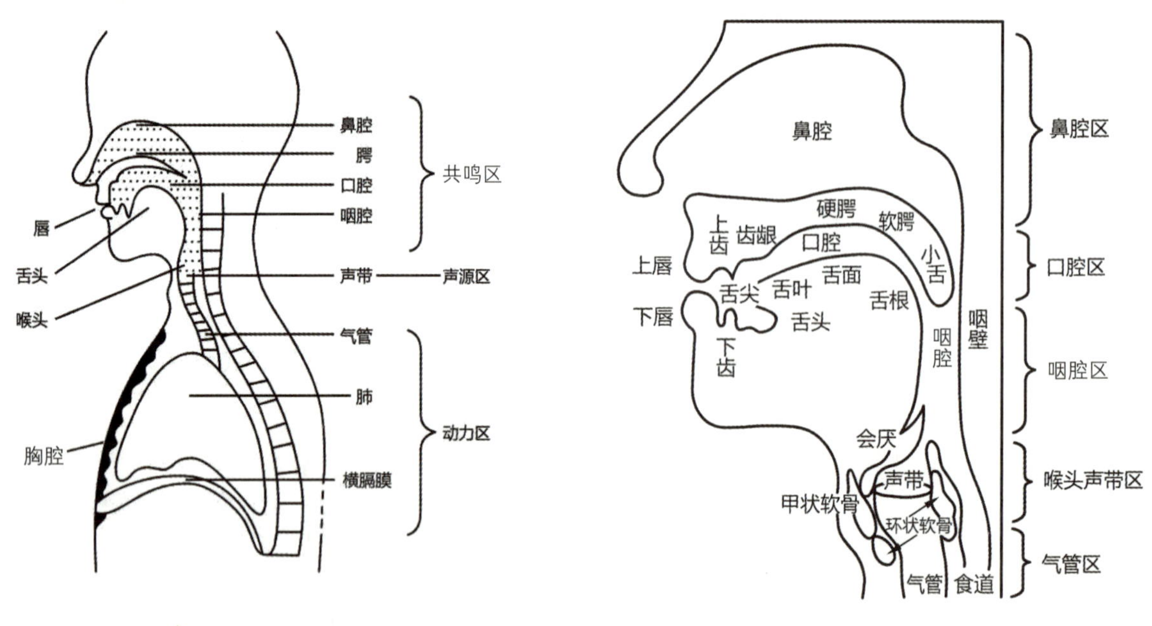

图1.1　发音器官示意图

图1.2　发音器官纵切面示意图

4. 什么是音素？音素的种类有哪些？

音素是从音色即音质的角度划分出来的最小的语音单位。根据性质的不同，音素可以分为辅音和元音两类（见表1.1）。

表1.1　音素分类及发音特征

发音特征	辅音（如，b p m zh ch z j）	元音（如，a o e i u ü er）
气流是否受到阻碍	一定受某部位的阻碍	不受阻碍
发音器官紧张程度	形成阻碍的部位特别紧张	发音器官各部位均衡紧张
声带是否振动	不一定	一定
气流强弱	较强	较弱
声音响亮程度	一般不响亮	比辅音响亮

5. 什么是音位和音位变体？

音位是语言中具有区别意义作用的最小的语音单位，它是按照语音的辨义作用归纳出的语音类别。音位可以分为音质音位和非音质音位。

（1）音质音位。从音质的角度对音素进行分析归类出的音位叫音质音位。具有区别作用的归于不同的音位，不具有区别作用而又发音相似的归于同一个音位。比如，在英语中，［t］只出现在［s］的后面，如star，［tʻ］只出现在词的开头和其他位置，如tea，如果把这两个音弄混了，别人只会感觉发音不地道，但却不影响对意义的理解，所以，在英语中［t］和［tʻ］没有区别意义的作用，属于同一个音位。而在汉语中，如果把dào中的［t］读成［tʻ］，就成了tào，就变成了另一个词和另一个意思，所以在汉语中［t］和［tʻ］有区别意义的作用，属于两个音位。

（2）非音质音位。非音质音位也叫超音段音位，指的是具有区别意义作用的音高、音强和音长等语音要素。汉语中的声调就是由音高构成的音位，也叫调位，普通话有四个调位。音强主要和轻重音有关系，在有的语言中，重音也有区别意义的作用，称为重位。比如，英语中的present，当重音在前时读作［'preznt］，是名词“礼物”的意思，当重音在后时读作［pri'zent］，是动词“提出、呈现”的意思。音长和声音的长短有关系，有时也有区别意义的作用，称为时位。如英语中的it［it］和eat［i:t］。

同一个音位出现在不同语音环境中的相似的音可以被看成是同一个音位在不同位置上的代表，是同一个音位不同的变异形式，这些不同的音都是这个音位的音位变体。比如，英语中的［t］和［t ʻ］就是同一个音位的两个变体。

在语音学中，一般用/ /表示音位，［ ］表示具体的音位变体，如普通话中的音位 / a / 包含［ᴀ］、［ɛ］、［æ］、［ɑ］、［a］几个变体。“变体”并不是相对于“正体”而言的，一个音位中所有的成员都是变体，可以说，音位和音位变体是类别和成员的关系。某个音位的名称只是被选出来代表这个音位的一个变体，这个被选的变体常常是比较常用的音标符号。比如，英语中的［t］和［tʻ］不起区别意义的作用，发音相似，是同一个音位的两个变体。从理论上说，这个音位可以写成/ t /，也可以写成/ tʻ /，但一般总是写作/ t /，因为它比较常用。有时一个音位包含多个变体，如上面介绍的/ a /音位，有时一个音位只有一个变体，如/ o /音位只有一个变体［o］。

6. 什么是音节？汉语中音节和汉字有什么关系？

音节是由音素和音素按照一定的规则组合起来的语音基本结构单位，也是人们能够在听觉上自然感到的最小的语音单位，如“我是中国人（Wǒ shì Zhōngguórén）”这个句子有五个音节。有的音节由一个音素组成，如“鹅é”；有的音节由两个或两个以上的音素组成，如“你nǐ、好hǎo、床chuáng”。汉语的音节一般包括三部分：声母、韵母和声调。其中，韵母和声调是一个音节必须有的部分。

一般来说，一个汉字的读音就是一个音节，即一字一音，一音一字。有一种比较特殊的词——儿化词，两个汉字读一个音节，如“画儿”读huàr，这时是一个音节两个汉字。

7. 汉语在语音方面有什么特点？

（1）有声调。这是汉语在语音方面最重要的特点，也是外国人学汉语在语音方面的重点和难点。一个外国人发音“洋腔洋调”很严重，往往是因为声调不够标准。所以，练好声调非常重要。

（2）元音占优势。元音是汉语音节的必备组成部分，一个音节可以没有辅音，但必须有元音，而且汉语中由复元音构成的音节有很多，全部由复元音构成的韵母就有13个。元音一般比较响亮，再加上声调的高低变化，所以汉语语音听起来有很强的音乐性。

（3）没有复辅音。其他语言如英语中，有时是两个辅音连在一起，如“sport［spɔ:t］”中的［s］和［p］。汉语中绝对没有两个或三个辅音连在一起的现象，“床chuáng”中ch和ng虽然分别由两个字母组成，但各自代表的是一个辅音，分别是［tʂ‘］和［ŋ］。因此汉语的音节界限很分明，结构也很整齐。

8. 什么是《汉语拼音方案》？它包括哪些内容？

《汉语拼音方案》（*Chinese Phonetic System*）是1958年2月由第一届全国人民代表大会第五次会议批准的中国法定的拼音方案，它的主要作用是给汉字注音和拼写普通话，是学习汉字和推广普通话的工具。《汉语拼音方案》在制定时采用国际通用的26个字母，未增加新字母，并采用拉丁字母通用的字母表顺序，确定了汉语拼音字母的名称。中国小学生入学后，一般先学汉语拼音字母，然后用拼音字母帮助识字。在推广普通话和外国人学习汉语方面，现在也一般采用《汉语拼音方案》作为主要工具。

《汉语拼音方案》包括：①字母表：26个字母及其名称；②声母表：21个声母及其名称；③韵母表：《汉语拼音方案》列出35个韵母及其名称，对单韵母-i［ɿ］、-i［ʅ］、er、ê做了特别说明，规定了零声母音节的拼写规则及某些韵母的省写规则；④声调符号：《汉语拼音方案》列出四种声调符号及标调位置；⑤隔音符号：规定隔音符号（’）的使用情况。

语音教学

9. 语音和语音教学为什么重要？

语言是人类最重要的交际工具。语音是语言的物质外壳，可以说，没有语音，就没有语言。

语音的重要性决定了语音教学的重要性。人类的交际主要是通过表达即说话来完成的，一个人的语音面貌即语音是否标准往往决定着他与人沟通交流的成效。我们都有这样的体会，和一个普通话不标准的人交流时，感觉特别吃力甚至是苦恼，因为你可能听了半天也不知其所云。同样地，如果自己的语音不标准，别人很难听懂你说的话，这对自己来说也是一件很苦恼的事情。

对于包括汉语在内的任何第二语言教学，语音都是特别重要的，是首要的教学内容。很多从事第二语言教学的研究者都专门论述过语音教学的重要性，如何平（1997）强调语音是学汉语的基础，指出初级语音教学是学汉语的外国人必须经过的第一关，提醒大家给予足够重视[1]。可以说，学习者的汉语语音面貌直接影响着其汉语交际的效率和效果。

10. 怎样让学生认识到练好语音的重要性？

一般来说，一个主动的外语学习者会自然地认识到语音练习的重要性，但是当其遇到比较多的语音困难时，可能会对持续练习产生厌烦或懈怠情绪。这时教师可以通过一些有启发性的或有趣的形式来提高学生的兴趣，帮助其深化语音重要性的认识，从而提高语音练习的积极性和主动性。

（1）语音笑话。给学生讲一些因语音错误造成的笑话，可以加深学生对语音使用环境的认识，增加练习目标语音的兴趣和动力。这些笑话可以通过学生的母语翻译给学生，可以通过形象的图画展示给学生，也可以设置情景让学生表演体会。

（2）最小对比对练习。一组语音练习中只有某项语音特征不同，其他全部是一样的，这样的练习被称为最小对比对。某项语音特征不同，意义就完全不同，甚至会引起严重的交际问题。本书的语音训练营和综合听读材料中提供了一些这样的练习形式，教师也可以根据自己的经验设计。

（3）让学生自己总结、交流在交际中因为语音错误而造成的误会或麻烦事。很多学生在交际中都会遇到类似的情况，学生自己介绍、交流可以加深他们的切身体会，对语音练习重要性的认识自然会深入一些。初级水平的学习者可以用母语或简单的汉语表达，中高级的学习者可用汉语表达，这本身也是对汉语交际能力的训练。

11. 国际汉语教学相关标准对语音教学是如何规定的？

音节是语音的基本结构单位，由教育部中外语言交流合作中心起草、国家语言文字工作委员会发布的《国际中文教育中文水平等级标准》（GF0025—2021）将音节作为衡量中文水平基准的四要素之一，并在语言量化指标总表中对三等九级中各个级别应该掌握的音节数量及与语音相关的技能要求做了相关规定。具体参见表1.2，每个音节对应的级别具体参见本书附录3。

表1.2　三等九级应掌握的音节数量及语音技能

等次	级别	音节量化指标	听	说	读
初等	一级	269	能够听懂发音标准、语音清晰、语速缓慢（不低于100字/分钟）的对话	能够掌握一级语言量化指标的音节，发音基本正确	能够准确认读一级语言量化指标涉及的音节，能够借助拼音阅读语言材料，阅读速度不低于80字/分钟

1　参看何平：《谈对日本学生的初级汉语语音教学》，《语言教学与研究》，1997年第3期。

（续表）

等次	级别	音节量化指标	听	说	读
初等	二级	468（新增199）	能够听懂发音标准、语音清晰、语速较慢（不低于140字/分钟）的对话或讲话	能够掌握二级语言量化指标的音节，发音基本正确	能够准确认读二级语言量化指标涉及的音节，能够借助拼音阅读语言材料，阅读速度不低于100字/分钟
	三级	608（新增140）	能够听懂发音标准、语音清晰、语速接近正常（不低于180字/分钟）的对话或一般性讲话。能够通过语音、语调、语速的变化等辅助手段理解和获取主要信息	能够掌握三级语言量化指标的音节，发音基本正确	能够准确认读三级语言量化指标涉及的音节，阅读速度不低于120字/分钟
中等	四级	724（新增116）	能够听懂发音自然、略有方音、语速正常（180-200字/分钟）的对话或讲话	能够掌握四级语言量化指标的音节，发音基本正确，语调比较自然	能够准确认读四级语言量化指标涉及的音节，阅读速度不低于140字/分钟
	五级	822（新增98）	能够听懂发音自然、略有方音、语速正常（200-220字/分钟）的对话或讲话	能够掌握五级语言量化指标的音节，发音基本正确，语调比较自然	能够准确认读五级语言量化指标涉及的音节，阅读速度不低于160字/分钟
	六级	908（新增86）	能够听懂发音自然、略有方音、语速正常或稍快（220-240字/分钟）的对话或讲话	能够掌握六级语言量化指标的音节，发音基本正确，语调比较自然	能够准确认读六级语言量化指标涉及的音节，阅读速度不低于180字/分钟
高等	七—九级	1110（新增202）		能够运用高等语言量化指标的音节，发音准确，语调自然	能够准确认读高等语言量化指标涉及的音节

12. 国际汉语语音教学一般包括哪些内容？

《国际中文教育中文水平等级标准》以音节为切入点对各等级的语音内容做了相关规定，从整体上看，明确提出发音准确与语调自然的要求。围绕这两个方面，结合汉语语音系统相对固定和封闭的特点及国际汉语教学的特殊性，国际汉语教学语音内容主要应该包括以下内容：

（1）声调。普通话有四个基本声调，分别是第一声、第二声、第三声、第四声，有时会加上变调的半三声。

（2）韵母。普通话有10个单韵母、13个复韵母和16个鼻韵母。普通话的10个单韵母，有的教材或老师全部都教，有的会有选择地教，可参看本书单韵母章节的说明。

（3）声母。普通话有21个声母。

（4）音节。主要包括声母韵母拼合规律、拼读法、拼写规则（标调规则、韵母省写规则、隔音规则）。

（5）连读音变。三声变调和"一""不"变调是必教内容，一般的教材都会涉及；还有"啊"的音变和形容词重叠的变调，有的教材编排，有的不编排。

（6）轻声和儿化。

（7）语调。包括重音、停延、句调等。

需要说明的是，虽然《国际中文教育中文水平等级标准》对音节进行了级别划分，但本书在编排时并未严格按照级别顺序，因为实际的语言材料并不是按音节等级割裂排列的。音节能力是一个相对完整的体系，本书遵循汉语语音系统"语素—音节—语流"的层级递进性编排具体内容，在设置练习材料时遵循针对性、常用性和丰富性原则，即针对目标语音项目选用国际汉语教学相对常用的字词句并力求相关材料和练习形式的丰富多样性。

13. 国际汉语教材语音教学常见的编排方式有哪些？

教材是编写者教学理念的具体体现，不同的教材在语音教学的编排方式方面会有所差异，总的来说，目前常见的有以下几种。

（1）独立的语音课。有的教材在全书开始安排独立的语音课，专门学练语音方面的内容，主要见于初级教材，如《实用汉语课本》《汉语初级教程》等。语音课的课数不一，有5课、8课、10课、12课、15课等。在这些独立的语音课中，有的只专门学练语音，如《汉语听力教程·一年级教材》；有的同时出现汉字，如《汉语教科书》《实用汉语课本》等；有的同时出现词汇，如《基础汉语课本》《实用汉语课本》等；有的同时出现语法，如《实用汉语课本》《汉语初阶》等。

在独立的语音课之后是否继续进行语音的学练，各教材的处理也有所不同。有的是不再专门涉及语音，如《汉语教科书》等；有的继续介绍或练习，或者贯穿始终，如《实用汉语课本》《汉语初级教程》《汉语教程》《标准汉语教程（入门）》等；或者有的课有、有的课无，如《基础汉语课本》《现代汉语教程》《新汉语课本》等。

（2）书前单独介绍语音知识。在教材全部课文开始之前，以专题形式简单介绍汉语语音知识，如《新汉语教程》《博雅汉语·起步》等。

（3）书内设立相关板块。如《初级汉语口语》的"你知道吗？"《中级汉语口语》的"口语知识"。

（4）注释。有的教材以注释的形式介绍相关语音内容，如《新汉语情景会话》。

（5）练习。练习是大部分教材共有的编排方式，但有的教材只通过练习来体现语音内容，如《初级汉语课本》，中高级涉及语音的教材多数都只有练习。

14. 关于《汉语拼音方案》，教学中应注意哪些问题？

（1）拉丁字母的发音。拉丁化是《汉语拼音方案》的重要特点，《汉语拼音方案》采用了常用的26个拉丁字母，这是为了便于国际间的文化交流。对于以拉丁字母为母语的学习者来说，看到汉语拼音在视觉上会有一种熟悉和亲切感。但是汉语中的拉丁字母有独特的发音，这些学习者可能因其母语的影响在拼音字母的发音方面产生负迁移（即受到母语影响）而发错音，这一点在教学中要特别注意。一般在开始进行汉语语音教学时，就要提醒学生汉语字母的发音和英语或者其母语是不一样的，并在之后的学练中不断提醒强化。

（2）单韵母。《汉语拼音方案》韵母表中只列了a、o、e、i、u、ü 六个单韵母，对单韵母-i［ɿ］、-i［ʅ］、er、ê做了特别说明，这四个单韵母在国际汉语教学中的处理也不尽相同，有的全教，有的不全教。教师可以采取这样的做法：①-i［ɿ］、-i［ʅ］不单独教，和zi、ci、si、zhi、chi、shi、ri一起作为整体认读音节让学生学习，不必特别点出其中的韵母是什么，只在学生有疑问或者当成"i"产生偏误时给予说明。②ê在普通话中只出现在"欸"这个字的读音中，而且也不太常用，所以可以不教ê 这个韵母。③er 在普通话中有"二""耳"等常用音节，所以有必要单独教学。

（3）复韵母的省写。《汉语拼音方案》规定iou、uei、uen三个复韵母在前面加声母的时候，省写成iu、ui、un，这样是为了避免音节过长。这几个韵母在国际汉语教学中的处理也不尽相同。有的直接教省写形式，这样做的好处是在和声母拼读时易认易读，不会拼错；不足之处是学生在一开始接触省写形式的发音时因看不出其发音变化过程而容易发错，而且在这几个韵母构成的零声母音节you、wei、wen的认读方面可能读错。另一种方式是既教完整形式，又教省写规则，这样做的好处是学生易于掌握这几个韵母的发音及其零声母音节的认读，不足之处是增加规则可能增加学生的负担。两者皆有利弊，不同的教师和教材会有不同的选择。本书采用的是第二种方式，在学习单个韵母时介绍省写规则，并在拼写规则中总结介绍，具体可参看相关章节。

（4）拼音符号简化或变化。为了拼写简洁，有些拼音符号简化或变化了，这可能影响学生对实际发音的掌握，教学中应特别注意。比如，bo、po、mo、fo实际发音时中间有过渡音u，教学中可提醒学生；ie和üe中的"e"实际上是ê，发音为［ɛ］；ü在j、q、x后去掉了上面的两点，要提醒学生不要把其中的ü读作u；ao的实际发音是［ɑu］，不写成au而写成ao是为了便于和an区分；ong的实际发音是［uŋ］、iong的实际发音是［yŋ］，如果按实际发音写成ung和üng，两者很容易混淆，所以写成了ong和iong。如果学生对这些情况有疑惑，教师可以解释说明。

（5）y、w的使用。《汉语拼音方案》规定了y、w在零声母音节中的使用情况。中国的小学一般把y、w当成两个单独的声母教学，国际汉语教学中有的教师或教材可能也会采用这种办法，但比较少，因为这种方式容易给学生造成y发［j］音、w发［w］音进而再和其后的韵母相拼的误解，这样学生读这类音节的时候常常会读错。因为事实上y代表的是单韵母i或ü的发音，如you和yuan；w代表的是单韵母u的发音，如wen；或者y、w只是起隔音作用不发音，如yi、yu和wu。比较常见的方式是把零声母音节作为一个特殊的类别单独讲解，本书在隔音规则部分介绍了y、w的使用，详见具体章节。

15. 怎样处理语音教学与各技能及各课程教学的关系?

语言是重要的交际工具，语言技能是交际活动得以完成的重要保证，而语言的理解和产生是交际过程中非常重要的两种活动。从狭义上讲，语言理解就是根据声音（文字）建立话语的意义，即了解说话人所传递的消息。在口语交际中，语言理解跟发出和辨认声音密切相关。对声音的听辨和发音分别是语言交际的起始和终端环节，它们分别属于听和说这两项技能，也就是说语音主要和听说技能有关。

目前国内对外汉语教学一般采用综合课和分技能课相结合的方式，一般分为综合课、口语课、听力课、阅读课、写作课等。综合课一般是一种具有综合性质的精读课，它结合语言要素、语言知识的传授以及语用规则、社会文化知识的教学对学习者进行全面综合的语言技能训练。语音是语言要素的重要组成部分，因此综合课理当安排语音教学。但是，综合课同时还承担着其他语言要素及语言知识的教学任务，单纯依靠综合课进行语音教学，在时间和强度上都难以保证学习者全面熟练地掌握语音。因为语音能力主要与说和听的技能有关，因此这两项语音能力可以主要依靠口语课和听力课来完成，训练学生的发音和听辨能力。总的来说，综合课、口语课、听力课都有必要进行语音教学。在综合课全面介绍的基础上，口语课重点进行说、表达、朗诵的训练，听力课重点进行听辨理解的训练，三者循环结合，各有侧重，最终实现语音能力的提高。

不分课型时，应该在独有的一门课中加强语音的听辨及发音的训练，要把语音学练作为一项重要的、长期的内容来抓。

16. 怎样处理语音教学与各教学阶段的关系？

实践中一般把国际汉语教学分为初级、中级和高级三个阶段。语音教学应该贯穿三个阶段，特别是不能忽视中高级阶段。在初级阶段，应该安排一个独立的语音阶段，时间一般为两周到一个月，视具体情况而定。零起点的学生可以增加课时，非零起点的学生可以压缩课时。

不同的阶段在内容上可以有不同的侧重点。具体来说，声母、韵母、声调、声韵拼合和拼写规则是汉语语音系统的基础，与汉语音节密切相关，要学习和掌握汉语的音节就必须掌握这些方面的内容，因此，这些是汉语语音中应该首先教授和学习的部分，应该安排在最初的起步阶段。音节连读可以安排在掌握基本音节之后，连读音变与音节连读密切相关，这时三声变调、“一”“不”的变调、“啊”的音变等就应该是学习的主要内容。汉语的轻声、儿化有区别词性和词义的作用，从这点来看，它们和词汇的关系更加密切，可以和特定词语的教学结合起来，这样既可以避免单纯语音练习的枯燥，也可以解决学生对某个具体词语轻声、儿化与否的困惑。因此，轻声、儿化可以安排在各个具体的词语学习阶段。停延、句重音、句调、语气等一般与句子甚至是语段、语篇的朗读相关，所以可以和具体的句子、会话、短文教学结合起来。总的来说，根据汉语“音节—词语—句子”之间的层级关系，我们可以把汉语语音的各项内容安排出一个渐进的层级顺序，即：声母、韵母、声调、声韵拼合—音节连读、连读音变—轻声、儿化—停延、句重音、句调等，这些内容在初、中、高三个阶段依次出现。当然，这并不是说这些语音项目之间是完全独立地割裂开的，根据具体教学的需要，它们可以同时出现，但在某一个特定的时期，教师应该侧重教授和练习某项内容，其他内容或作为复习巩固的内容，或作为提前感知的内容，不要求完全掌握。比如，对于零起点的学生来说，语音教学应该以掌握声母、韵母、声调和声韵拼合为主，轻声、儿化、停延等根据具体需要可以出现，但不作为主要内容要求掌握。本书每章给出了适用水平的建议。基于这样的认识，教师也可以根据具体的教学情况灵活调整。

17. 一名国际汉语教师应该具备哪些语音能力？

（1）发音能力。作为一名国际汉语教师，最基本的是汉语语音的发音能力，即教师自己应该发音标准、清晰。一般方言不是太重的中国人，可能问题都不太大，如果自己觉得有需要，可以对照汉语拼音的录音多练习。本书介绍的发音方法不仅上课时可以用，教师也可以作为提高自己发音能力的重要参考。

（2）辨音能力。辨音能力即听辨别人发音是否准确到位并能分析出原因的能力。一般来说，一个中国人可能很容易就能听出一个外国人的汉语语音标准不标准，但仅仅知道发音是否标准还不够，还要能分析出哪里不标准、为什么不标准。这首先要求教师自己要有比较扎实的语音知识，然后在实践中不断分析总结。

（3）纠音能力。作为教师，不但要能听出别人的发音是否标准，更重要的是要能够快速有效地进行纠音。就像一名医生，光知道病人生病是不行的，一般人也能看出生病的状态，医生之所以成为医生就是要知道如何治病。汉语教师也是这样，要具备纠音的能力，掌握相应的纠音方法和对策。本书的“常见问题及对策”部分可以为教师提供参考，教师也可以在自己长期的实践中不断总结积累经验。

18. 语音教学应该遵循哪些原则？

（1）针对性原则。确定语音教学的目标、内容、方法等都要有针对性。要针对不同的教学阶段确定相应的教学内容和适当的教学目标，针对不同的教学内容使用不同的教学方法，针对不同的教学对象确定相应的教学目标和方法，还要针对不同国籍的学生通过汉外对比确定教学的重点和难点。

（2）功能交际性原则。语言的主要功能就是交际，语音是语言的交际功能得以实现的重要手段。不管是语音的教授还是练习，在机械讲解和练习的基础上都必须最终回到有意义的交际性的练习和运用。遵循功能交际性原则就要把机械性练习和有意义的练习相结合，在必要的机械性训练的基础上，要尽量与生活中的词、句相结合，避免枯燥。

（3）听辨领先、先听后说原则。这跟语音在人类言语活动中的地位有关。要想理解一种语言，必须能很好地认识和把握这种语言中语音的声学特征，而语音的声学特征正是一种语言语音系统的重要组成部分。在第二语言语音学习之初，在听感上给学生提供强烈的语音刺激，可以让学生充分感知第二语言语音系统的特征，并通过反复的刺激促使他们把这些特征储存在自己的知觉系统中，进而尽快形成较强的第二语言语音的感知、听辨和发音能力。所以，在教学初期，可以先不急于让学生说，而是让学生听，要让学生进行大量的听辨练习。用耳朵分辨正误是正确发音的前提，如果不能分辨不同的音，不能分辨正确的和错误的语音，就不可能发出正确的音。

（4）模仿为主、理论指导为辅原则。这和语音本身的特点有关。语音学习和词汇、语法学习不同，主要不是靠分析和记忆，而是靠听辨和模仿。首先耳朵要能听辨，然后发音器官要会模仿，再在不断模仿的过程中养成新的发音习惯。对于学生经过多次模仿仍然不会发的难音以及某些习惯性的语音错误，可以给予必要的理论指导。

（5）短期集中与长期要求相结合原则。学习一种语言一般都要从学习语音开始，这是由语音在语言系统中的地位和作用决定的。很多汉语教材都设有专门的语音教学阶段，在国际汉语教学之初设立独立的语音阶段非常必要。但是语音的掌握和熟练不是一朝一夕的事，很多学生到了中级甚至是高级阶段仍然会有很大的语音问题，因此，语音的学练必须长期坚持，常抓不懈。另外，学生在开始学习的过程中特别容易产生回生现象，如果不进行长期要求，很可能会使初期的教授和学习流于形式，难以达到应有的成效。从目前国际汉语教学的具体实践来看，教材对语音长期性的要求体现不够，中高级阶段语音教学比较薄弱，所以长期坚持对教师来说也很重要，只有教师首先意识到长期坚持的重要性，才有可能在教学中积极安排实施，让学生常学常练，最终达到较好的教学效果。

语音课堂教学

19. 语音教学应该包含哪些环节?

（1）导入与展示。教师应该首先导入并展示所要学习的目标内容，方式可以有很多种。比如，教师直接发音或播放录音让学生初步感知，在黑板上写板书，用卡片展示，在复习或讲声韵拼合等相关内容时可用图片，用已经学过的语音导入新的内容，借助多媒体课件展示，等等。

（2）示范与练习。展示内容以后，教师要向学生示范标准发音。教师可以亲自发音示范，也可以播放录音或借助多媒体软件示范。示范后让学生跟读，并采用多种形式让学生反复练习，以熟练掌握。练习可采用学生齐读、轮读、指定学生读、抢读等形式，也可根据需要设计一些趣味性较强的互动活动。本书附有很多语音活动示例，教师可以参考使用。

（3）检查与纠正。在大量的反复练习之后，教师可通过提问或测验了解学生的学习成果，及时发现并纠正问题。发音能力包括听辨能力和发音能力，对学生的检查也应该包括这两个方面。简单的听辨能力检查方式是教师发音或播放录音让学生听辨，比如选出听到的音、写出听到的音、跟读听到的音等；简单的发音能力检查方式是教师给出目标音让学生发音。教师可根据课堂情况设计灵活多样的形式，互动活动也可用于检查环节，在活动中发现学生的问题随时纠正。本书每章的测试题，教师可根据需要用于课堂的随堂检查，或者用于章节总结测验，或者让学生课下自测。不管哪种方式，对学生的反馈即检查纠正都非常重要，这是学生发展良好语音能力的保证。

（4）复习与巩固。每个语音项目结束时，教师应及时复习巩固该项目的听辨与发音，每节课结束时也应及时复习总结该节课所学的全部内容，每一类语音教学内容如声调、单韵母、复韵母等结束时也应该归纳复习相关内容。只有循环不断地反复练习，才能最终达到使学生熟练掌握汉语语音的目的。

20. 语音教学怎样使用教学语言?

教学语言是课堂教学非常重要的一个方面，一般来说，除了发音标准、用词规范这些基本要求之外，语言教师的教学语言最重要的就是应该简洁易懂。新手教师常常犯的一个错误就是，教学语言所用的词语和语法比学生当课要学的词语和语法都难。在汉语志愿者培训中，我们常常说：如果学生能听懂你的教学语言，那学生就不用上这个课学习汉语了。

语音教学特别是音素音节的教学通常是在学生的入门及初级阶段进行的。这个阶段学生的汉语水平很低，而语音本身又比词汇和语法难解释一些，即使用学生的母语，可能他们也往往不理解关于语音的专门用语，因为这些根本不是常用词汇，而用学生母语解释语音对教师来说也是一个很大的挑战。那么在语音教学中应该使用什么样的教学语言呢？答案很简单，就是不用或少用口头语言，适当借助态势语言即教师的表情、眼神、手势等。总之，在学生水平较低的情况下，除非特别需要，否则能不用口头语言就不用，必须用时也要尽量简单，而且教师要说得慢一些，多重复几遍。教师也可以固定使用一些课堂用语，随着使用次数的增加，学生就能逐渐听懂这些用语了，这样可以增加教学效率。本书附录给出了一个声调课堂教学示例，读者可分析参考其中教学语言的使用。

另外，本书第二至五章每节设立“教学用语”部分，给出了一些发音方法的提示，根据语音教学模仿为主、理论指导为辅的原则，我们提倡在教学中教师先示范发音让学生练习，只有在学生模仿不对或纠正错误等必要的时候才使用理论提示性的教学用语。

到了中、高级阶段，学生的汉语水平越来越高，教师可以适当使用一些提示或总结性的教学语言，这本身也是对学生汉语水平的一种训练。但这时候同样需要考虑学生的既有汉语水平，要确保学生能听明白。

21. 如何对待学生的发音错误？

对于学生的发音错误，在不同的教学阶段和不同的教学目的下，应该有区别地采取不同的态度。

在独立的语音阶段和专门的语音课上，对学生应严格要求，有错必纠，特别是在一个新的语音项目的初次学练阶段更应如此。但在必要的时候也要有一定的错误容忍度，要注意保护学生的自尊心和积极性。教学中有时会出现这样的情况：某个学生很努力，但对某个音就是一时难以正确发出，这时候如果教师坚持反复纠正不仅影响整个教学气氛和进度，更会给其学习心理造成负面影响，这时就应该放一放，在以后的学习过程中再说，或者课下单独辅导。

在语音阶段之后及不同课型的教学中，纠音要注意时机，要服从于主要目标任务。词汇学习、课文朗读环节可及时纠正发音错误，学生回答问题或自由表达环节要在学生表达结束后点拨总结，不能中间打断，否则会影响学生的思路和情绪。

对于很多学生都有的某些系统性的语音错误，可以专门深入地讲解并集中练习纠正；对于某个学生表现出来的错误，课堂纠正效果不明显的情况下，不能纠缠不放，可以课下单独辅导。

22. 要不要给学生讲解发音理论知识？

在关于语音教学原则的问题中，我们已经知道模仿为主、理论指导为辅是语音教学的重要原则。也就是说，在引导学生掌握汉语语音的过程中，要从听音辨音入手，在听辨的基础上进行模仿，必要的时候才讲解发音部位和发音方法、总结归纳一些读音规则等，而不是一开始就给学生讲解理论知识。

具体来说，在声调、声母及韵母教学阶段，导入与展示语音时，不用解释发音理论，只需让学生感知听辨并模仿发音即可。如果学生在学练和检查环节没有出现偏误，发音理论根本就不用提；如果学生学练或检查时发音有偏误，可以适当讲解发音部位、发音方法等进行点拨。在音节拼写规则、连读变调、语调等的学习阶段，可以适当给学生总结讲解相关规则，但同样离不开大量的模仿练习，只讲规则不具体练习是不行的。

23. 对学生的语音水平应做什么样的要求？

一个人的外语语音水平大致可以分为三种情况：一是标准的发音；二是发音有缺陷但可以有效地交际；三是发音有缺陷以致不能有效交际。

从长远看，汉语学习者语音水平的终极目标应该是标准的发音，具体来说，就是能独立熟练地掌握汉语语音方面的特点、方法和规律，自动、流畅、完美地运用汉语普通话表情达意。为了这个终极目标，对于任何一项语音内容的教学都应该严格要求，这样才能形成最终的标准语音。

但在实际教学过程中，因为学时、学生等不同因素的影响，如果过于强调标准的发音而在语音教学方面占用太多时间，可能会影响其他方面的教学或提高。这时，在不影响交际的前提下可以适当放宽要求，可以暂时接受“有缺陷但有效的交际”的语音面貌，并在以后的教学中通过不断纠正逐渐减少这些缺陷。对于那些发音有缺陷以致不能有效交际的学生，一定要先解决影响其交际的语音问题，先达到能有效交际，然后再慢慢要求发音标准。

24. 语音教学怎样处理音素、音节和词句的关系？

音素和音节是语音教学的重要内容，而词句是进行交际活动的基本载体，这三者的关系在语音教学中特别是在初级阶段的语音教学中常常不好处理，有时为了突出语音教学，可能在前五课或前两周一直在学声母、韵母、声调、音节，却没有学习任何可以用于实际交际的词句，这种做法是不可取的。

其实，在不同的教学阶段，可以有不同的侧重点，采取不同的方式让三者兼顾。入门即零起点阶段，可以以音素为切入点，先进行单独的声韵调的学练，在此基础上学习简单的日常交际的词句，并注意这些词句的语音训练；已经有了一定语音基础的初级阶段，以音节为切入点，先展示教练单独的音节或词语，从中发现声韵调方面的问题进行纠正补练，然后进行连读变调、轻声、儿化等的学习；中、高级阶段以词句为切入点，先学习词汇，然后进行句子及课文的朗读，在此过程中注意声韵调及连读变调、轻声、儿化等方面的问题并进行补练，同时进行重音、停延、句调、语气等的学习。

总之，教师在不同阶段都要注意学生的发音情况，并结合不同的侧重点及时纠正提高，这也是语音教学短期集中与长期坚持原则的要求。

25. 设计组织语音课堂互动活动时应该注意什么？

（1）趣味性及参与性。传统的课堂练习形式通常比较机械枯燥，学生的积极性和主动性不高，互动活动正是为了克服这一不足而实施的。课堂活动一定要有趣味性，即活动内容很有趣或活动形式很有趣。活动要能够实现学生之间或者学生与教师之间充分有效的互动，并要保证全体成员都能参与进来。全体学生都应是课堂的“主人”和活动的参与者，不能出现课堂的“客人”和活动的旁观者。

（2）针对性。互动活动是经过改造的练习，每个活动都要有明确的练习目标。语音的互动活动首先是针对某个语音项目的。这个语音项目可以是单个的音素如单韵母、复韵母、声母等，也可以是某一类语音内容，如声调、轻声等。总之，一定要有针对性地围绕某个语音目标设计和实施活动。除非极特别的情况，一般不要组织跟语音学练完全无关的活动，因为这是对教学时间的一种浪费。

（3）有效性。语音活动的目标是提高学生的语音能力，而听辨和发音能力是语音能力的重要组成部分，所以语音互动活动要以提高学生的语音听辨能力或发音能力为目标，或者在一个活动中既训练听辨能力又训练发音能力。比如，这里有两个活动，①给学生一些声母卡片，让学生涂上自己喜欢的颜色；②给学生一些声母卡片，教师读一个声母，并出示一种颜色卡片，让学生把听到的这个声母涂上相应的颜色。哪个活动对教学更有效呢？当然是②，因为它训练了学生的听辨能力，而活动①只让学生感受了声母的字形，没有涉及听音或发音。活动②可以再增加一个环节：学生听教师发音并全部涂上颜色后，教师再拿出一张颜色卡片，让学生读出手中和该颜色一样的声母卡片的发音。这样做就更进了一步，因为同时又训练了学生的发音能力。所以，语音互动活动不能为了活动而活动，一定要能有效地训练学生的听辨和发音能力。

第二章

声调

学习目标➜汉语的 4 个基本声调

建议课时➜ 1~2 课时

适应层次➜入门 / 初级

概说

汉语的声调

汉语有四个基本声调，分别是第一声、第二声、第三声和第四声，这四个声调可以在五线谱上形象地表示出来（见图2.1）。第一声又高又平；第二声由中音升到高音；第三声先降后升，由半低降到低音再升到半高音；第四声由高音降到低音。教学中可以一边示范不同的声调，一边在五线谱上画出符号。针对年龄较小的学习者，教师还可以用形象的方法展示声调（见图2.2）。

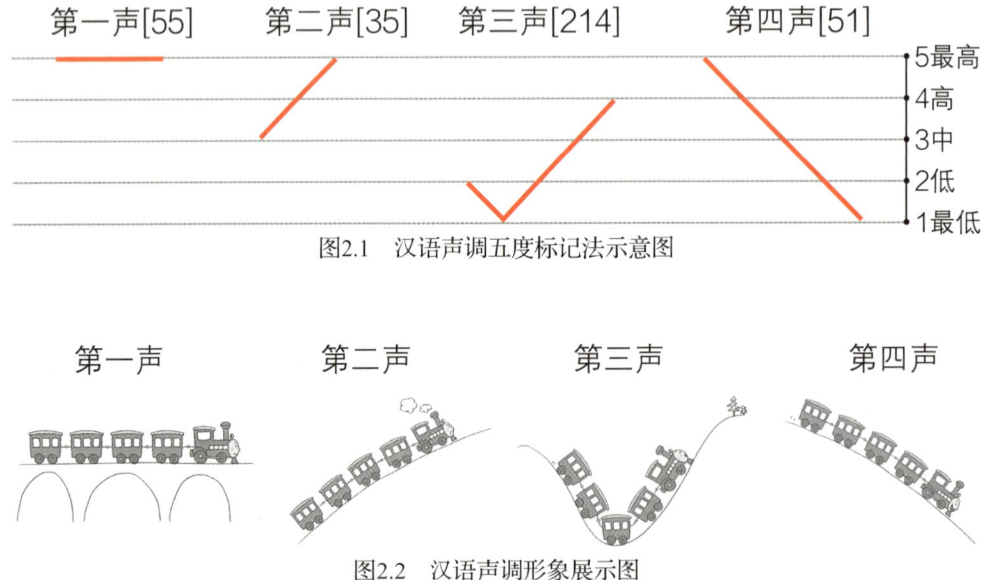

图2.1　汉语声调五度标记法示意图

图2.2　汉语声调形象展示图

学习声调的顺序

第一声是个又高又平的声调，一般来说，外国人发第一声的高平调相对比较容易。第一声可以起到定调的作用，如果第一声掌握不好，会影响其他声调的发音。发好第一声之后，有了第一声的音高参照，再发全降的第四声就比较好把握。在对第一声的最高位置和第四声的最低位置都有了一定的感觉之后，再发由中音升到高音的第二声，学生更容易感觉出高低的变化。在此基础上再发先降后升的第三声，或者为了简化教学，可以只教低降的近四声［211］（见图2.3）。

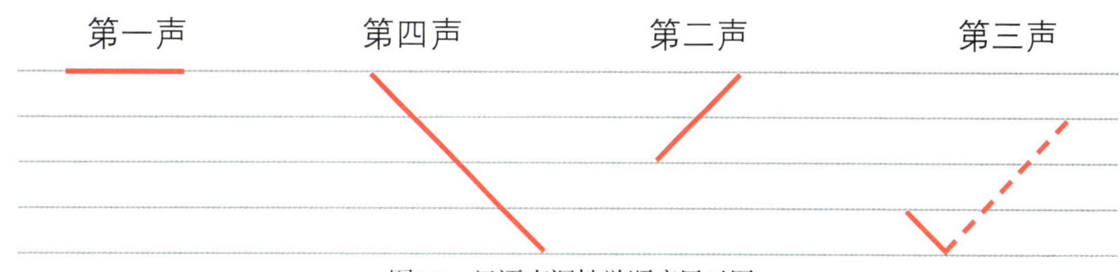

图2.3　汉语声调教学顺序展示图

因此，我们建议采取“第一声→第四声→第二声→第三声”的顺序进行声调教学。在全部四个声调学完之后，可以按顺序做四声的唱调练习，如：ā—á—ǎ—à，mā—má—mǎ—mà。

声调有区别意义的作用

有声调是汉语在语音方面一个非常重要的特点，声调具有重要的区别意义的作用。声母和韵母都相同的音节，声调不同，意思就不同，如：温（wēn）、闻（wén）、吻（wěn）、问（wèn）。因此，准确掌握汉语的声调非常重要。

例1

有一个人去商店买“杯子”，他对售货员说：“我买bèizi。”售货员说：“我们不卖被子。”这个人感觉很奇怪，指着货架上的杯子说：“那不是bèizi是什么？”售货员一看才恍然大悟。原来这个人说话爱用降调，结果把“杯子”说成了“被子”。

例2

有个男人迷路了，见前面走过来一个年轻女性，就上前去问路，结果一开口却遭到了厌恶的白眼，这是为什么呢？原来，他把“小姐，我问一下”说成了“小姐，我吻一下”。

调型和调域

关于声调，有两个概念比较重要：一是调型，二是调域。

1）调型指的是声调在高低曲直方面的形状。汉语普通话四种声调的调型分别是：第一声高平调（ˉ）、第二声中升调（ˊ）、第三声降升调（ˇ）和第四声高降调（ˋ）。汉语普通话四种声调的声调符号（ˉ ˊ ˇ ˋ）分别代表了该种声调的调型。

2）调域指声调表现出的音高跨度和范围。在五度标记法中从5度到1度的音高空间就是汉语普通话四个声调的调域。

第1节　第一声（¯）

5
4
3
2
1

教师知识储备

基本知识 ▶ 第一声高而平，调值为55，即保持5度不变，声音比较高，基本没有升降的变化。

发音方法 ▶ 唱音阶1（do）—2（re）—3（mi）—4（fa）—5（so），在5（so）的音高上发出一个又高又平的音并持续一段时间。

▶ 可用a或mo来练习，发ā、mō时，小腹从开始就一直收得比较紧，感觉气息一直在锁骨窝处。

发音关键 ▶ 音高和5（so）相当。

▶ 声音很平，基本没有升降变化。

▶ 声音持续一段时间。

教学方法

教学用语 ▶ ā是第一声，又高又平，没有升降变化。（ā is the 1st tone, high and flat, with no upward or downward change in intonation.）

图 示 法 ▶ 画一个五线谱，教师示范发音，提醒学生感受第一声又高又平的特征，在五线谱最左端最上面的横线上画出一横道形象表示。

手 势 法 ▶ 教师示范发音的同时高举手掌画一个平平的横线，学生练习发音时可以模仿教师的动作。教师示范时，注意方向与学生保持一致。

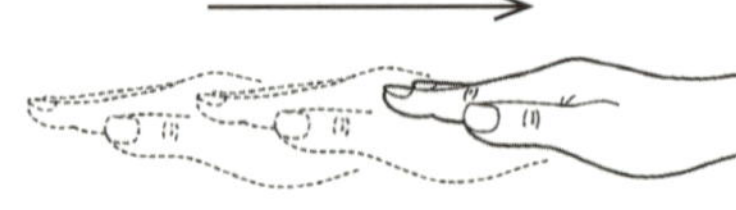

常见问题及对策

问题 1: **调型错误，起音不够高，随后音高再上升，有点儿像第二声。比如说“汤”时，很可能会被理解为“糖”，“买烟”会被听成“买盐”。**

对策 ▶ 多做起调练习，让学生用唱音阶1（do）—2（re）—3（mi）—4（fa）—5（so）的办法来定音高，然后在5（so）的音高上发音并一直保持不变。

问题 2: **调域错误，整个发音不够高，调值达不到55。**

对策 ▶ 在五线谱上指出学生音高的大概位置，比如44、33，提示学生他们的音有点儿低；教师示范发音，同时指着五线谱上55的音高，提示学生应该高一点儿；采用上面说的唱音阶的办法来定音高。需要注意的是，在句子中声调调域可能会改变，只要保持高平调的调型不变，调域高一点儿或低一点儿在中国人的听感上都是可以接受的。所以，如果学生发的是没有明显升降的平调，也可不必过分苛刻地纠正。

第2节 第四声（ˋ）

发音关键 ▶ 从高音降到低音。

▶ 起调和第一声音高一样，然后降到最低，要表现出“降”。

▶ 下降要迅速干脆、不拖沓。

教师知识储备

基本知识 ▶ 第四声是个高降的调子，由高音降到低音，调值为51，即由5度降到1度。

发音方法 ▶ 从高音5起调，起调时音高和第一声一样，音高较快地从最高5降到最低1。

▶ 可用ɑ或mo来练习，发à、mò时，开始时小腹收得很紧，可以感觉气息从锁骨向下移动到胸骨的下端，小腹放松下来。

教学方法

教学用语 ▶ ɑ̀是第四声，从高降到低。（ɑ̀ is the 4th tone, from high to low.）

图 示 法 ▶ 教师示范发音，让学生感受音高从高到低的变化，在五线谱上稍微靠后的位置画出从高到低的调型符号，注意和第一声之间留出画第二声、第三声的空间。

手 势 法 ▶ 教师示范发音的同时用手做一个从高降到低的手势。教师示范时，注意方向与学生保持一致。

带 音 法 ▶ 先发第一声，定好起调，然后气息下滑音高降到最低就是第四声。

辅助引导法 ▶ 几乎所有的学生都会发英语降调的yes，可让学生先发降调的yes，然后马上模仿其中［je↘］调势发出ɑ̀。

常见问题及对策

问题 1: **降得过低过长，多见于泰国学生。**

对策 ▶ 让学生发音时不要拖，要很快从高音降下来，短促有力。

问题 2: **起调偏低，降不到最低点，把降调念成了低平调。**

对策 ▶ 先发第一声定调，定好音高，再快速降低。

问题 3: **音高降不到底，发音时间过于短促，多见于日本学生。**

对策 ▶ 可用头或手势形象地夸张展示第四声从高到低的发音过程，提醒学生音高再往下降一些，并稍微延长发音时间。

第3节 第二声（ˊ）

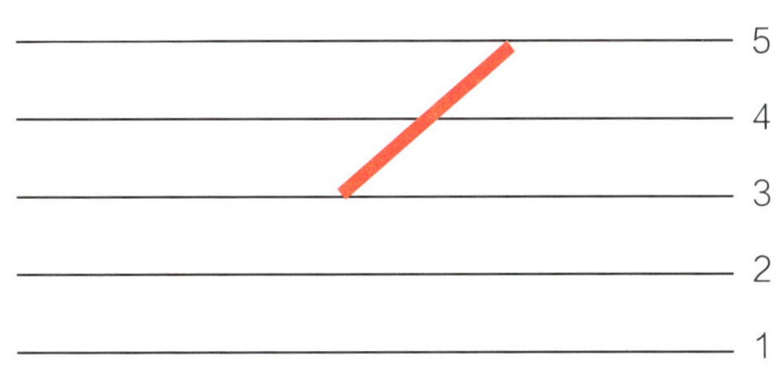

教师知识储备

基本知识 ▶ 第二声是中升调，由中音升到高音，调值为35，即由3度升到5度。

发音方法 ▶ 从中音3起调，音高升到最高5，达到和第一声一样的音高。

▶ 可用ɑ或mo来练习，发ά、mó时，开始时小腹较松，然后逐渐收紧，可以感觉气息从胸部中间向上移动到锁骨窝处。

发音关键 ▶ 音高由中音升到高音，注意突出“升”。

▶ 起调后直接上升不拐弯。

▶ 升到和第一声一样的音高。

教学方法

教学用语 ▶ ά是第二声，从中音升到高音。（ά is the 2nd tone, from mid to high.）

图 示 法 ▶ 教师示范发音，让学生感受音高从中音升到高音的变化，在五线谱上第一声后面画出从中到高的调型符号。

手 势 法 ▶ 教师示范发音的同时用手做一个上扬的手势。教师示范时，注意方向与学生保持一致。

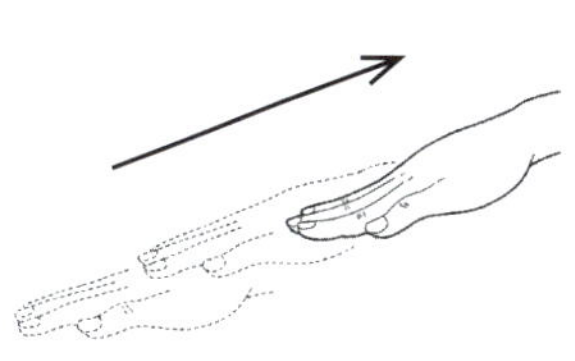

带 音 法 ▶ 先发第四声，紧接着读一个升调，就能发出第二声。

辅助引导法 ▶ 先让学生发英语的升调what，然后模仿其中［wɔ↗］调势马上发出ά。

常见问题及对策

问题 1: **起点太高，升上不去，听起来不像升调而像平调。**

对策 ▶ 用调型符号和手势提示学生一定要注意音调上扬。多读第四声+第二声的双音节词语，如：jiàoxué、fùxí、rènwéi、miàntiáo等。

问题 2: **起音预备时间较长，上升起点较低，上升慢，导致整个音调增长。**

对策 ▶ 提醒学生起音后不要拖，一开始就往上升，把整个音调发得短一些。

问题 3: **调型不对，先降后升，听起来和第三声差不多。**

对策 ▶ 用手势提示学生开始发音就往上升，不要有下降或平拖；可用上述辅助引导法提到的英语升调的what辅助练习。

第4节 第三声（ˇ）

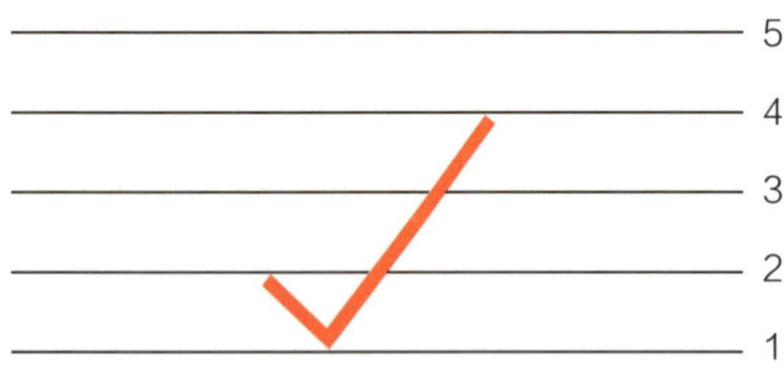

教师知识储备

基本知识 ▶ 第三声是个先降后升的调子，由半低音降到低音再升到半高音，调值为214，即由2度降到1度再升到4度。

发音方法 ▶ 声音从较低音2慢慢降到最低1，然后再快速升到半高音4。

▶ 可用a或mo来练习，发ǎ、mǒ时，开始时小腹放松，可以感觉气息从胸部稍下的位置滑到胸骨的下端；然后收紧小腹，气息迅速向上移到前胸较高的位置，大概在锁骨靠下的地方。

▶ 发第三声时一般前长后短，即声音向下走的时间长一些，向上走时快而短。

发音关键 ▶ 音高先下降再上扬。

▶ 音高降到最低音后再上扬。

▶ 下降部分稍长，上升部分快而短。

教学方法

教学用语 ▶ ǎ是第三声，先降后升。（ǎ is the 3rd tone. It first falls down and then rises up.）

图 示 法 ▶ 教师示范发音时在五线谱上第二声和第四声中间画出先降后升的调型符号。

手 势 法 ▶ 教师示范发音的同时用手做一个先下降再上扬的手势。教师示范时，注意方向与学生保持一致。

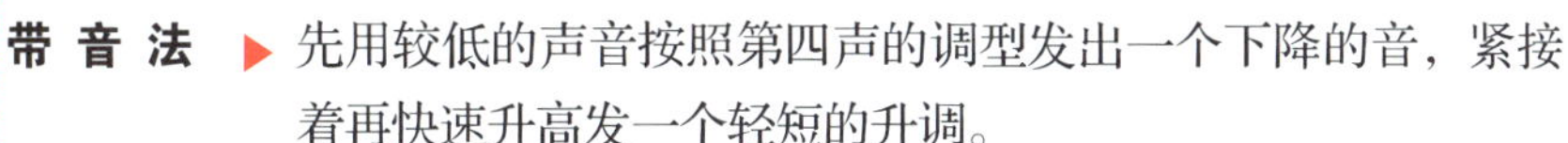

带 音 法 ▶ 先用较低的声音按照第四声的调型发出一个下降的音，紧接着再快速升高发一个轻短的升调。

简 化 法 ▶ 在实际语流中，第三声经常会受到它前后音声调的影响而发生变化：在句尾或者强调时发完整的第三声；在另一个第三声前面变成第二声；在第一声、第二声和第四声前面只需发降下来的那一部分，不用升上去，一般叫作“半三声”。如果学生发先降后升的音调确实有困难，可以只练习发半三声，即用较低的声音起调发一个下降的音。

常见问题及对策

问题 1: **第三声前半部分还没降到最低点，就急于上升，曲折度不够，听起来像第二声。**

对策 ▶ 用调型符号和手势强化调型，提醒学生起音时先下降，要降到最低再升高。有研究表明，发第三声时中间下降部分的音调降得越低，其感知辨认度就越高。所以教学中可以告诉学生往下降时努力将音调降到最低，甚至可以在低音处有意拖长一下再往上升，这样就可以明显地跟其他声调相区别，听起来更像三声。

问题 2: **很难发出先降后升的降升调，要么是降后没有上升，要么是直接升没有先降。**

对策 ▶ 根据第三声在语流中的实际情况简化处理，只练习半三声即可。但是练习半三声时学生又可能出现起音过高听起来像第四声的偏误，这时教师可以用五度标记法标出第四声的51和半三声的21，让学生直观感受两者音高的不同，然后提醒学生对比感觉发音用力的差异：发第四声时往往比较用力，发半三声时不需要用那么大的力气。

课堂活动

声调卡片互动

活动准备 根据学生人数复印活动页2.4，裁剪成卡片，每个学生一张卡片，教师一套卡片。

活动步骤

① 教师利用手中的卡片帮学生复习四个声调。先按第一声、第四声、第二声、第三声的顺序展示，教师领读，学生跟读；再随机打乱顺序复习一次。

② 把准备好的卡片随机发到学生手里，每个学生一张卡片。

③ 教师让学生按以下口令做动作，可以用学生母语或身体语言辅助说明。每次学生站起来后，教师要检查这些学生拿的是否是教师要求的声调卡片，让拿错卡片的学生跟教师重复正确发音后坐下。四个口令完毕后，如果还有没站起来的学生，教师要查看他手中拿的卡片，让他站起来朗读。

ā——，起立，拿ā的同学请起立；á——，起立，拿á的同学请起立；

ǎ——，起立，拿ǎ的同学请起立；à——，起立，拿à的同学请起立。

④ 教师让学生按以下口令做动作，可以用学生母语或身体语言辅助。注意检查反馈。

á——，坐下，拿á的同学请坐下；à——，坐下，拿à的同学请坐下；

ā——，坐下，拿ā的同学请坐下；ǎ——，坐下，拿ǎ的同学请坐下。

⑤ 教师让学生按以下口令做动作，可以用学生母语或身体语言辅助。注意检查反馈。

ǎ——，举起，拿ǎ的同学请举起；ā——，举起，拿ā的同学请举起；

à——，举起，拿à的同学请举起；á——，举起，拿á的同学请举起。

⑥ 教师让学生按以下口令做动作，可以用学生母语或身体语言辅助。注意检查反馈。

à——，放下，拿à的同学请放下；ǎ——，放下，拿ǎ的同学请放下；

ā——，放下，拿ā的同学请放下；á——，放下，拿á的同学请放下。

⑦ 教师指定一个学生开始，让学生按某种顺序依次站立，站起来的同时举起自己的卡片并读出上面的声调，教师及时纠正不对的发音。

⑧ 教师指定另一学生开始，按与刚才相反的顺序依次读出自己卡片上的声调并坐下来，教师及时纠正不对的发音。

活动页2.4 声调卡片互动

ā

á

ǎ

à

综合听读材料　声调

1. 听录音，大声跟读。Listen to the recording and read aloud after it. 02-01

① ā
ā—ā
ā—ā—ā
ā—ā—ā—ā

② à
à—à
à—à—à
à—à—à—à

③ á
á—á
á—á—á
á—á—á—á

④ ǎ
ǎ—ǎ
ǎ—ǎ—ǎ
ǎ—ǎ—ǎ—ǎ

2. 听录音，大声跟读。Listen to the recording and read aloud after it. 02-02

① ā—ā—ā—ā
à—à—à—à
á—á—á—á
ǎ—ǎ—ǎ—ǎ

② ā—à—á—ǎ
ā—à—á—ǎ
ā—à—á—ǎ

③ āā—āá—āǎ—āà
àā—àá—àǎ—àà
áā—áá—áǎ—áà

④ ā—á—ǎ—à
ā—á—ǎ—à
ā—á—ǎ—à

⑤ āāā—ààà—ááá—ǎǎǎ
āāā—ááá—ǎǎǎ—ààà

测试（一）声调（1）

1. 听录音，圈出你听到的拼音。Listen to the recording and circle the *pinyin* you have heard. 02-03

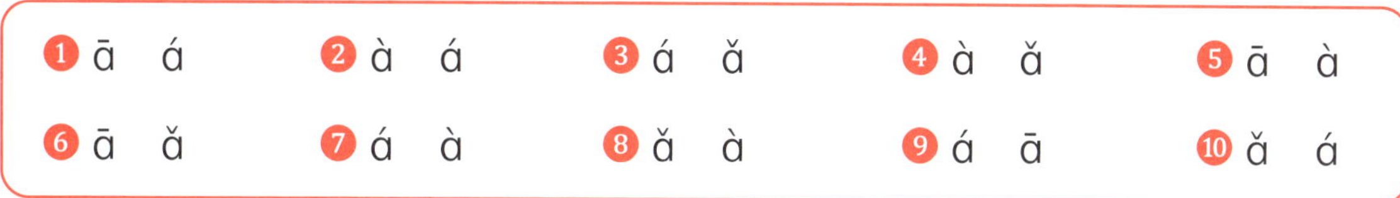

1 ā á	2 à á	3 á ǎ	4 à ǎ	5 ā à
6 ā ǎ	7 á à	8 ǎ à	9 á ā	10 ǎ á

2. 听录音，判断听到的和看到的拼音是否一致。Listen to the recording and decide if the *pinyin* you have heard and seen are the same. 02-04

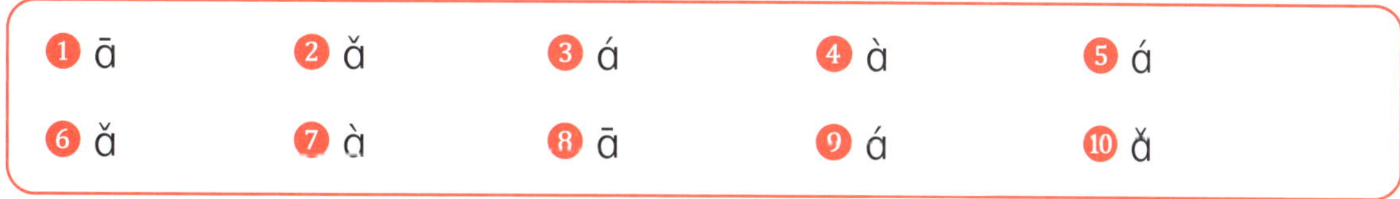

1 ā	2 ǎ	3 á	4 à	5 á
6 ǎ	7 à	8 ā	9 á	10 ǎ

3. 听录音，用手势表示出你听到的声调。Listen to the recording and use your gestures to show the tones you have heard. 02-05

4. 听录音，判断每组中听到的两个声调是否一致。Listen to the recording and decide if the two tones you have heard from each group are the same. 02-06

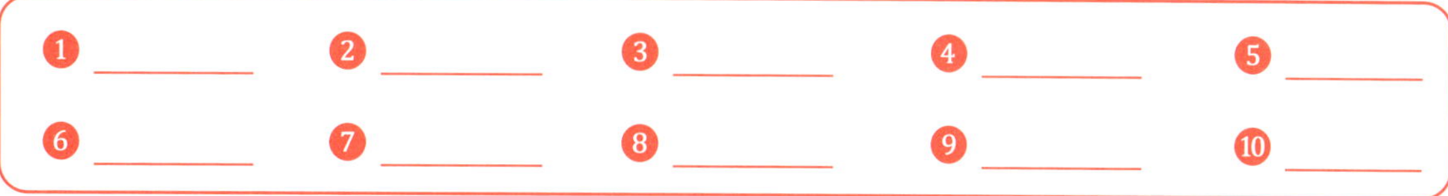

1 ______	2 ______	3 ______	4 ______	5 ______
6 ______	7 ______	8 ______	9 ______	10 ______

测试（二） 声调（2）

1. 听录音，说出你听到的是第几声。Listen to the recording and tell what tones you have heard. 02-07

2. 听录音，按顺序写出你听到的声调，用声调符号"－ ˊ ˇ ˋ"表示。Listen to the recording and write down the tones you have heard with "－ ˊ ˇ ˋ". 02-08

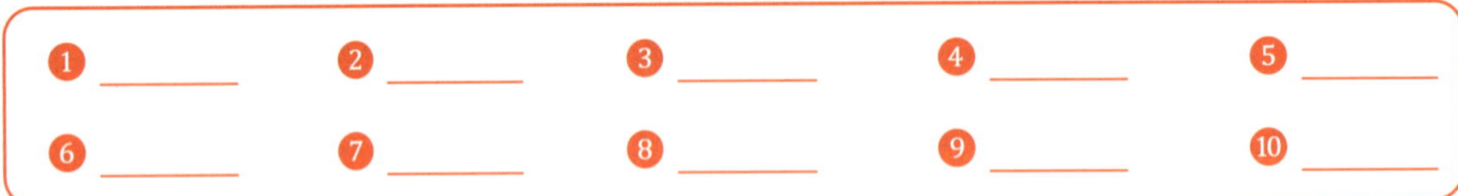

3. 听录音，写下每组中不同的声调。Listen to the recording and write down the different tones from each group. 02-09

4. 听录音，写出每组的声调顺序。Listen to the recording and write down the order of the tones in each group. 02-10

第三章

单韵母

学习目标→7个单韵母
建议课时→2~4课时
适应层次→入门/初级

概说

汉语的单韵母

汉语普通话一共有10个单韵母：ɑ、o、e、i、u、ü、ê、er、-i［ʅ］、-i［ʅ］，这些单韵母都是单元音。

单元音及其观察角度

单元音是发音时舌头的位置、口腔开口度的大小以及嘴唇的形状始终保持不变的元音。可以通过以下三个角度来观察单元音。

1〉舌位的前后

舌位是发音时舌头较高的部位，舌位可以前伸或者后缩。根据舌位的前后，元音可以分为前元音、央元音和后元音。

2〉舌位的高低（开口度大小）

除了前伸或后缩，舌位还可以抬高或者降低，这跟口腔的开或合即开口度有关。舌位越高，开口度越小；舌位越低，开口度越大。根据舌位的高低和开口度的大小，元音可以分为：高元音、半高元音、半低元音、低元音。

3〉唇形的圆展

唇形的圆展指发音时嘴唇的形状，据此元音可以分为：圆唇元音和不圆唇元音。

汉语单韵母的分类

根据发音时舌头的活动情况，可以分为三类：舌面元音、舌尖元音、卷舌元音。

- 舌面元音：ɑ、o、e、i、u、ü、ê。
- 舌尖元音：-i［ʅ］、-i［ʅ］。
- 卷舌元音：er。

单韵母的描述

一个单韵母可以从舌头活动的部位、前后、高低和唇形几个角度来描述。比如：ɑ是舌面元音、央元音、低元音、不圆唇元音，即舌面、央、低、不圆唇元音。

国际汉语教学中单韵母教学处理

对于汉语普通话的10个单韵母，国际汉语教学中可以这样处理：普通话中只有“欸”这个字读ê，而且也不太常用，所以可以不教ê这个单韵母。-i［ʅ］只出现在声母z、c、s的后面，-i［ʅ］只出现在声母zh、ch、sh、r的后面，所以这两个单韵母可以和这些声母一起学习。本章我们主要学习：ɑ、o、e、i、u、ü、er。

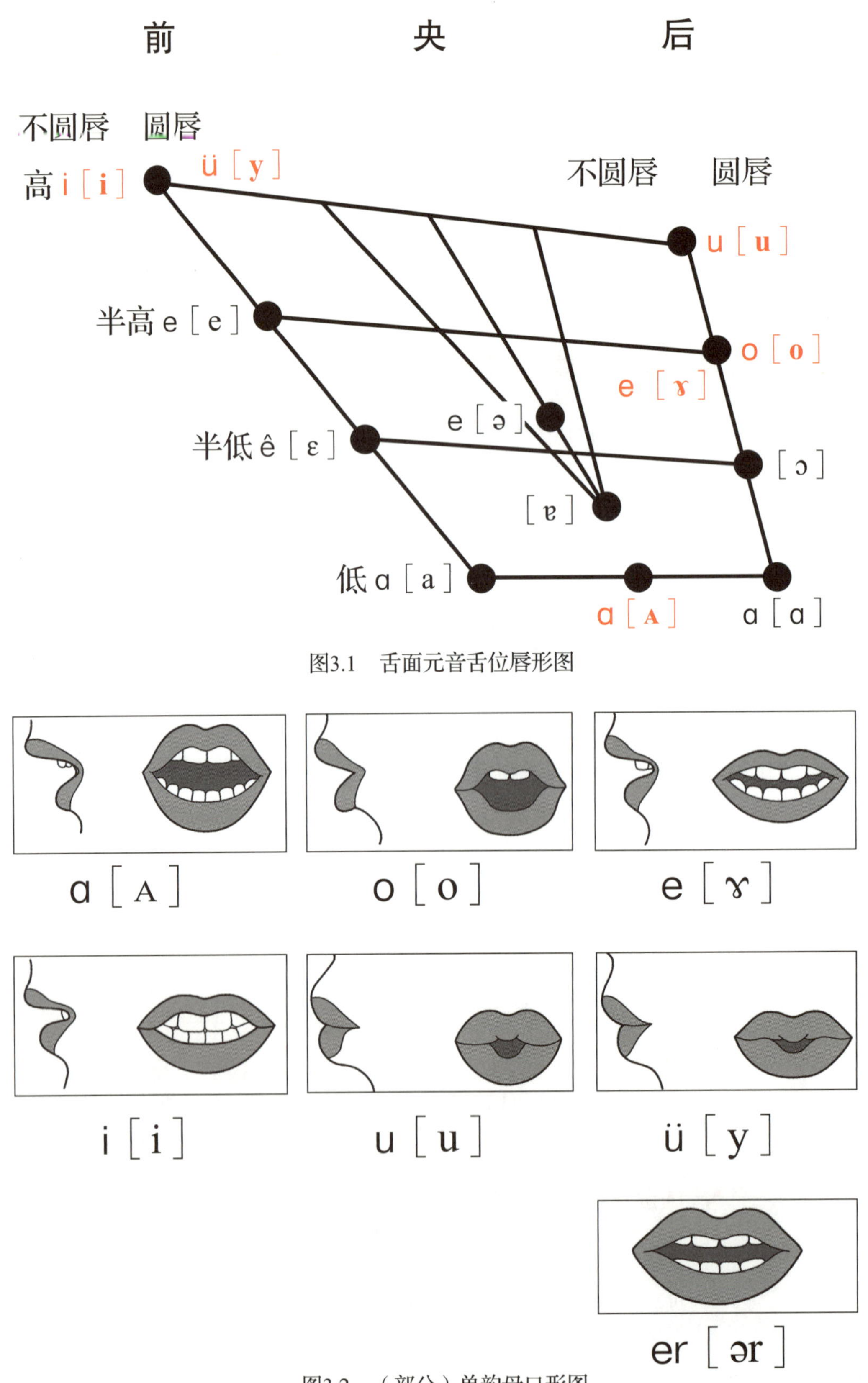

图3.1　舌面元音舌位唇形图

图3.2　（部分）单韵母口形图

第1节 ɑ [A]

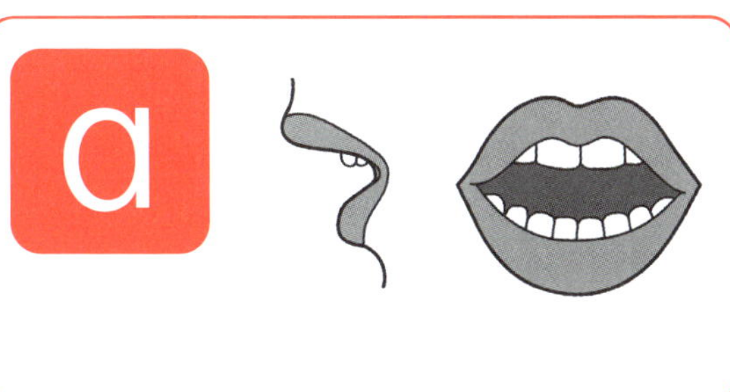

教师知识储备

基本知识 ▶ ɑ是舌面、央、低、不圆唇元音。

发音方法 ▶ 嘴巴张大，舌头放到最低，自然放松，嘴唇不圆。

发音关键 ▶ 开口度最大。
▶ 舌位最低。
▶ 唇不圆。

教学方法

教学用语 ▶ ɑ是韵母。舌头放到最低，嘴巴张大，嘴唇不圆。（ɑ is a final. Put the tongue at the lowest position. The mouth is wide open and is not round.）

示范发音 ▶ 教师先示范发音，让学生跟练。这是语音教学的基本方法。

口形定格 ▶ 教师发音时引导学生观察并模仿自己的口形，也可通过图片展示口形。

常见问题及对策

问题 1：**开口度不够大，发成 [æ] 或 [e]。**
对策 ▶ 教师示范发音，可以用手指着自己的口形提醒学生注意舌头放到最低，嘴巴张大。学生练习时，教师提示学生舌头再放低一些，嘴巴再张大一些。

问题 2：**开口度不稳定，发成 [ao] 或 [ou]。**
对策 ▶ 教师示范发音，定格口形让学生观察模仿。让学生保持口形不变延长发音时间，练习保持开口度的稳定，可以比赛看谁发音发得又长又准。

第2节 o [o]

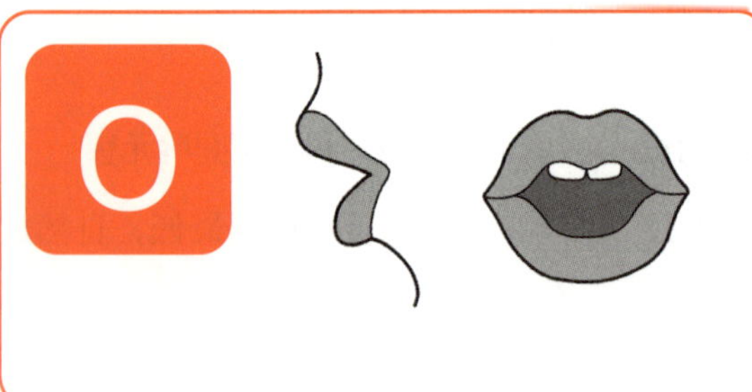

发音关键
- 嘴巴半开，开口度中等。
- 舌位半高、偏后。
- 圆唇。

教师知识储备

基本知识
- o是舌面、后、半高、圆唇元音。
- o作为单韵母在汉语普通话中的使用率很低，只在噢（ō）、哦（ó）、嚄（ǒ）、哦（ò）、咯（lo）、哟（yō）等语气词中出现。而在和唇音声母b、p、m、f 相拼时，其韵母发音并不是单独的o，而是中间有一个过渡音u，更像是复韵母uo，这一点在后面学到相应音节时请注意。

发音方法
- 嘴巴半开，舌头向后缩，舌根稍微向上抬至半高位置，舌面两边微卷，舌头中间向下凹。嘴唇合成圆形，嘴角略撮一些，但嘴唇不要向前撅，上下唇的距离大概有一个食指的宽度。

教学方法

教学用语
- o是韵母。嘴巴半开，舌头稍微抬高后缩，嘴唇是圆的。（o is a final. The mouth is half open. The tongue rises up a little and draws backward. The mouth is round.）

口形定格
- 教师示范发音后定格口形，强调嘴唇应该是拢圆的，开口度约相当于一个食指的宽度。

常见问题及对策

问题 1: **发音靠前，嘴唇过圆，听起来有点儿夸张。**

对策 ▶ 教师示范发音，并用手代表舌头做后缩动作，告诉学生舌头向后缩，不用使劲噘着嘴。可以让学生对着镜子观察自己的口形进行练习。

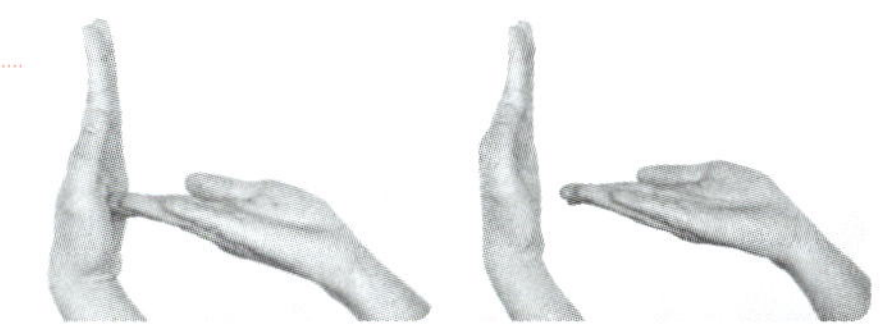

问题 2: **开口度过大，听起来像是［ɔ］。**

对策 ▶ 教师示范发音，让学生多观察口形，指出嘴巴应该半开，不要张得过大。学生练习，嘴巴稍微闭一点儿，开口度相当于一个食指的宽度，可把食指伸到唇前比照。

问题 3: **音色不稳定，发成了［uo］或［u:o］。**

对策 ▶ 教师示范发音，定格口形。学生练习，保持口形不变并延长发音时间。

问题 4: **和英语字母o混淆，发成［ou］。**

对策 ▶ 多提醒、多练习，告诫学生树立区别汉语拼音和英语字母的意识，避免以后出现类似错误。

第3节 e［ɤ］

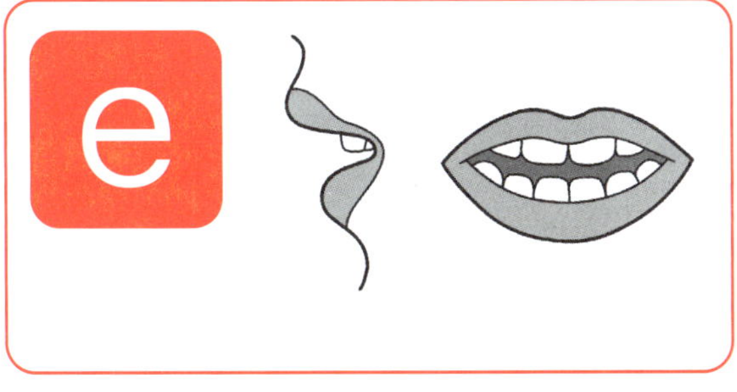

教师知识储备

基本知识 ▶ e是舌面、后、半高、不圆唇元音。

发音方法 ▶ 嘴巴半开，舌头向后缩，舌根稍微向上抬至半高位置，嘴巴自然展开，像是在微笑一样。

发音关键 ▶ 嘴巴半开，开口度中等。
▶ 舌位半高、偏后。
▶ 唇不圆。

教学方法

教学用语 ▶ e是韵母。嘴巴半开，舌头稍微抬高后缩，嘴唇不圆。（e is a final. The mouth is half open. The tongue rises up a little and draws backward. The mouth is not round.）

口形定格 ▶ 教师示范发音后定格口形，强调是嘴形略扁、嘴角略向后拉的口形，可结合口形图指给学生看。

以o带e ▶ 先发o，然后保持舌位不变，嘴角向两边拉，唇形变扁就能发出e。

常见问题及对策

问题 1: **发音时舌位低、开口度偏大，听起来像是嘴形变小了的ɑ。**

对策 ▶ 教师先示范，提醒学生注意观察口形。学生练习，注重要求学生有意将嘴角向两边拉，嘴形扁一些。用小拇指提示学生开口度约为一个小拇指的宽度，可让学生对着镜子观察口形。

问题 2: **舌位前移，听起来不太自然，听起来像［e］或［ɛ］。**

对策 ▶ 用手代表舌头，提醒学生发音时舌头后缩。或者和g一起做拼读练习g—ē—gē，体会舌位靠后的感觉。

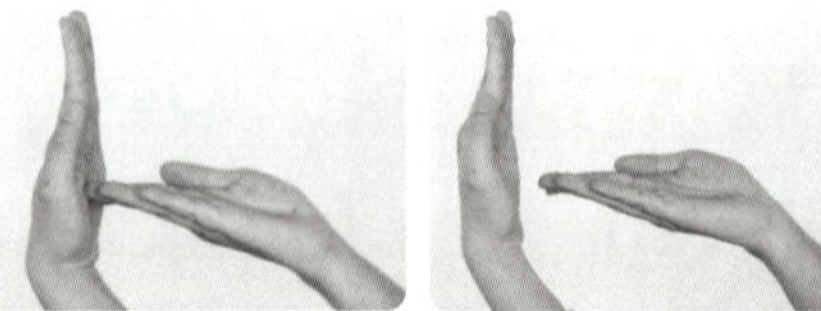

问题 3: **和英语字母e混淆，发成［iː］。**

对策 ▶ 多提醒、多练习。

第4节 i [i]

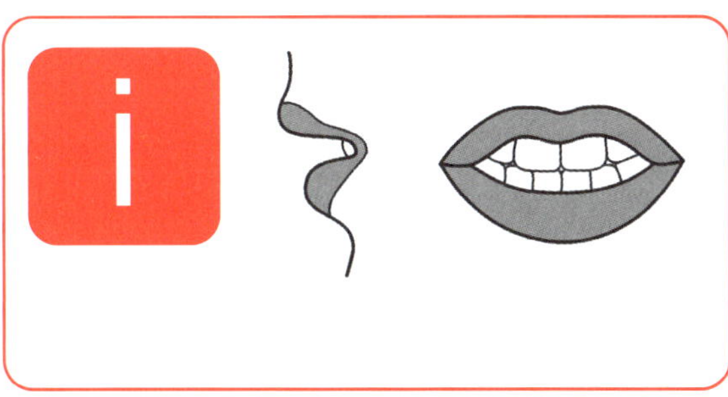

教师知识储备

基本知识 ▶ i 是舌面、前、高、不圆唇元音。

▶ i 自成音节时前面要加上y，如yī。

发音方法 ▶ 嘴巴稍微张开，舌头往前伸，舌尖抵住下齿背，嘴唇扁平。

发音关键 ▶ 嘴巴微开，开口度最小。

▶ 舌位高、偏前。

▶ 唇扁平。

教学方法

教学用语 ▶ i 是韵母。嘴巴微开，舌头前伸，舌尖抵住下齿背，嘴唇不圆。（i is a final. The mouth is slightly open. The tongue reaches forward. The tongue tip touches the back of the lower teeth. The mouth is not round.）

对比示范 ▶ 从ɑ到e再到 i，嘴的开口度由大逐渐变小，让学生看口形图注意对比，然后教师示范一遍，让学生感受开口度的变化。

常见问题及对策

问题： 开口度把握不好，发成［I］。

对策 ▶ 教师示范，让学生观察口形。教师用手代表舌头提醒学生舌头前伸，发音演示让学生观察舌尖抵住下齿背，两手食指顺着嘴角往后拉提醒学生唇形扁平。学生练习，保持口形不变并适当拉长发音时间。

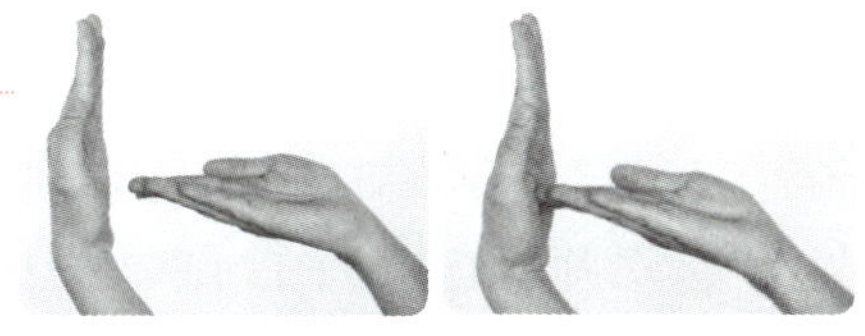

第5节　u [u]

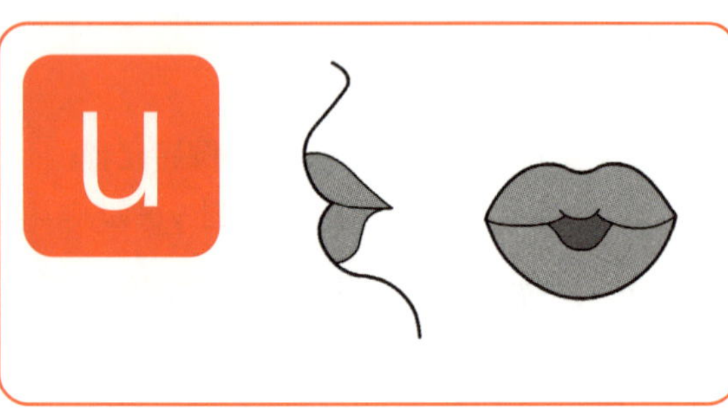

教师知识储备

基本知识
- u是舌面、后、高、圆唇元音。
- u自成音节时前面要加上w，如wǔ。

发音方法
- 舌头后缩，使舌根接近软腭，用力把双唇拢圆，中间留一小孔，嘴巴稍向前突出。

发音关键
- 嘴唇微开，开口度最小。
- 舌位高、偏后。
- 圆唇。

教学方法

教学用语 ▶ u是韵母。嘴巴微开，舌头后缩，舌根接近软腭，嘴唇是圆的。（u is a final. The mouth is slightly open. The tongue draws backward. The end of the tongue gets close to the soft palate. The mouth is round.）

口形示范 ▶ 舌头后缩，用力拢圆双唇，嘴巴稍向前突出。可结合口形图展示。

对比发音 ▶ 发 i 时，嘴唇扁平，舌头前伸；发u时，嘴唇拢圆，舌头后缩。

辅助发音 ▶ 双手食指用力按两侧脸颊的上下颌连接处，舌头后缩，拢圆嘴唇，发出u。

常见问题及对策

问题 1：**圆唇不够，有点儿像是 [w] 。**

对策 ▶ 教师示范，用手指示嘴唇是拢圆的，提醒学生注意。学生练习，用力把嘴唇拢圆并发音。

问题 2: **嘴张得过大，听起来像是在发［o］。**

对策 ▶ 用拇指和其他四个手指稍微合拢的动作演示嘴巴不要张那么大，应该是略微开着的。教师示范，提醒学生应该用力拢圆嘴唇并稍向前突出。可以让学生对着镜子观察自己的口形。

问题 3: **日本学生受母语影响，可能发成不圆唇的ウ。**

对策 ▶ 教师先示范发音，重点让学生注意圆唇的动作。用手代表舌头，把手腕处即舌根抬高一些，同时圆唇，练习发出u。可以让学生对着镜子观察自己的口形。

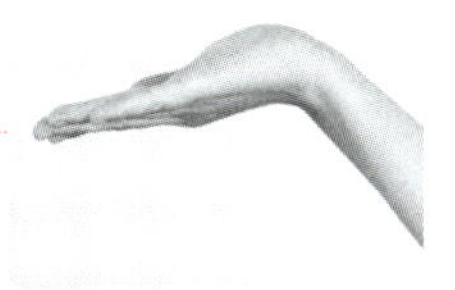

第6节 ü [y]

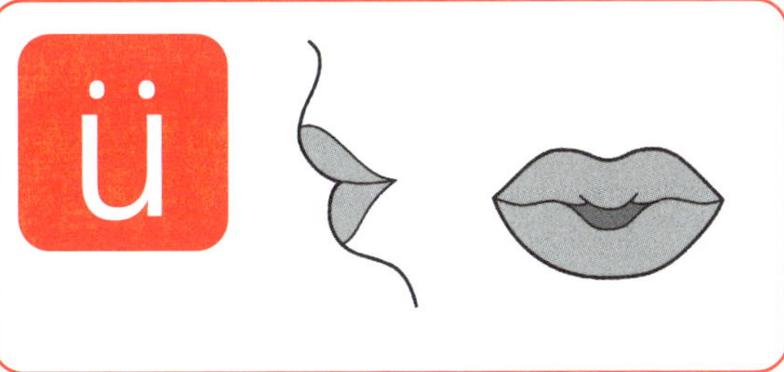

教师知识储备

基本知识
▶ ü是舌面、前、高、圆唇元音。
▶ ü和j、q、x相拼时上面的两点去掉，如qù。
▶ ü自成音节时前面要加y，ü上面的两点去掉，如yù。

发音方法
▶ 舌头往前伸，舌尖抵住下齿背，舌头的位置和发 i 时一样，但嘴唇要用力拢圆。

发音关键
▶ 嘴唇微开，开口度最小。
▶ 舌位高、偏前。
▶ 圆唇。

教学方法

教学用语 ▶ ü是韵母。嘴巴微开，舌头前伸，舌尖抵住下齿背，嘴唇是圆的。（ü is a final. The mouth is slightly open. The tongue reaches forward. The tongue tip touches the back of the lower teeth. The mouth is round.）

口形示范 ▶ 舌头前伸，双唇拢圆。可结合口形图展示。

以i带ü ▶ 先发i，然后把嘴唇拢圆发出ü。

对比发音 ▶ ü和i舌位一样，但i不圆唇，发ü时要拢圆嘴唇并留一小孔。ü和u唇形一样，但发u时舌头向后抬高，发ü时舌头要前伸。

常见问题及对策

问题 1：**采用以i带ü的带音法后，有的学生误以为发ü时唇形需要变化，而发成了［iu］。**

对策 ▶ 教师示范时，发i后口形保持不变停顿一下，再拢圆嘴唇发出ü，让学生领会这是两个单独的音，而不是一个音的滑动变化。学生练习时，教师提醒学生嘴唇变化时舌位不能后缩，只是嘴唇拢圆了。

问题 2：**圆唇度不够，听上去像［i］。**

对策 ▶ 多做ü和i的听辨发音练习，注意对比两者的唇形，发ü时提醒学生用力拢圆嘴唇。

问题 3：**音色不稳定，把ü发成了［yi］、［y:i］、［iu］或者［i:u］。**

对策 ▶ 让学生保持口形不变延长发音时间，比赛看谁发得又长又准。

问题 4：**有时会混淆u和ü。**

对策 ▶ 通过口形图引导学生注意舌位的不同，发u时舌头后缩，舌面后部抬高；发ü时舌头靠前，舌面前部抬高。练习时教师可用手势演示舌头的前伸或后缩，提醒学生改变舌位。

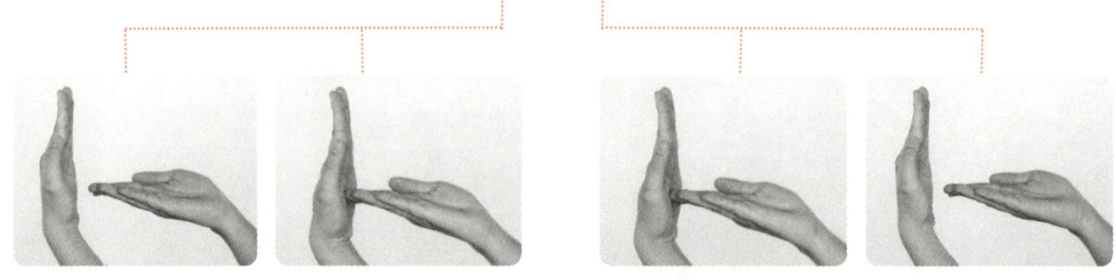

第7节 er [ər]

教师知识储备

基本知识 ▶ er是卷舌、央、中、不圆唇元音。

发音方法 ▶ 口形略开，舌位居中并稍微向后缩，唇形不圆，在发［ə］的同时舌尖向硬腭卷起。对着镜子观察，可以看见舌头下面连接下颚的系带。

发音关键 ▶ 舌头不高不低、稍向后缩。
▶ 不圆唇。
▶ 卷舌。

教学方法

教学用语 ▶ er是韵母。嘴巴稍微张开，舌头不高不低并稍向后缩，卷起舌头。（er is a final. The mouth is slightly open. The tongue is neither high nor low and draws backward, curling.）

口形示范 ▶ 舌头不高不低、稍向后缩，嘴唇不圆，舌尖翘起。可结合口形图展示。

常见问题及对策

问题 1：**忘记卷舌，听起来像e。**

对策 ▶ 用手势演示卷舌：手掌朝上，四指并拢翘起。提醒学生发音和卷舌动作是同步的，一定要在发音的同时卷舌。

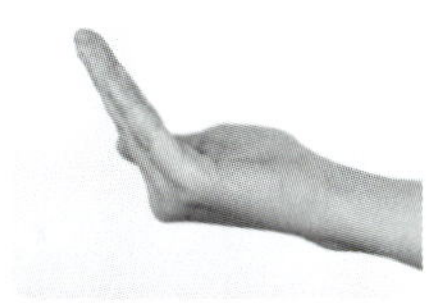

问题 2：**卷舌不明显，听起来有点儿生硬。**

对策 ▶ 告诉学生舌尖一定要充分翘起试图顶着硬腭，可用手势演示卷舌的动作。让学生对着镜子多练习。

课堂活动

悄悄话

活动准备　制作单韵母卡片：ɑ、o、e、i、u、ü。每个单韵母一张卡片。

活动步骤

① 学生3人一组。如果班级人数不是3的倍数，可以让某些同学参加两个小组。

② 请第一小组的3个同学走上讲台站成一排，学生A和B面对面站着，A和C也是面对面，B背对着C。

③ 教师把单韵母卡片交给站在中间的B同学，请其随机从中抽取一张卡片并展示给A同学，A用手指在空中写出这个单韵母给C看，C根据A的书写演示发出这个单韵母的音。班里其他同学观察，正确完成一个韵母再进行下一个，直到完成全部的卡片。

④ 各组依次完成该活动，最后请同学们评出完成得又快又好的小组，可以适当奖励。

⑤ 变换与扩展。为了增加难度，可以教师拿卡片，只展示给B同学看，B不出声用口型发出这个音，A根据口型写出这个音，C再根据A的书写发这个音。操作时要注意让其他同学看到教师展示给B的卡片。

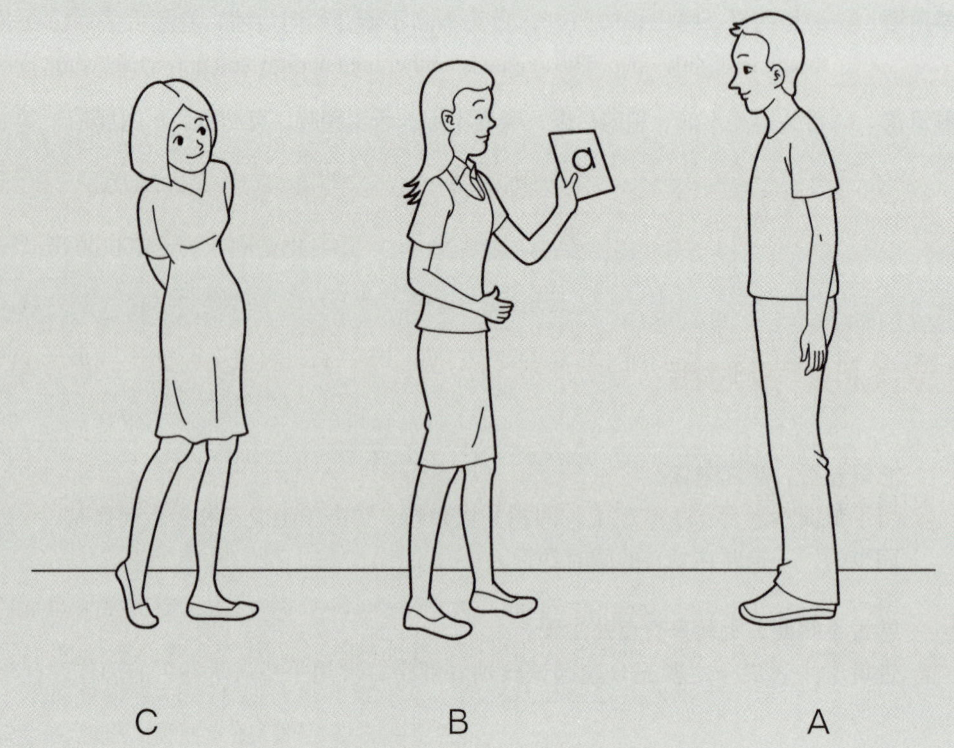

拼音对对碰

活动准备 ① 准备两个敞口的盒子放卡片。

② 制作一套单韵母卡片：ɑ、o、e、i、u、ü 、er，放入盒子1中。

③ 制作一套声调卡片：ˉˊˇˋ，放入盒子2中。

活动步骤 ① 教师把装有单韵母卡片的盒子1和装有声调卡片的盒子2放到讲台的两端。

② 全班学生分成两组，人数为单数时可以请一个学生参加两次或者教师也参加活动。

③ 两组学生排成两队，分别站在讲台的单韵母盒子和声调盒子前。

④ 每组的第一个学生从面前的盒子里拿出一张卡片，这样一人拿到的是单韵母，一人拿到的是声调。两个学生向大家展示卡片，并读出卡片上的单韵母和声调拼出的音。比如，一人拿e，一人拿ˋ，两人要读è。教师根据读音给出反馈，可请两人一一朗读、齐读或全班跟读等。

⑤ 读完之后再把卡片分别放回原来的盒子里，注意不要放错。这两个学生走到队伍的最后或者回到座位上。

⑥ 每组第二个学生按上述程序拿卡片发音，直到两组所有学生都参与一遍，活动结束。

综合听读材料　单韵母

1. 听录音，对比跟读。Listen to the recording and read after it comparatively.　03-01

a–e　　e–o　　i–u　　i–ü　　u–ü　　e–er

2. 听录音，大声跟读。Listen to the recording and read aloud after it.　03-02

① ā–ō–ē–ī–ū–ǖ–ēr　　② á–ó–é–í–ú–ǘ–ér

③ ǎ–ǒ–ě–ǐ–ǔ–ǚ–ěr　　④ à–ò–è–ì–ù–ǜ–èr

3. 四声唱读。Read the four tones.

① ā–á–ǎ–à　　② ō–ó–ǒ–ò　　③ ē–é–ě–è　　④ ī–í–ǐ–ì

⑤ ū–ú–ǔ–ù　　⑥ ǖ–ǘ–ǚ–ǜ　　⑦ ēr–ér–ěr–èr

4. 读拼音，学词语。Read the *pinyin* and learn the words.

	é 鹅 goose 		è 饿 hungry 
yī 衣 clothes 	yí 移 move 	yǐ 椅 chair 	yì 异 difference  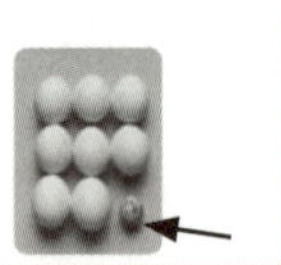
wū 屋 house  		wǔ 五 five  	wù 雾 fog  

5. 朗读双音节词语。Read aloud the words with double syllables.

āyí	阿姨	Éyǔ	俄语	èyú	鳄鱼	èyì	恶意
yīwù	衣物	yíwù	遗物	yìwù	义务	wúyì	无意
yíyì	一亿	yìyì	意义	éryǐ	而已	wúyǔ	无语

测试（一）　单韵母（1）

1. 听录音，圈出听到的韵母。Listen to the recording and circle the finals you have heard. 03-03

① a　e	② e　o	③ a　o	④ i　u
⑤ i　ü	⑥ u　ü	⑦ e　er	⑧ o　er

2. 听录音，判断听到的和看到的韵母是否一致。Listen to the recording and decide if the finals you have heard and seen are the same. 03-04

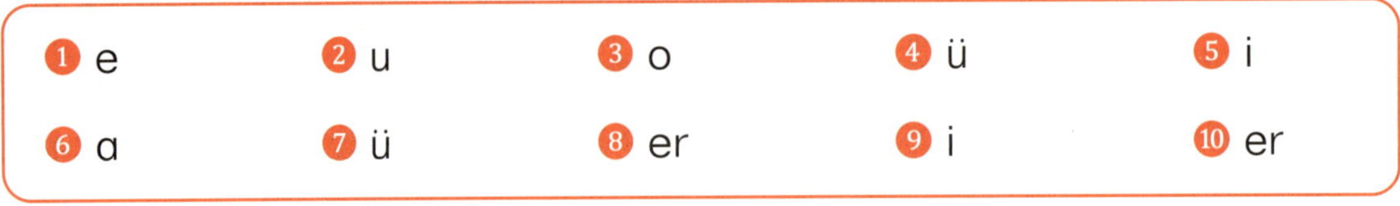

① e	② u	③ o	④ ü	⑤ i
⑥ a	⑦ ü	⑧ er	⑨ i	⑩ er

3. 听录音，判断每组中听到的两个韵母是否一致。Listen to the recording and decide if the two finals you have heard from each group are the same. 03-05

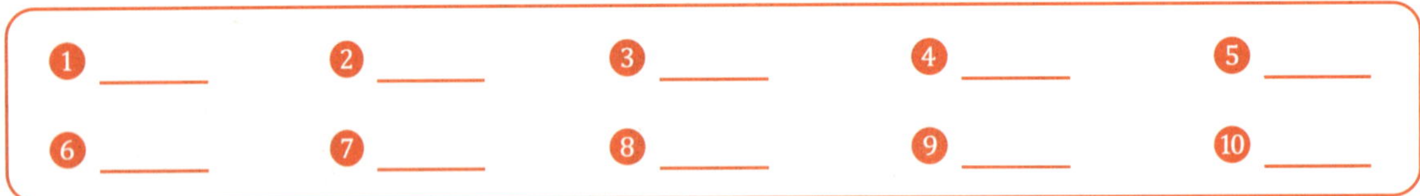

① ______	② ______	③ ______	④ ______	⑤ ______
⑥ ______	⑦ ______	⑧ ______	⑨ ______	⑩ ______

4. 听录音，用手势表示出你听到的声调。Listen to the recording and use your gestures to show the tones you have heard. 03-06

测试（二） 单韵母（2）

1. 听录音，圈出你听到的韵母。Listen to the recording and circle the finals you have heard. 03-07

2. 听录音，判断每组中听到的两个韵母是否一致。Listen to the recording and decide if the two finals you have heard from each group are the same. 03-08

1 ______	2 ______	3 ______	4 ______	5 ______
6 ______	7 ______	8 ______	9 ______	10 ______

3. 听录音，根据你听到的顺序排序。Listen to the recording and put them in order according to what you have heard. 03-09

(　) a	(　) o	(　) e	(　) i
(　) u	(　) ü	(　) er	

4. 听录音，按顺序写出你听到的声调，用声调符号“ ˉ ˊ ˇ ˋ ”表示。Listen to the recording and write down the tones you have heard with “ˉ ˊ ˇ ˋ”. 03-10

1 ______	2 ______	3 ______	4 ______	5 ______
6 ______	7 ______	8 ______	9 ______	10 ______

测试（三）　单韵母（3）

1. 听录音，根据你听到的顺序排序。Listen to the recording and put them in order according to what you have heard. 03-11

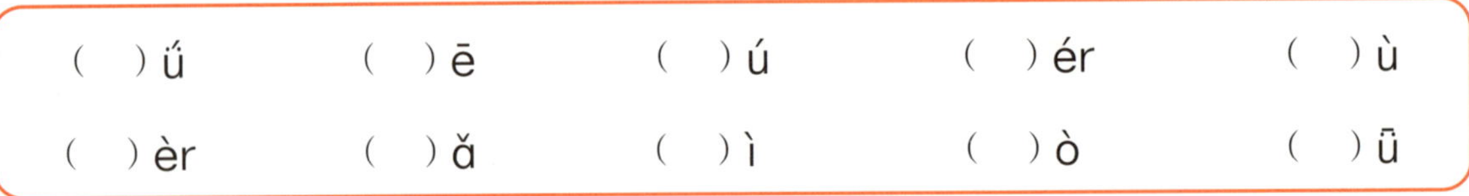

2. 听录音，写出你听到的韵母。Listen to the recording and write down the finals you have heard. 03-12

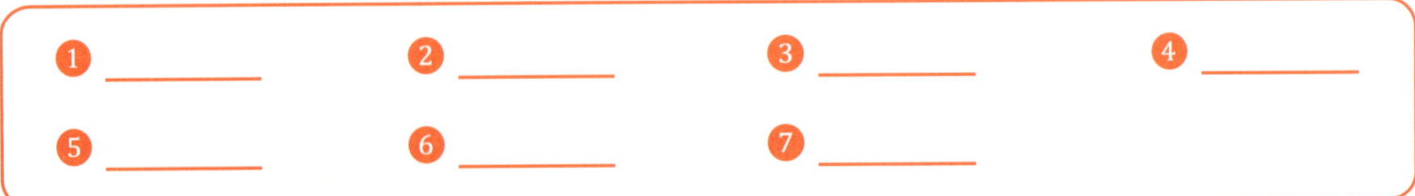

3. 听录音，写出每组中不同的韵母。Listen to the recording and write down the different finals from each group. 03-13

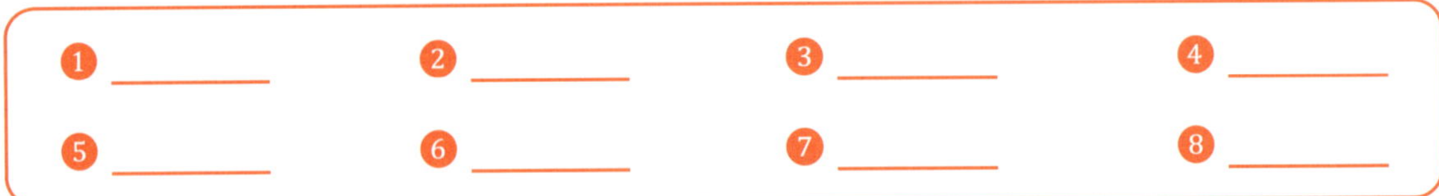

4. 听录音，补全拼音，并说出其意义。Listen to the recording, complete the *pinyin* and speak out their meanings. 03-14

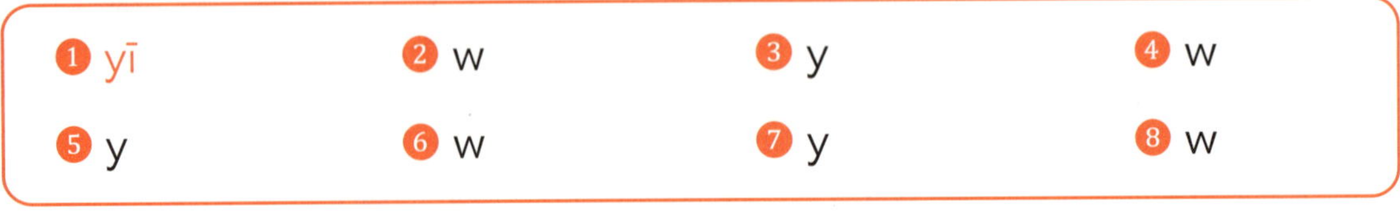

第四章

声母

学习目标➜21 个声母
建议课时➜6~10 课时
适应层次➜入门 / 初级

概说

汉语普通话中一共有21个声母，声母的不同是由发音部位和发音方法的不同决定的。

辅音和声母

气流从肺部出来不一定振动声带，通过口腔时会受到一定的阻碍而发出声音，这种气流受阻碍发出来的声音就是辅音。辅音的发音过程可以分为阻碍的形成（成阻）、阻碍的持续（持阻）、阻碍的解除（除阻）三个阶段。辅音是从音素本身的性质出发划分出来的语音单位。

声母是汉语音节开头的辅音，是从音节的角度划分出来的语音单位。

汉语普通话共有21个声母，22个辅音。所有的声母都是辅音。辅音中ng不能作声母，只能作韵母的韵尾。n既能作声母，又能作韵尾。

21个声母	b p m f d t n l g k h j q x zh ch sh r z c s
22个辅音	b p m f d t n l g k h j q x zh ch sh r z c s ng

发音部位

发音部位是发音时气流受到阻碍的位置。汉语声母的主要发音部位有：上唇、下唇、上齿、舌尖、舌面、舌根、齿背、齿龈、硬腭、软腭。

发音方法

发音方法是指发音时喉头、口腔和鼻腔节制气流的方式和状况。可以从阻碍的方式、声带是否振动、气流的强弱三个方面来观察。

声母的分类

1〉按发音部位，汉语普通话声母可以分为七类。

双唇音	由上唇和下唇接触阻碍气流而形成	b p m
唇齿音	由上齿和下唇接近阻碍气流而形成	f
舌尖前音	由舌尖抵住或接近齿背阻碍气流而形成	z c s
舌尖中音	由舌尖抵住上齿龈阻碍气流而形成	d t n l
舌尖后音	由舌尖抵住或接近硬腭前部阻碍气流而形成	zh ch sh r
舌面音	由舌面前部抵住或接近硬腭前部阻碍气流而形成	j q x
舌根音	由舌面后部抵住或接近软腭阻碍气流而形成	g k h

2〉根据气流形成阻碍和解除阻碍方式的不同，汉语普通话声母可以分为五类。

塞音	发音时，发音部位形成闭塞，软腭上升，堵塞鼻腔通道，气流冲破阻碍，迸裂而出，爆发成声。	b p d t g k
擦音	发音时，发音部位接近，留下窄缝，软腭上升，堵塞鼻腔通道，气流从窄缝中挤出，摩擦成声。	f h x sh r s
塞擦音	发音时，发音部位先形成闭塞，软腭上升，堵塞鼻腔通道，然后气流把阻塞部位冲开一条窄缝，从中挤出，摩擦成声。先破裂，后摩擦，结合成一个音。	j q zh ch z c
鼻音	发音时，口腔通道完全闭塞，软腭下降，打开鼻腔通道，气流振动声带，从鼻腔通过发音。	m n
边音	发音时，舌尖与上齿龈接触，舌头的两边仍留有空隙，同时软腭上升，堵塞鼻腔通道，气流振动声带，从舌头的两边或一边通过发音。	l

3〉根据发音时声带是否振动，汉语普通话声母可以分为两类。

清音	发音时声带不振动	b p f d t g k h j q x zh ch sh z c s
浊音	发音时声带振动	m n l r

4〉塞音和塞擦音发音时，气流冲破阻碍迸裂而出会有强弱的区别，根据口腔呼出气流的强弱，塞音和塞擦音可以分为两类。

送气音	发音时口腔呼出的气流比较强	p t k q ch c
不送气音	发音时口腔呼出的气流比较弱	b d g j zh z

按照上面的分类，每个声母在发音部位和发音方法上都有不同的属性，可以从这些方面综合来描述一个声母，比如b是双唇音、不送气音、清音、塞音，也可以简单地概括为双唇、不送气、清、塞音。普通话辅音声母总表见表4.1。

声母的本音和呼读音

本音是声母本来的音。声母的本音不响亮，除m、n、l、r四个声母外，其他声母发音时声带都不振动，因而发出的声音又轻又短，几乎听不出来。

在实际的朗读和教学中，为了说着方便、听着响亮清楚，常常在声母的本音后面附加上韵母，这样发出来的音就是呼读音。

本音	呼读音
b p m f	b(u)o　p(u)o　m(u)o　f(u)o
d t n l g k h	de te ne le ge ke he
j q x	ji qi xi
zh ch sh r	zhi chi shi ri
z c s	zi ci si

念声母的呼读音时要注意两点：一是每个音都读第一声，二是要把声母后面附加的韵母读得又轻又短。

表4.1　普通话辅音声母总表

发音方法			发音部位						
			唇音		舌尖前音	舌尖中音	舌尖后音	舌面音	舌根音
			双唇音	唇齿音					
			上唇 下唇	上齿 下唇	舌尖 齿背	舌尖 上齿龈	舌尖 硬腭前	舌面前 硬腭前	舌面后 软腭
塞音	清音	不送气音	b［p］			d［t］			g［k］
		送气音	p［p‘］			t［t‘］			k［k‘］
塞擦音	清音	不送气音			z［ts］		zh［tʂ］	j［tɕ］	
		送气音			c［ts‘］		ch［tʂ‘］	q［tɕ‘］	
擦音	清音			f［f］	s［s］		sh［ʂ］	x［ɕ］	h［x］
	浊音						r［ʐ］		
鼻音	浊音		m［m］			n［n］			
边音	浊音					l［l］			

第1节　b [p]

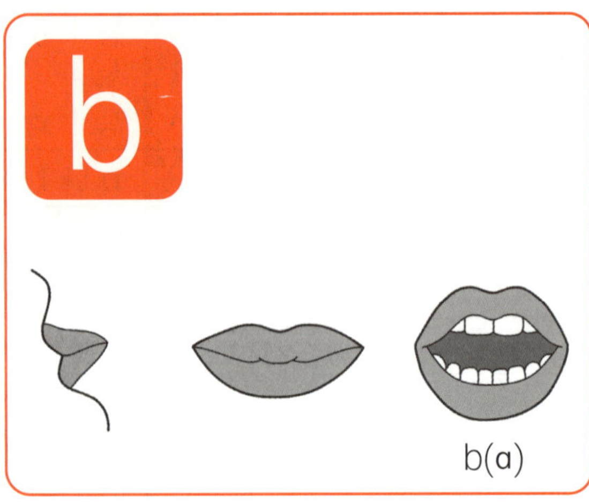

教师知识储备

基本知识 ▶ b是双唇、不送气、清、塞音。

发音方法 ▶ 双唇紧闭，口腔通道完全阻塞，气流到达双唇后蓄气，使少量的气流留在口中；同时软腭上升堵塞鼻腔通道；然后突然打开双唇，让口中的气流爆发而出，气流较弱。

▶ 声带不振动。

发音关键 ▶ 双唇紧闭。

▶ 气流爆发成声。

▶ 气流较弱，不送气。

▶ 声带不振动。

教学方法

教学用语 ▶ b是声母。紧紧闭上嘴唇，气流突然冲出来。（b is an initial. Close the lips tightly, and then the air suddenly bursts out.）

化难为易 ▶ 让学生练习发呼读音b(u)o，要用一声，并且其中的(u)o要读得又轻又短。教师不必写出b(u)o的拼音形式，直接让学生跟读模仿即可。

口形示范 ▶ 让学生注意观察教师的口形，突出双唇紧闭的状态，然后突然气流爆发出声。

手势演示 ▶ 五个手指捏在一起然后突然分开，演示气流爆发出声的状态。

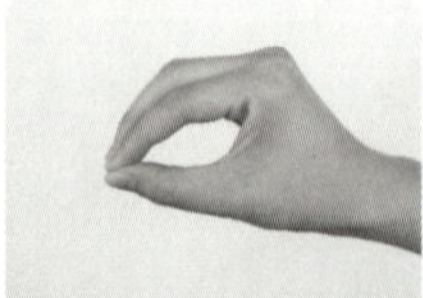

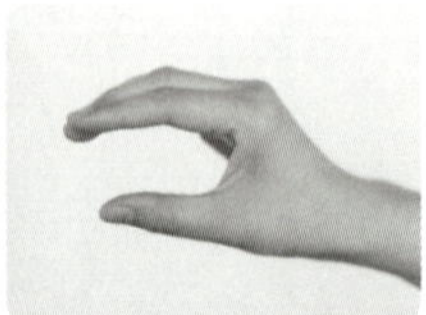

常见问题及对策

问题 1：清音浊化，把［p］发成［b］，多见于母语为法语、英语或与其相近语言的学习者，在说“饱了”时会给人发音不够清楚的感觉。原因是把b的本音发成了声带振动的浊音。

对策 ▶ ①教师先发b的本音，让学生模仿，同时让学生把手放在声带上，感受声带没有振动。因为声母本音不太好发而且不容易听清楚，如果学生感到困惑，教师可以直接让学生发b(u)o。如果学生读成浊音会给人发音比较用力、含混不清的感觉，这时提醒学生要读一声并且读得又轻又短。教师多做示范，让学生体会模仿。②借助母语对应音，写出英语speak或法语père，让学生先读单词，再读其中字母p的发音，这个音和汉语声母b的发音相当。

问题 2：把b发成f，多见于韩国学生，如把“帮”读成“fāng”，把“便”读成“fiàn”。

对策 ▶ ①强调发音部位是双唇。②教师示范发音，突出双唇接触紧闭的动作，让学生观察教师的口形。③让学生对着镜子观察自己的口形。

问题 3：有的日韩学生会把b发成双唇擦音［ɸ］，听起来像是一种吹气的声音。原因是发音时双唇没有完全紧闭，中间留有窄缝。

对策 ▶ ①教师示范演示，双唇要紧紧闭上，不能留有窄缝。②让学生对着镜子观察练习。

课堂活动

冲关我最棒

活动准备 ① 12个小纸团，上面分别写着号码1—12，供学生抽签使用。

② 复印活动页4.1，每人一张；或者扩印一张，挂在黑板上；或者用投影展示在屏幕上。

活动步骤 ① 教师手持12个小纸团走到一位学生面前，让他/她抽取一个小纸团，该学生看着自己手里的或是教师展示的冲关图，从抽到的相应数字开始读音节，比如抽到数字6就从bá开始读，教师给予反馈，直到到达终点。然后下一个学生继续。

② 学生自告奋勇一个一个来，或者师生商定按照一定的顺序，比如顺时针、逆时针、从前往后、从左往右等，直到所有学生都参与一遍。

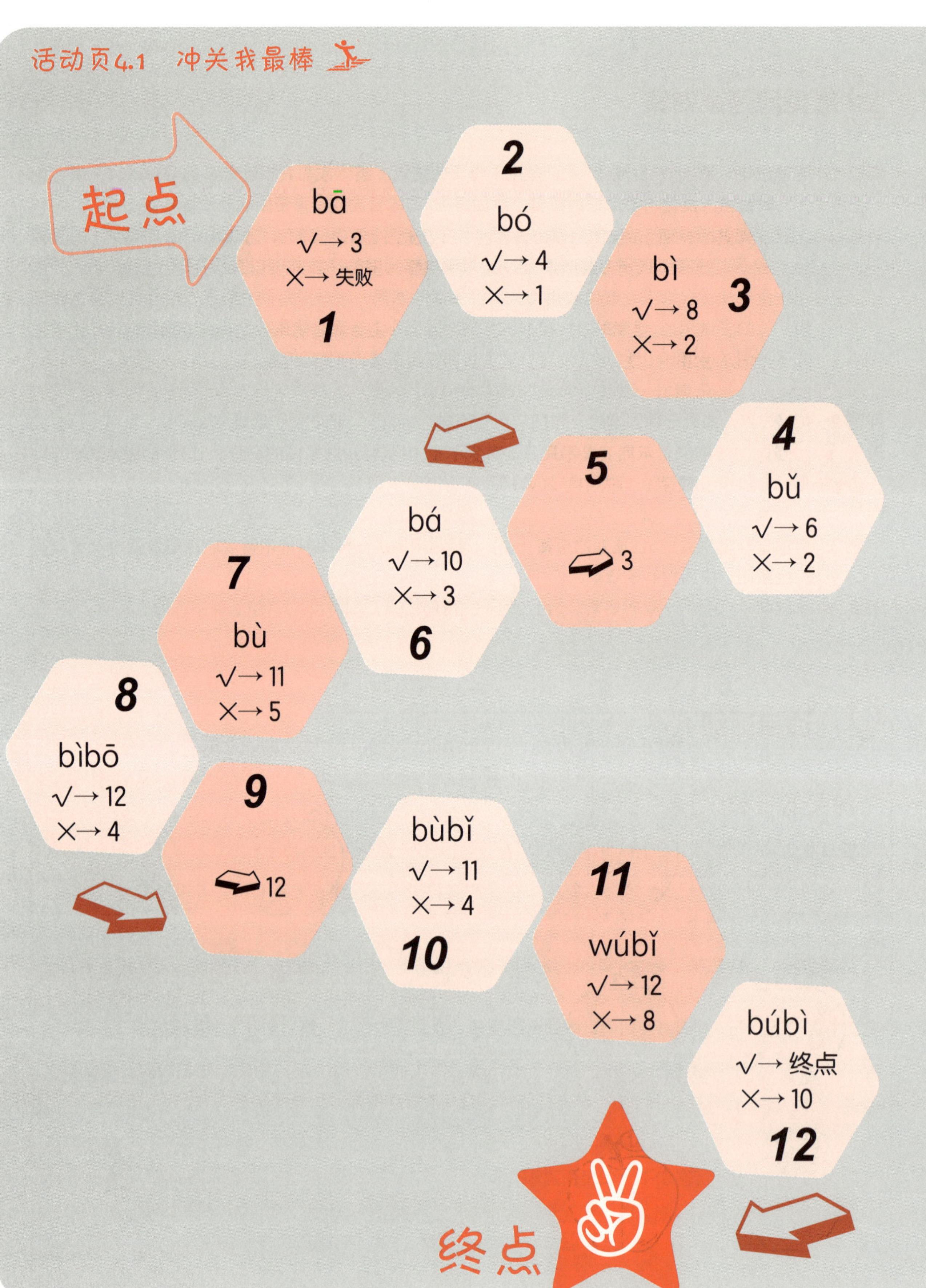
活动页4.1　冲关我最棒
起点
1
bā
√→3
×→失败
2
bó
√→4
×→1
3
bì
√→8
×→2
4
bǔ
√→6
×→2
5
3
6
bá
√→10
×→3
7
bù
√→11
×→5
8
bìbō
√→12
×→4
9
12
10
bùbǐ
√→11
×→4
11
wúbǐ
√→12
×→8
12
búbì
√→终点
×→10
终点

第2节 p [pʻ]

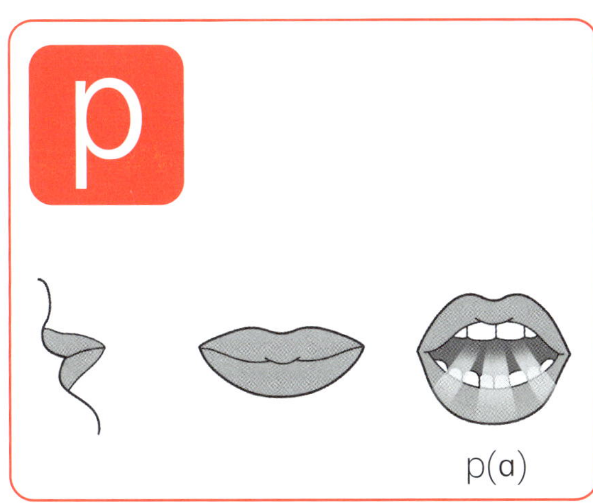

教师知识储备

基本知识 ▶ p是双唇、送气、清、塞音。

发音方法 ▶ 双唇紧闭，口腔通道完全阻塞，气流到达双唇后蓄气，留在口腔中的气流比较多；同时软腭上升堵塞鼻腔通道；然后突然打开双唇，让口中的气流爆发而出，气流较强。
▶ 声带不振动。

发音关键 ▶ 双唇紧闭。
▶ 气流爆发成声。
▶ 气流较强，送气。
▶ 声带不振动。

教学方法

教学用语 ▶ p是声母。紧紧闭上嘴唇，气流突然冲出来。跟b相比，气流较强，把手放到嘴前可以感觉到。（p is an initial. Close the lips tightly, and then the air suddenly bursts out. Compared with b, the airflow is stronger. You can feel it when you put your hand in front of your mouth.）

化难为易 ▶ 让学生练习发呼读音p(u)o，要用一声，并且其中的(u)o要读得又轻又短。教师不必写出p(u)o的拼音形式，直接让学生跟读模仿即可。

示范演示 ▶ ①把手放在嘴唇前面，发音时手能感受到冲出的气流。②吹纸法：拿一张薄纸放在嘴唇前面，发音时纸会明显地抖动。③把一只手放在胸口，发音时能感受到胸部有明显的收缩。

对 比 法 ▶ 和b对比，发b时不送气，手几乎感觉不到气流，薄纸几乎不动，胸部也几乎不动。

音节拼读法 ▶ 汉语普通话的送气音常常有一个独立的送气段。用前面提到的吹纸等方法演示时，学生有时只是有意加强了气流，但并没有独立的送气段，因此听起来还是像不送气音。这时可用音节拼读法进行练习。先让学生深吸一口气，连续发两个p，再加上韵母ā进行连续拼读，逐渐加快速度，最后一下子念出pā，即：p—p—，p—ā—p—ā—p—ā，pā。

常见问题及对策

问题 1：**送气不够，听起来像b，出现这类错误的学生在说“跑了”时像是在说“饱了”。**

对策 ▶ ①用演示法和b对比，强调要送气，可用音节拼读法加强操练。②有的学生在单发声母时没有问题，可是和韵母拼读时又会发成不送气音，原因是送气段有点儿短。出现这样的情况应提醒学生拉长送气段，发音时用力吐气，和韵母相拼时也要送气。

问题 2：**把p发成f，如把“朋”读成“féng”，把“盼”读成“fàn”。**

对策 ▶ ①强调发音部位是双唇。②教师示范发音，突出双唇紧闭的动作，让学生观察教师的口型。③让学生对着镜子观察自己的口形，注意是双唇紧闭，而不是上齿咬着下唇。

问题 3：**有的日韩学生会把p发成双唇擦音［ɸ］，听起来像是一种吹气的声音。**

对策 ▶ ①提示学生记住发音时双唇要紧紧闭上，不能留有窄缝。②教师演示，让学生跟读。③让学生对着镜子观察练习。

课堂练习

听录音，圈出你听到的拼音。Listen to the recording and circle the *pinyin* you have heard. 04-01

第3节 m [m]

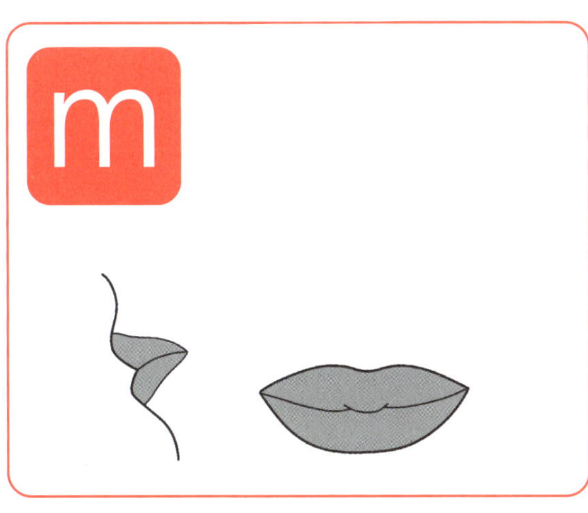

教师知识储备

基本知识 ▶ m是双唇、浊、鼻音。

发音方法 ▶ 双唇紧闭，口腔通道完全阻塞；同时软腭下降，打开鼻腔通道，气流同时到达鼻腔和口腔；气流振动声带，从鼻腔流出形成鼻音。
▶ 声带振动。

发音关键 ▶ 双唇紧闭。
▶ 气流从鼻腔流出。
▶ 声带振动。

教学方法

教学用语 ▶ m是声母。紧紧闭上嘴唇，气流从鼻腔流出，声带振动。（m is an initial. Close the lips tightly, and then the air flows out from the nasal cavity with the vocal cords vibrating.）

化难为易 ▶ 让学生练习发呼读音m(u)o，要用一声，并且其中的(u)o要读得又轻又短。教师不必写出m(u)o的拼音形式，直接让学生跟读模仿即可。

示范演示 ▶ 示范发音时，教师可以将一只手放在声带上提醒学生感受声带振动，另一只手的一个手指放在鼻翼，提示气流从鼻腔通过。

常见问题及对策

m在很多语言的语音系统中都有相对应的音，因此教学m时比较容易，一般很少出现偏误。

课堂练习

圈出声母是m的拼音并大声朗读。Circle the *pinyin* whose initial is m and read aloud.

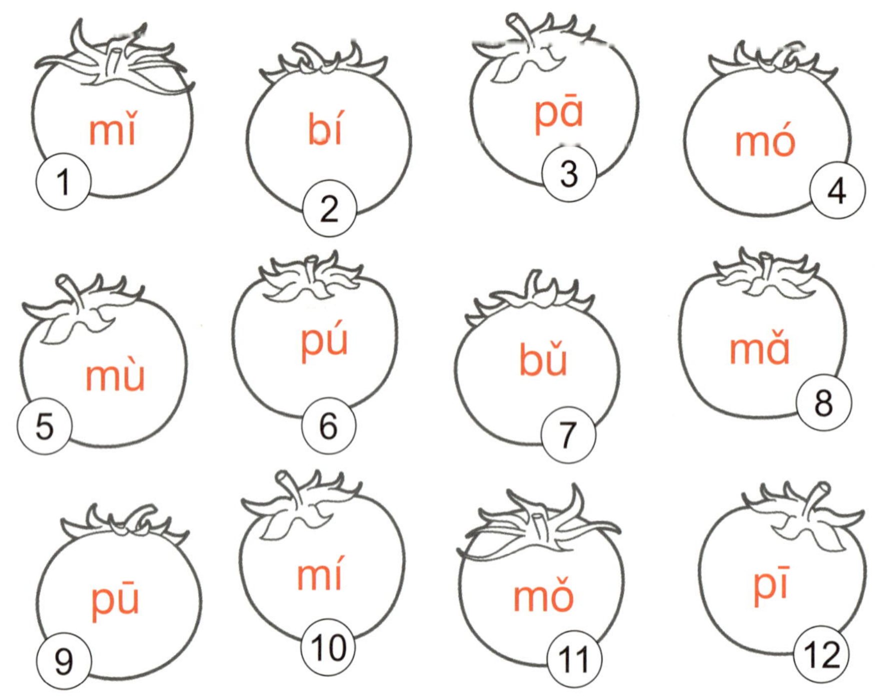

课堂活动

拼音拼拼乐

活动准备　① 复印活动页4.3，裁剪成卡片，每个学生一张卡片，卡片内容可以重复。

② 教师自留一套卡片备用。

活动步骤　① 把卡片随机发到每个学生手中，每人一张卡片。

② 学生一个接一个地展示自己手中的卡片，并读出上面的音。教师纠正反馈，必要时可让全班一起跟读复习。

③ 学生一个接一个地展示自己手中的卡片，用声母m与手中的单韵母进行拼读，要求声调准确。如持有卡片ā的学生读ā—m—ā—mā。教师纠正反馈，必要时可让全班一起跟读复习。

④ 教师随机逐一读出mā、má、mǎ、mà、mō、mó、mǒ、mò、mī、mí、mǐ、mì、mú、mǔ、mù这些拼音，请持有相应韵母的学生举起手中的卡片。如教师读mā，所有持有ā卡片的学生应举起卡片。教师注意检查，对未举或错举卡片的学生提醒纠正，可要求他们跟读以加深记忆。

活动页4.3　拼音拼拼乐

ā	á	ǎ
à	ī	í
ǐ	ì	ō
ó	ǒ	ò
ú	ǔ	ù

第4节 f [f]

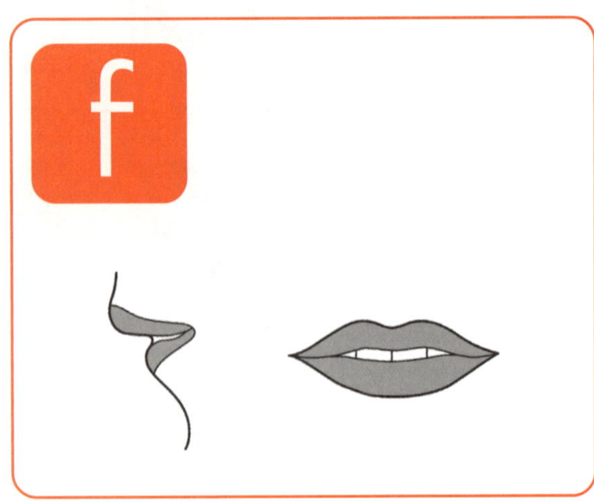

教师知识储备

基本知识 ▶ f是唇齿、清、擦音。

发音方法 ▶ 上齿轻触下唇内部边缘，形成一条窄缝；同时软腭上升堵塞鼻腔通道；气流从上齿和下唇之间的窄缝摩擦而出。

▶ 声带不振动。

发音关键 ▶ 上齿和下唇接触。

▶ 气流摩擦成声。

▶ 声带不振动。

教学方法

教学用语 ▶ f是声母。上齿轻触下唇，气流从窄缝中摩擦而出。（f is an initial. The upper teeth gently touch the lower lip and the air flows out through the narrow opening with friction.）

化难为易 ▶ 让学生练习发呼读音f(u)o，要用一声，并且其中的(u)o要读得又轻又短。教师不必写出f(u)o的拼音形式，直接让学生跟读模仿即可。

夸张演示 ▶ 示范发音时先把嘴巴张大，然后夸张地做出上齿咬触下唇的动作，让学生掌握正确的发音部位。练习时可让学生对着镜子观察自己的口形，或是同伴之间互相观察提醒。要注意提醒学生并不是上齿用力咬下唇，只是轻轻接触，自然形成窄缝。

常见问题及对策

问题 1：**把唇齿音f发成双唇音p，多见于韩国学生，如把“方”读成“pāng”。**

对策 ▶ ①板书f和p，教师示范演示，发p时突出双唇紧闭，发f时突出上齿轻触下唇，提示学生注意发音部位的区别。②学生模仿练习，可用镜子观察自己的口形。

问题 2：**有的日韩学生会把f发成双唇擦音［ɸ］，听起来像是一种吹气的声音。**

对策 ▶ ①偏误原因是学生发音时气流是双唇吹出来的，而不是摩擦出来的，应该让其放松上唇，同时下唇向上并碰到上齿，但不必咬得太紧。教师示范正确发音，突出上齿轻触下唇的动作。②学生模仿练习，可用镜子观察自己的口形，注意不能有鼓腮的动作。

问题 3：**发音听起来像h。**

对策 ▶ 关键是找准发音部位，参看问题1、2的对策。

课堂活动

快速反应

活动准备 ① 复印活动页4.4，裁剪成卡片，每个学生一张卡片，卡片内容可以重复。

② 教师自留一套卡片备用。

活动步骤 ① 把卡片随机发到每个学生手中，每人一张卡片。

② 学生一个接一个地展示自己手中的卡片，并读出上面的拼音。教师纠正反馈，必要时可让全班一起跟读复习。

③ 教师随机读出某张卡片上的拼音，全班跟读，持相应卡片的学生快速举出自己的卡片。教师展示正确的卡片让学生核对。教师检查，提醒、纠正未举或错举卡片的学生，必要时可全班一起跟读复习。

④ 以此方法练习其他拼音，直至所有拼音都得到练习。

活动页4.4　快速反应

fā	fá	fǎ
fà	fó	fū
fú	fǔ	fù
pā	pá	pà
pó	pū	pǔ

第5节 d [t]

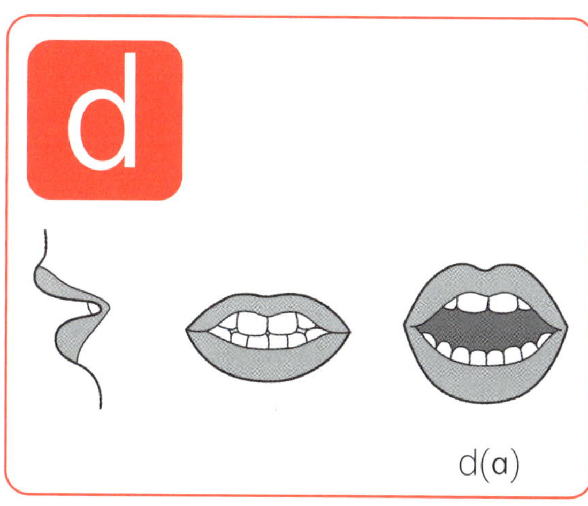

教师知识储备

基本知识 ▶ d是舌尖中、不送气、清、塞音。

发音方法 ▶ 舌尖紧抵上齿龈，口腔通道完全阻塞，口腔蓄有空气；同时软腭上升堵塞鼻腔通道；让口中的气流冲破舌尖的阻碍，爆发成声，气流较弱。

▶ 声带不振动。

发音关键 ▶ 舌尖和上齿龈阻碍气流。

▶ 气流爆发成声。

▶ 不送气。

▶ 声带不振动。

教学方法

教学用语 ▶ d是声母。舌尖紧抵上齿龈，气流突然冲出来。（d is an initial. The tongue tip closely touches the upper teeth gum, and then the air suddenly bursts out.）

化难为易 ▶ 让学生练习发呼读音de，要用一声，并且其中的e要读得又轻又短。教师不必写出de的拼音形式，直接让学生跟读模仿即可。

示范演示 ▶ 示范发音时让学生注意观察教师的口形，并用五个手指聚拢在一起然后突然分开的手势演示气流爆发出声的状态。

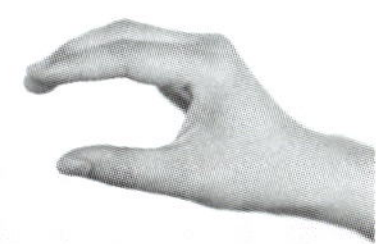

常见问题及对策

问题 1：**清音浊化，把［t］发成［d］，出现这类错误的学生在说“肚子”时会给人发音不够清楚的感觉。**

对策 ▶ ①教师先发d的本音，让学生模仿，同时让学生把手放在声带上，感受声带没有振动。因为声母本音不太好发而且不容易听清楚，如果学生感到困惑，教师可以直接让学生发de。如果学生读成浊音会给人发音比较用力、含混不清的感觉，这时提醒学生要读一声并且读得又轻又短。②对英语国家或英语较好的学生，可用英语单词star开头的连续辅音的发音方法引导，st-中字母“t”的发音和汉语声母d的发音相当。

问题 2：**发音时舌尖向上腭一闪而过，听起来有点儿卷舌的感觉。**

对策 ▶ 关键是提醒延长舌尖和上齿龈接触的时间，不能是一闪而过。利用发音器官纵切面示意图（第2页图1.2）找到舌尖和上齿龈，让学生体会发音部位。教师一边演示手势一边示范发音，用一只手的指尖代表舌尖，另一只手代表上齿龈，演示两者轻轻接触的状态，轻触后停顿一下不发声，两只手分开演示气流冲破阻碍，同时发出d的声音。让学生模仿，开始可要求学生先找好发音位置并刻意保持一段时间，然后再发出声音，熟练后就不用这样要求了。

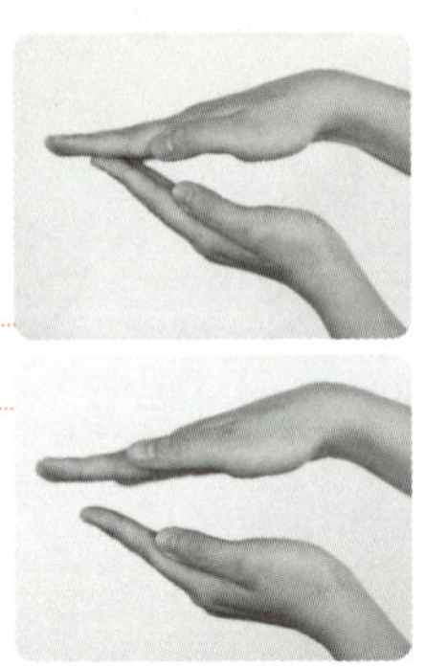

课堂练习

听录音，判断听到的和看到的拼音是否一致。Listen to the recording and decide if the *pinyin* you have heard and seen are the same. 04-02

① dā　② dú　③ dǐ　④ dé　⑤ dù

⑥ dǎ　⑦ bī　⑧ dàdì　⑨ dìyī　⑩ dàbā

第6节 t [tʻ]

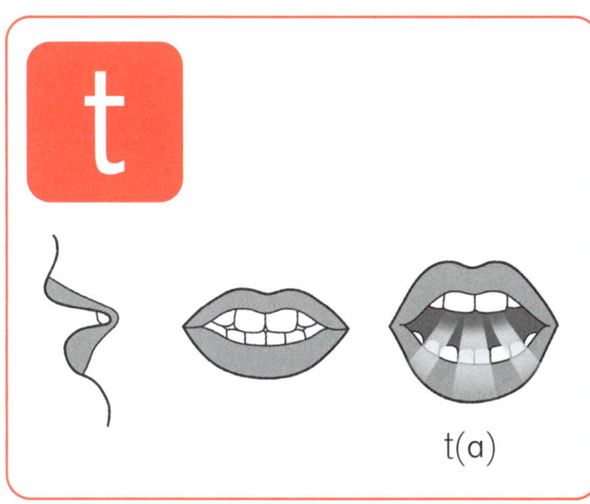

教师知识储备

基本知识 ▶ t是舌尖中、送气、清、塞音。

发音方法 ▶ 舌尖紧抵上齿龈，口腔通道完全阻塞，口腔蓄有空气；同时软腭上升堵塞鼻腔通道；舌尖与上齿龈的阻塞突然打开，让气流冲破阻碍爆发而出，气流较强。

▶ 声带不振动。

发音关键 ▶ 舌尖和上齿龈阻碍气流。

▶ 气流爆发成声。

▶ 送气。

▶ 声带不振动。

教学方法

教学用语 ▶ t是声母。舌尖紧抵上齿龈，气流突然冲出来。跟d相比，气流较强，把手放到嘴前可以感觉到。（t is an initial. The tongue tip closely touches the upper teeth gum, and then the air suddenly bursts out. Compared with d, the airflow is stronger. You can feel it when you put your hand in front of your mouth.）

化难为易 ▶ 让学生练习发呼读音te，要用一声，并且其中的e要读得又轻又短。教师不必写出te的拼音形式，直接让学生跟读模仿即可。

示范演示 ▶ 让学生用把手放在嘴唇前、把薄纸放在嘴唇前或把手放在胸口上等方式感受什么是“送气”，参见第51页p的说明。

对 比 法 ▶ 和d对比，d不送气，t送气，让学生先发d，再有意加强送气发出t。

以p带t ▶ 先发p，然后舌尖抬起抵住上齿龈，再用同样的方法发出t。

音节拼读法 ▶ 先让学生深吸一口气，连续发两个t，再加上韵母进行连续拼读，逐渐加快速度，最后一下子念出tè，即：t—t—，t—è—t—è—t—è，tè。

常见问题及对策

问题· **送气不够，听起来像d，说“兔子”听起来就像是“肚子”。**

对策 ▶ 教师先用吹纸法演示，让学生注意到送气的特征，然后用上面讲的音节拼读法练习，提醒学生注意并记住最后拼出tè时的发音体验。做拼音练习时让学生先根据刚才的体验确定好发t的状态，然后保持气息不断和后面的韵母拼读。

课堂练习

听录音，按听到的顺序填序号。Listen to the recording and fill in the numbers according to what you have heard. 04-03

túdì　tū　dā

tǎ　tǐ　tè

túdú　tèdì　tǔ　dù

第7节 n [n]

教师知识储备

基本知识 ▶ n是舌尖中、浊、鼻音。

发音方法 ▶ 舌尖紧抵上齿龈，口腔通道完全阻塞；同时软腭下降打开鼻腔通道，气流同时到达鼻腔和口腔；气流振动声带，从鼻腔流出形成鼻音。

▶ 声带振动。

发音关键 ▶ 舌尖和上齿龈阻碍气流。

▶ 气流从鼻腔流出。

▶ 声带振动。

教学方法

教学用语 ▶ n是声母。舌尖紧抵上齿龈，气流从鼻腔流出，声带振动。（n is an initial. The tongue tip closely touches the upper teeth gum, and then the air flows out from the nasal cavity with the vocal cords vibrating.）

化难为易 ▶ 让学生练习发呼读音ne，要用一声，并且其中的e要读得又轻又短。教师不必写出ne的拼音形式，直接让学生跟读模仿即可。

示范演示 ▶ 示范发音时，教师可以将一只手放在声带上提醒学生感受声带振动，另一只手的一个手指放在鼻翼，提示气流从鼻腔通过。

以m带n ▶ 以m带n，让学生先发m，然后用手指指尖翘起代表舌尖抬起，另一只手指着发音器官纵切面示意图（第2页图1.2）上齿龈的位置，向学生演示提醒舌尖抬起抵住上齿龈，用和发m同样的方法发出n。

常见问题及对策

问题· n和 l 不分。绝大多数学习者发n都没有困难。有一些学生有时会混淆n和 l，可能会把“女孩”说成“旅孩”，造成这种现象的原因一般有两种：一是n和 l 发音分不清楚，二是不知道所读字的声母是n还是 l，而后者常常占大多数。

对策 ▶ 如果是第一种情况，就用带音法以m带n重点练习n的发音。让学生把手放在鼻翼感受气流，发n时气流从鼻腔流出，手放鼻翼可以感受到轻微的振动，发 l 时不会有这种感觉。还可采用捏鼻法和捂耳法，具体参看第8节 l 的对比教学法。如果是第二种情况，要提醒学生下功夫记住每个字的声母。

课堂活动

拼音棋局

活动准备　模仿下面的拼音棋盘在黑板上画两个一样的棋盘。

n		ˉ	ˊ	ˇ	ˋ
	ɑ				
	e	——		——	
	i				
	u	——			
	ü	——	——		

活动步骤

① 全班学生平均分成两组，总人数为单数时可以请一人辅助教师做裁判，或者请一名发音比较好的学生给两个小组读拼音。

② 两组各出一人来到黑板前，教师读拼音，如nǐ，学生在相应的位置上画√。先正确标出的组得1分，标错不扣分。

③ 教师继续读拼音，各组换其他学生上来标出拼音的正确位置。

④ 棋盘中一共有15个音（画线的位置没有相应发音），教师应打乱顺序读给学生。如果每组学生人数为15人或15人以下，每组学生逐一参与完则比赛结束。如果每组学生人数为15人以上，教师可重复读拼音，从第16个学生开始换一种标记，比如用不同的符号或不同的颜色，直至每个学生都参与活动。结束时得分高的一组获胜。

第8节 l [l]

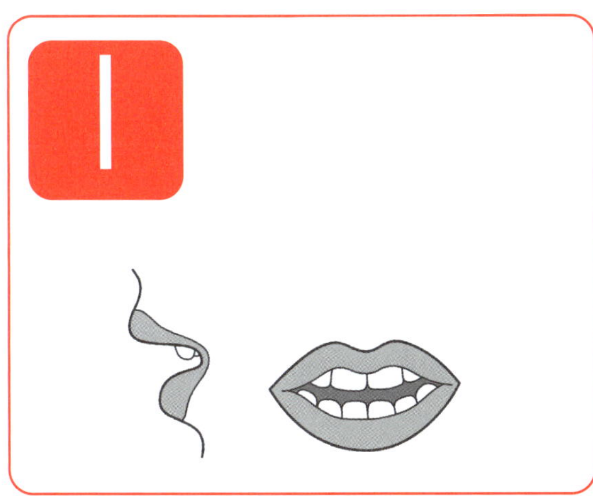

教师知识储备

基本知识 ▶ l是舌尖中、浊、边音。

发音方法 ▶ 舌尖抵住上齿龈，阻塞口腔中路通道，两边留有空隙；同时软腭上升堵塞鼻腔通道；气流振动声带，从舌头两边或一边通过。

▶ 声带振动。

发音关键 ▶ 舌尖和上齿龈阻碍气流。

▶ 气流从舌头两边或一边通过。

▶ 声带振动。

教学方法

教学用语 ▶ l是声母。舌尖紧抵上齿龈，气流从舌头边缘通过，声带振动。（l is an initial. The tongue tip closely touches the upper teeth gum, and then the air flows through the sides of the tongue with the vocal cords vibrating.）

化难为易 ▶ 让学生练习发呼读音le，要用一声，并且其中的e要读得又轻又短。教师不必写出le的拼音形式，直接让学生跟读模仿即可。

示范演示 ▶ 示范发音时，教师可以将一只手放在声带上提醒学生感受声带振动，另一只手的一个手指放在嘴角，提示气流从舌头两边或一边通过。

对 比 法 ▶ 注意l和n的对比，两者发音部位相同，声带都振动，但n是鼻音，气流从鼻腔通过，l是边音，气流从舌头两边或一边通过。具体对比方法如下：①摸鼻法：让学生把手放在鼻子上，发n时可以感觉到鼻子有轻微的振动，发l时则不能有这种轻微的振动。②捏鼻法：发l时，用手捏住鼻子，感觉气流从口腔流出；发n时，先找准舌位，如果也捏着鼻子，就很难或无法发出n音，如果松开鼻子，气流从鼻腔流出，就能发出n了。③掩耳法：捂住耳朵，发n时耳膜可以感到有鸣声，发l时耳膜没有明显的鸣声。

常见问题及对策

问题 1：**n和 l 不分，可能会把“老路”说成“恼怒”。原因一般有两种，一是n和 l 发音分不清楚，二是不知道所读字的声母是n还是 l。**

对策 ▶ 如果是第一种情况，就重点练习 l 的发音，注意和n的对比，按照上面对比教学法的提示多进行对比发音练习。如果是第二种情况，要提醒学生下功夫记住每个字的声母。

问题 2：**把 l 发成闪音［ɾ］，即发音时舌头一弹就松开了，多见于日韩学生。**

对策 ▶ 关键是提醒学生延长舌尖和上齿龈接触的时间，不能是一闪而过。利用发音器官纵切面示意图（第2页图1.2）找到舌尖和上齿龈，让学生体会发音部位。教师一边演示手势一边示范发音，用一只手的指尖代表舌尖，另一只手代表上齿龈，演示两者轻轻接触的状态，轻触后停顿一下不发声，两只手分开演示气流冲破阻碍，同时发出 l 的声音。让学生模仿，开始可要求学生先找好发音位置并刻意保持一段时间，然后再发出声音，熟练后就不用这样要求了。发音时还要提醒学生振动声带让气流从舌头边缘流出，避免发成d。

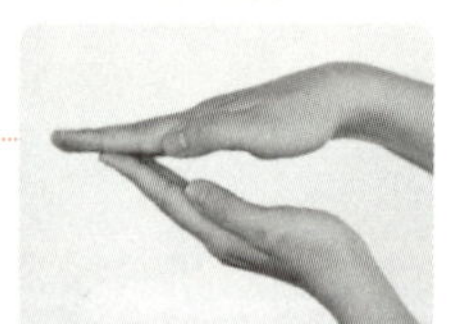

课堂练习

听录音，写出声母。Listen to the recording and write down the initials.　04-04

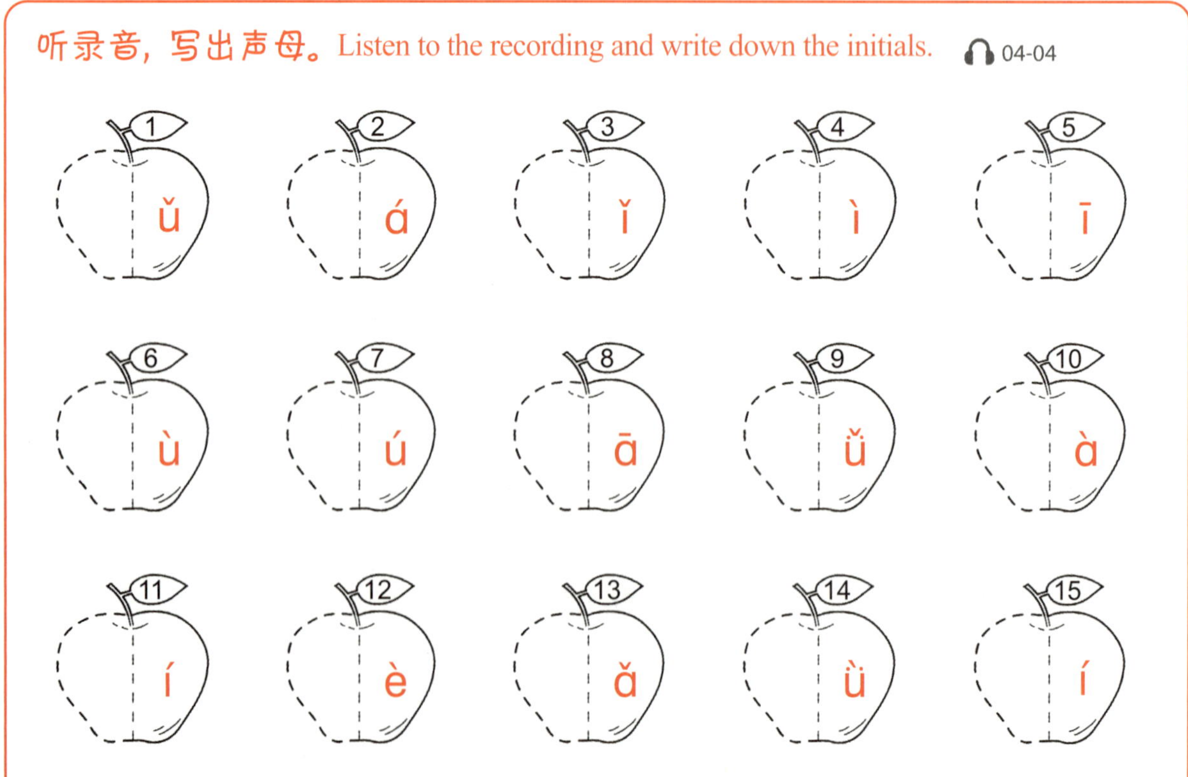

第9节 g [k]

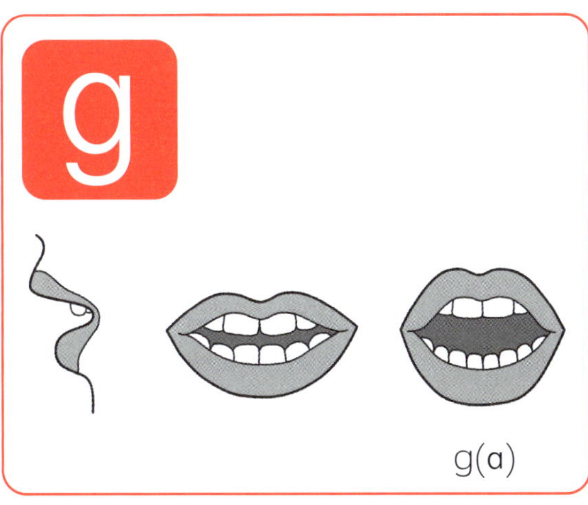

教师知识储备

基本知识 ▶ g是舌根、不送气、清、塞音。

发音方法 ▶ 舌面后部即舌根抵住软腭，口腔通道完全阻塞，让少量的气流留在口中；同时软腭后部上升堵塞鼻腔通道；突然降下舌面，让口中的气流爆发而出，气流较弱。

▶ 声带不振动。

发音关键 ▶ 舌根和软腭阻碍气流。

▶ 气流爆发成声。

▶ 不送气。

▶ 声带不振动。

教学方法

教学用语 ▶ g是声母。舌根抵住软腭，气流突然冲出来。（g is an initial. The end of the tongue touches the soft palate, and then the air suddenly bursts out.）

化难为易 ▶ 让学生练习发呼读音ge，要用一声，并且其中的e要读得又轻又短。教师不必写出ge的拼音形式，直接让学生跟读模仿即可。

示范演示 ▶ 示范发音时，让学生注意观察教师的口形，并用五个手指聚拢在一起然后突然分开的手势演示气流爆发出声的状态。

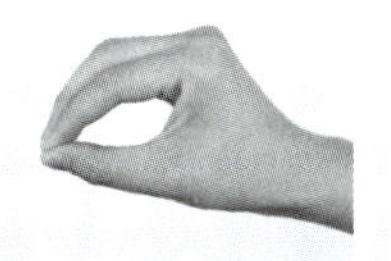

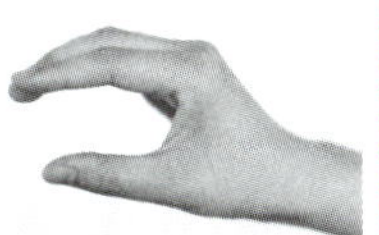

以d带g ▶ 让学生先发d，然后舌根抬起抵住软腭，再用同样的方法发出g。

常见问题及对策

问题： **清音浊化，把［k］发成［g］。**

对策 ▶ ①教师先发g的本音，让学生模仿，同时让学生把手放在声带上，感受声带没有振动。因为声母本音不太好发而且不容易听清楚，如果学生感到困惑，教师可以直接让学生发ge。如果学生读成浊音会给人发音比较用力、含混不清的感觉，这时提醒学生要读一声并且读得又轻又短。②对英语国家或英语较好的学生，可用英语单词sky开头的连续辅音的发音方法引导，“sk-”中字母“k”的发音和汉语声母g的发音相当。

课堂练习

听录音，按听到的顺序填序号。Listen to the recording and fill in the numbers according to what you have heard. 04-05

gē　dá　gǔ　dā

gé　gà　dé　gá

dǎ　gǎ　gù

dù　gū　dē　gā

第10节 k [k‘]

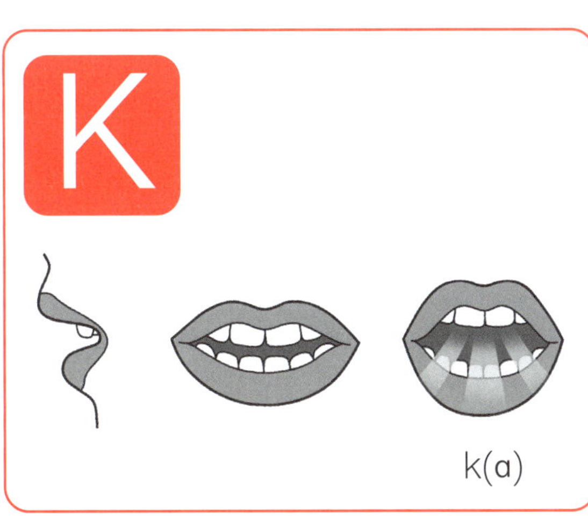

教师知识储备

基本知识 ▶ k是舌根、送气、清、塞音。

发音方法 ▶ 舌面后部即舌根抵住软腭，口腔通道完全阻塞，留在口腔中的气流比较多；同时软腭后部上升堵塞鼻腔通道；突然降下舌面，让口中的气流爆发而出，气流较强。

▶ 声带不振动。

发音关键 ▶ 舌根和软腭阻碍气流。

▶ 气流爆发成声。

▶ 气流较强，送气。

▶ 声带不振动。

教学方法

教学用语 ▶ k是声母。舌根抵住软腭，气流突然冲出来。跟g相比，气流较强，把手放到嘴前可以感觉到。（k is an initial. The end of the tongue touches the soft palate, and then the air suddenly bursts out. Compared with g, the airflow is stronger. You can feel it when you put your hand in front of your mouth.）

化难为易 ▶ 让学生练习发呼读音ke，要用一声，并且其中的e要读得又轻又短。教师不必写出ke的拼音形式，直接让学生跟读模仿即可。

示范演示 ▶ 让学生用把手放在嘴唇前、把薄纸放在嘴唇前或把手放在胸口上等方式感受什么是“送气”，参见第51页p的说明。

对 比 法 ▶ 和g对比，发g时不送气，发k时气流力量比g强，持续时间也稍长。

常见问题及对策

问题 1：**送气不够，听起来像g，出现这类错误的学生说“靠”时像是在说“告”。**

对策 ▶ 用演示法对比g和k的发音，强调k要送气。可以用本章第2节p中讲的音节拼读法加强操练，先让学生深吸一口气，连续发两个k，再加上韵母ā进行连续拼读，逐渐加快速度，最后一下子念出kā，即：k—k—，k—ā—k—ā—k—ā，kā。做拼读练习时提醒学生拉长送气过程，保持气息不断和后面的韵母拼读。

问题 2：**把k读成h，说“渴”和“喝”时混淆不清。**

对策 ▶ 强化练习k。①把手放在嘴前，发音时加强气流，让手感觉到较强的气流。②把一只手放在胸口，发k时应能感觉到胸部有明显的收缩。提醒学生有意加强气流并收缩胸部练习发k。

课堂活动

拼音密码

活动准备　仿照下图在黑板上画一个拼音密码表。

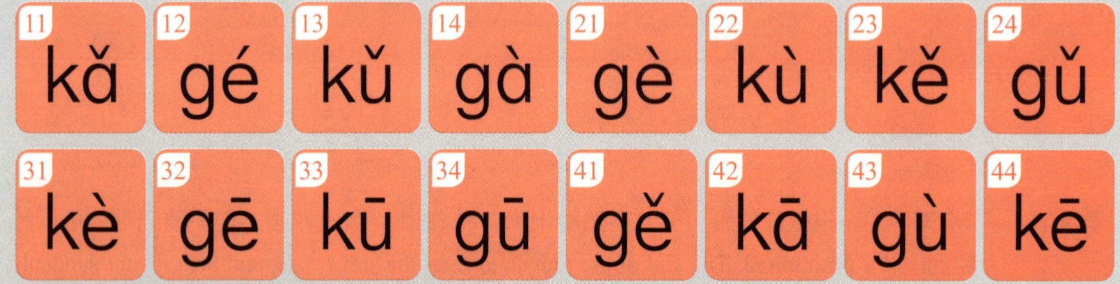

活动步骤

① 教师带领学生一起朗读表中的拼音，指示每个拼音的数字编码提示学生注意。

② 教师在空白处写一个编码，让学生根据密码表读出该编码所代表的拼音。如教师写23，学生应读出kě。

③ 选一位读得又快又准的学生到黑板前写编码，其他学生根据编码读拼音。

④ 由写编码的学生指定下一个写编码者，活动以此类推。注意活动的公平性，最好让每个学生都有机会到黑板前写编码。

第11节 h [x]

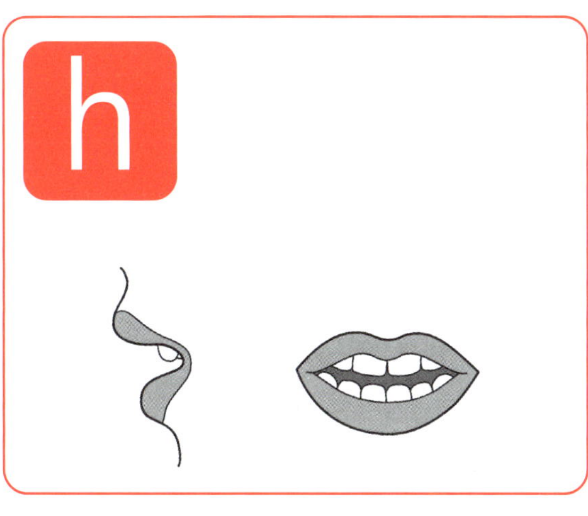

教师知识储备

基本知识 ▶ h是舌根、清、擦音。

发音方法 ▶ 舌根接近软腭，中间留出一个窄缝；同时软腭后部上升堵塞鼻腔通道；气流从舌根和软腭之间的窄缝中摩擦而出。
▶ 声带不振动。

发音关键 ▶ 舌根和软腭接近。
▶ 气流摩擦成声。
▶ 声带不振动。

教学方法

教学用语 ▶ h是声母。舌根接近软腭，气流从窄缝中摩擦而出。（h is an initial. The end of the tongue gets close to the soft palate, and the air flows out through the narrow opening with friction.）

化难为易 ▶ 让学生练习发呼读音he，要用一声，并且其中的e要读得又轻又短。教师不必写出he的拼音形式，直接让学生跟读模仿即可。

以g带h ▶ 先发g找准发音部位，然后让两个发音部位舌根和软腭之间留出窄缝。借助发音器官纵切面示意图（第2页图1.2）指示说明，用左手拇指和食指轻捏留一窄缝演示发音部位，右手食指代表气流从中摩擦挤出，重点体会气流的摩擦。发g时气流轻短，几乎感觉不到，发h时能明显感觉到气流的摩擦。

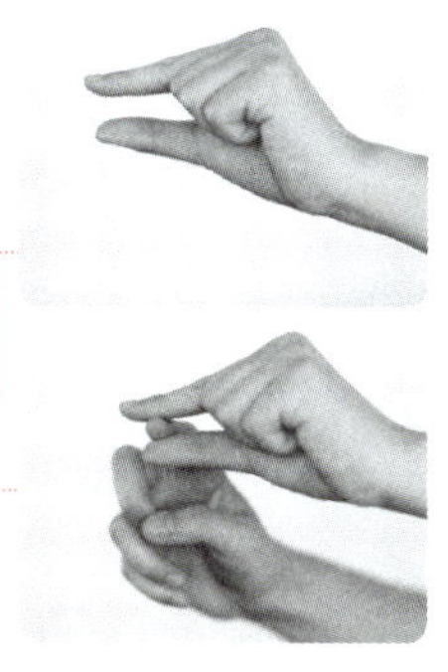

常见问题及对策

问题 1: **把舌根擦音［x］发成喉擦音［h］，出现这类错误的学生说“好”时听起来像是“袄”，这是因为［h］的发音部位比较靠后，摩擦也没有［x］明显，所以在拼读中几乎感觉不到。**

对策 ▶ 先分清两者的区别：发［h］时听感上摩擦音较弱，几乎听不出来，而且声音不易延长。发

［x］时舌位较高，能比较清晰地听出摩擦音，而且声音容易延长。纠正的关键是注意抬高舌面后部接近软腭，可结合发音器官纵切面示意图（第2页图1.2）指示舌头后部要抬高，或者用手代表舌头做出后部即和手腕连接处抬高的动作提示学生，也可先发g、k引导学生体会正确的位置。发h可以连发很长时间而不累，因此可让学生尽量延长发音时间h——，找到发音时间很长而又不累的感觉应该就可以发出正确的音。

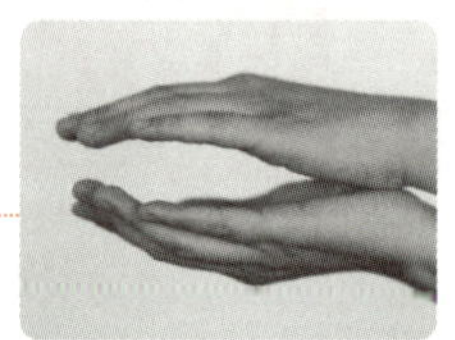

问题 2：读h时听起来像f，多见于日韩学生，其实他们读的并不是真正的f，而是双唇送气擦音［ɸ］，即前边提到过的吹气音，这类学生常常出现这样的错误：电话（fuà）、喜欢（fuān）、回（fuí）国、窗户（fù）。

对策 ▶ ①发好h这个音的关键是舌根要抬高并保持紧张，可结合发音器官纵切面示意图（第2页图1.2）指示学生舌头后部要抬高，或者用手代表舌头做出后部（即和手腕连接处）抬高的动作提示学生。②对比f和h两者的口形。教师示范让学生注意：发f时上齿轻触下唇，发h时上下唇是自然张开的，让学生对着镜子观察自己的口型。

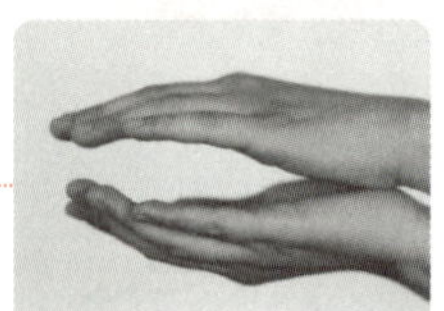

问题 3：h和k分不清，有时会出现这样的错误：喝（kē）水、渴（hě）。

对策 ▶ 区分的关键在于发音方法。①用手感受气流，发k时可感受到较强的气流；让学生将气流控制得小一些并伴有摩擦就是h。②把手放在胸口，发k时胸部会有明显的收缩；缩小胸部收缩幅度，练习发h。

课堂练习

听录音，圈出你听到的拼音。Listen to the recording and circle the *pinyin* you have heard. 04-06

1	2	3	4	5
hū fū	hè kè	hǔ kǔ	hú fú	hǎ kǎ

6	7	8	9	10
hā kā	há ká	há fá	hū kū	hē kē

综合听读材料 声母 b—h

1. 声母辨读。Read and identify the initials.

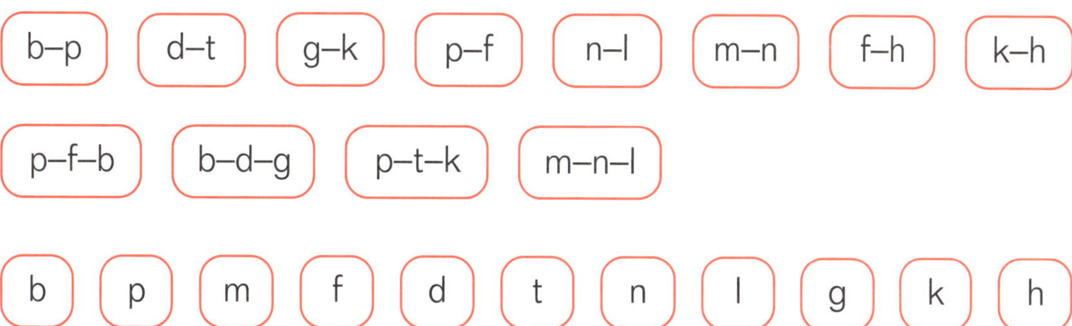

2. 读拼音，学词语。Read the *pinyin* and learn the words.

hémǎ
河马
hippo

píyī
皮衣
leather jacket

hèkǎ
贺卡
congratulation card

fānù
发怒
get angry

3. **朗读双音节词语。** Read aloud the words with double syllables.

búbì	不必	mámù	麻木	mùmǎ	木马	búpà	不怕
mìmǎ	密码	mòyú	墨鱼	mìmì	秘密	míyǔ	谜语
fūfù	夫妇	tímù	题目	fúwù	服务	fùfā	复发
dàdì	大地	dàyì	大意	déyì	得意	dìyī	第一
tìbǔ	替补	túdì	徒弟	tèyì	特意	kèfú	克服
mílù	迷路	mùlù	目录	límǐ	厘米	lìkè	立刻
héfǎ	合法	lìlǜ	利率	núlì	奴隶	pòlì	破例
gùyì	故意	gébì	隔壁	gūdú	孤独	gēwǔ	歌舞
érgē	儿歌	yùkē	预科	kèyú	课余	kèkǔ	刻苦
hélǐ	合理	kèhù	客户	hégé	合格	wúgù	无故

测试（一） 声母 b—h（1）

1. 听录音，圈出你听到的声母。Listen to the recording and circle the initials you have heard. 04-07

① b p	② d t	③ n l	④ g k	⑤ b d
⑥ k h	⑦ f p	⑧ f h	⑨ d g	⑩ p t

2. 听录音，判断听到的和看到的声母是否一致。Listen to the recording and decide if the initials you have heard and seen are the same. 04-08

① b	② f	③ p	④ n	⑤ g
⑥ h	⑦ d	⑧ n	⑨ t	⑩ k

3. 听录音，判断每组中听到的两个声母是否一致。Listen to the recording and decide if the two initials you have heard from each group are the same. 04-09

① ____	② ____	③ ____	④ ____	⑤ ____
⑥ ____	⑦ ____	⑧ ____	⑨ ____	⑩ ____

4. 听录音，根据你听到的顺序排序。Listen to the recording and put them in order according to what you have heard. 04-10

( ) b	( ) p	( ) m	( ) f	( ) d	( ) t
( ) n	( ) l	( ) g	( ) k	( ) h	

5. 听录音，写出你听到的声母。Listen to the recording and write down the initials you have heard. 04-11

① ____	② ____	③ ____	④ ____	⑤ ____	⑥ ____
⑦ ____	⑧ ____	⑨ ____	⑩ ____	⑪ ____	

测试（二）　声母 b—h（2）

1. 听录音，圈出你听到的拼音。Listen to the recording and circle the *pinyin* you have heard. 04-12

① pǔ　bǔ	② fó　pó	③ dī　bī	④ tì　dì	⑤ nù　mù
⑥ lǚ　nǚ	⑦ gù　dù	⑧ ké　gé	⑨ hú　fú	⑩ hā　kā

2. 听录音，判断听到的和看到的拼音是否一致。Listen to the recording and decide if the *pinyin* you have heard and seen are the same. 04-13

① kǔ	② fú	③ kē	④ tǔ	⑤ lǐ
⑥ nǎ	⑦ dī	⑧ bí	⑨ fā	⑩ pì

3. 听录音，判断每组中听到的两个拼音是否一致。Listen to the recording and decide if the two *pinyin* you have heard from each group are the same. 04-14

① ____	② ____	③ ____	④ ____	⑤ ____
⑥ ____	⑦ ____	⑧ ____	⑨ ____	⑩ ____

4. 听录音，根据你听到的顺序排序。Listen to the recording and put them in order according to what you have heard. 04-15

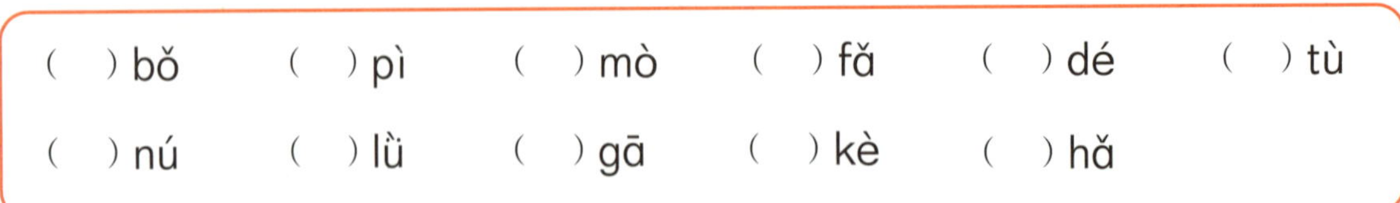

(　) bǒ	(　) pì	(　) mò	(　) fǎ	(　) dé	(　) tù
(　) nú	(　) lù	(　) gā	(　) kè	(　) hǎ	

5. 听录音，填声母。Listen to the recording and fill in the initials. 04-16

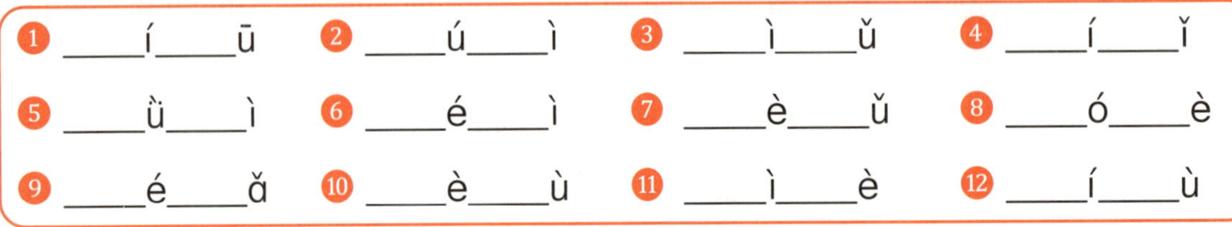

① ____í____ū	② ____ú____ì	③ ____ì____ǔ	④ ____í____ǐ
⑤ ____ù____ì	⑥ ____é____ì	⑦ ____è____ǔ	⑧ ____ó____è
⑨ ____é____ǎ	⑩ ____è____ù	⑪ ____ì____è	⑫ ____í____ù

测试（三）　声母 b—h（3）

1. 听录音，圈出你听到的拼音。Listen to the recording and circle the *pinyin* you have heard.
04-17

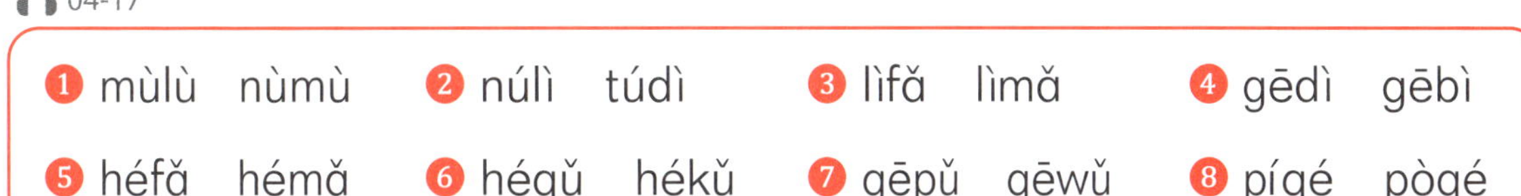
① mùlù　nùmù　② núlì　túdì　③ lǐfǎ　lìmǎ　④ gēdì　gēbì
⑤ héfǎ　hémǎ　⑥ hégǔ　hékǔ　⑦ gēpǔ　gēwǔ　⑧ pígé　pògé

2. 听录音，写出你听到的拼音。Listen to the recording and write down the *pinyin* you have heard.　04-18

① ______　② ______　③ ______　④ ______　⑤ ______　⑥ ______
⑦ ______　⑧ ______　⑨ ______　⑩ ______　⑪ ______

3. 看图，写出相应的拼音并朗读出来。Look at the pictures, write down the corresponding *pinyin* and read it aloud.

pá	ní	kū	hǔ	mǐ	bā
fǔ	gē	lí	bǐ	dì	tǎ

第12节　x [ɕ]

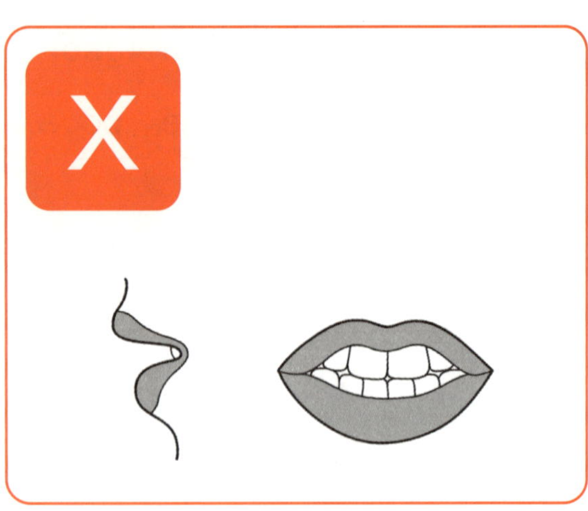

教师知识储备

基本知识 ▶ x是舌面、清、擦音。

发音方法 ▶ 舌面前部向上隆起，接近硬腭前部，中间留出一条窄缝；同时软腭上升堵塞鼻腔通道；气流从舌面与硬腭之间的狭窄通道摩擦而出。

▶ 声带不振动。

发音关键 ▶ 舌面前部和硬腭前部接近。

▶ 气流摩擦成声。

▶ 声带不振动。

教学方法

教学用语 ▶ x是声母。舌面前部接近硬腭前部，气流从窄缝中摩擦而出。（x is an initial. The front part of the tongue gets close to the front section of the hard palate, and the air flows out through the narrow opening with friction.）

化难为易 ▶ 让学生练习发呼读音xi，要用一声，并且其中的 i 要读得又轻又短。教师不必写出xi的拼音形式，直接让学生跟读模仿即可。

辅 助 法 ▶ 用牙签帮助练习。把1根牙签放到嘴里大约1厘米的长度，用牙咬住（尖头朝外，注意安全），然后舌面向上隆起，好像发韵母 i 时的舌位，舌面向前靠近硬腭前部就可以找到x的位置，发音时舌头会被压在牙签的下面。

以h带x ▶ 先发h，然后发音部位前移，让舌面前部接近硬腭，可结合发音器官纵切面示意图（第2页图1.2）指示发音部位，然后用同样的方法发出x。

常见问题及对策

问题 1：**发成舌叶音［ʃ］，并伴有圆唇现象。**

对策 ▶ 先弄清两者的区别：发x时，舌面隆起指向硬腭，舌尖相对放松，常常贴住下齿龈，而发［ʃ］时舌叶部分隆起指向齿龈后部，舌尖受到舌叶隆起的影响而变圆，且不与下齿龈接触。单独发x时双唇是平展的，发［ʃ］时一般双唇是突出的。纠正时，教师先夸张演示，发x时可用两手食指和拇指相捏沿嘴角往两边拉，提醒学生注意嘴唇是平展的，并且张大嘴巴结合发音器官纵切面示意图（第2页图1.2）指示舌尖贴住了下齿龈，然后让学生对着镜子观察自己的口形模仿发音。可用教学方法中的辅助法强化练习。

问题 2：**舌位靠前，发成了尖音。**

对策 ▶ 发成尖音时舌位靠前，舌尖几乎伸到了上下齿中间，上下唇开口空间相对较小。教学时，教师夸张示范，结合发音器官纵切面示意图（第2页图1.2）指导学生把舌头后缩一点儿并垂下舌尖去贴住下齿龈不要离开，不要让舌尖伸到上下齿之间，同时用两手食指和拇指相捏沿嘴角往两边拉提醒学生嘴角后拉再展开大一点儿。教师多发音，加强学生的听觉感知。让学生对着镜子观察自己的口形强化练习。j、q也会有类似的情况，关键是让舌尖贴住下齿龈，不要伸到上下齿之间。

课堂练习

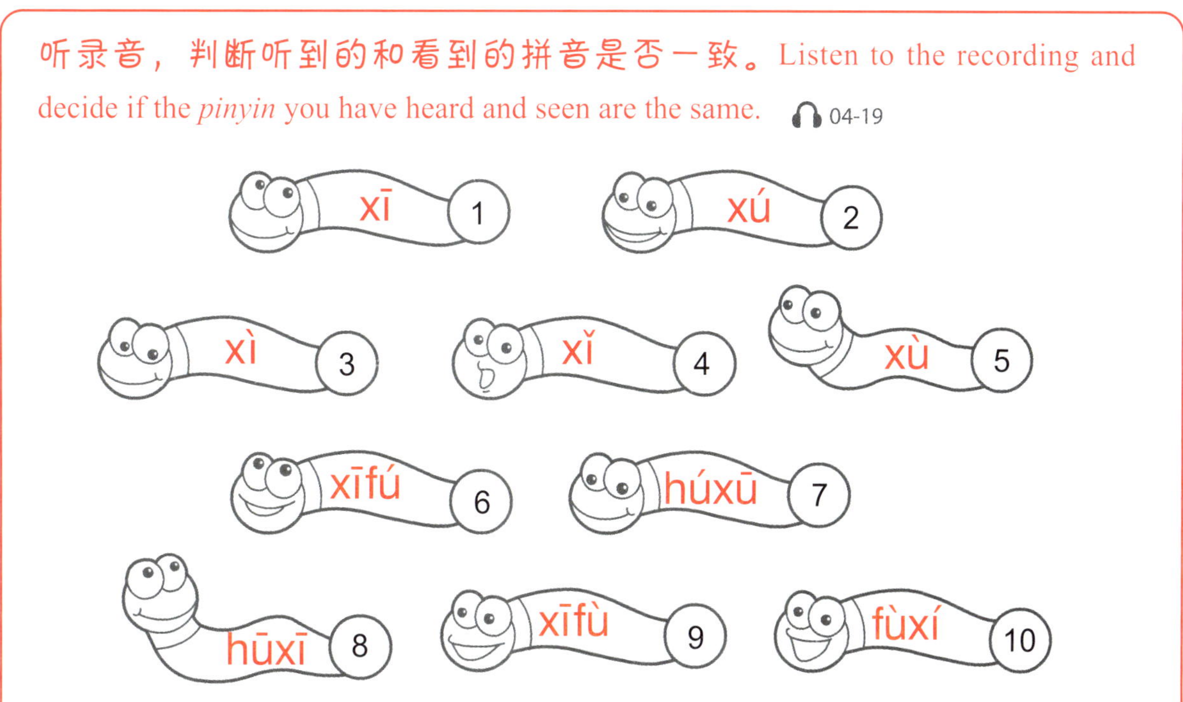

第13节　j [tɕ]

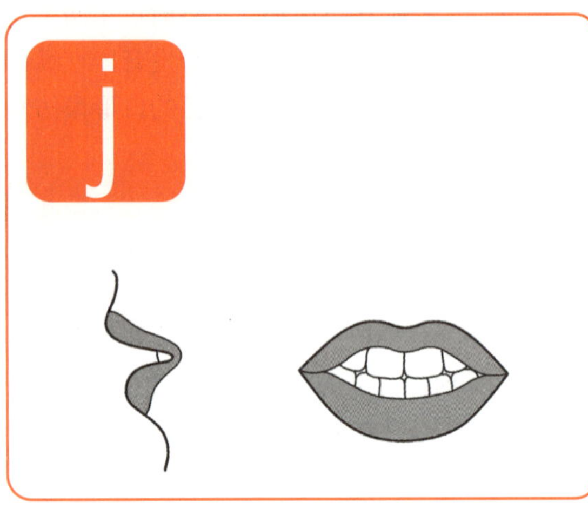

教师知识储备

基本知识 ▶ j是舌面、不送气、清、塞擦音。

发音方法 ▶ 舌面前部抵住硬腭前部，口腔通道完全阻塞；同时软腭上升堵塞鼻腔通道；口腔中蓄气，然后舌面稍降，较弱的气流把舌面和硬腭的阻碍冲开一道窄缝，并从中挤出，摩擦成声。

▶ 声带不振动。

发音关键 ▶ 舌面前部和硬腭前部接触。

▶ 气流先冲破阻碍后摩擦成声。

▶ 气流较弱，不送气。

▶ 声带不振动。

教学方法

教学用语 ▶ j是声母。舌面前部抵住硬腭前部形成阻碍，气流先冲破阻碍形成窄缝，然后从窄缝中摩擦出来。（j is an initial. The front part of the tongue touches the front section of the hard palate to form obstruction. The air breaks through the obstruction and form a narrow opening, then comes through the narrow opening with friction.）

化难为易 ▶ 让学生练习发呼读音ji，要用一声，并且其中的 i 要读得又轻又短。教师不必写出ji的拼音形式，直接让学生跟读模仿即可。

示范演示 ▶ 结合发音器官纵切面示意图（第2页图1.2）强调发音部位是舌面前部和硬腭前部，可以用一只手的拇指和另外四指并拢搓紧模仿发音部位的接触，用另一只手的一个手指代表气流，演示先把搓紧的拇指和其他四指之间冲出一个窄缝然后摩擦而出的过程。

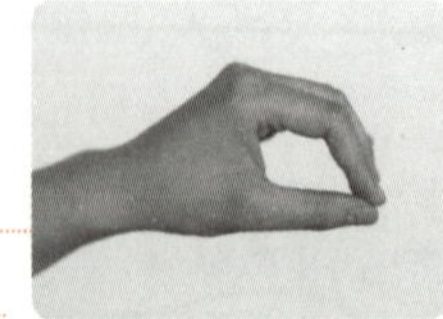

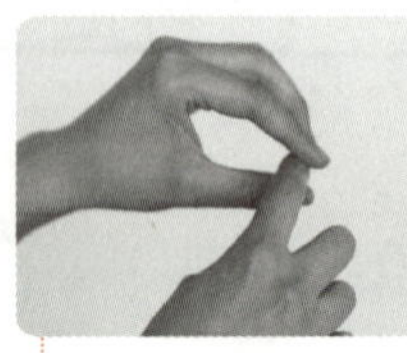

以x带j ▶ 先发x，然后舌面前部向上抬堵住口腔通道，好像准备发d一样，这样就能找到发 j 的正确感觉了。

常见问题及对策

问题 1: **清音浊化。**

对策 ▶ 教师先发 j 的本音，让学生模仿，同时让学生把手放在声带上，感受声带没有振动。因为声母本音不太好发而且不容易听清楚，如果学生感到困惑，教师可以直接让学生发 ji。如果学生读成浊音会给人发音比较用力、含混不清的感觉，这时提醒学生要读一声并且读得又轻又短。教师多做示范，让学生体会模仿。

问题 2: **发成舌叶音［ʤ］，并伴有圆唇现象。**

对策 ▶ 出现这种现象的原因是发音部位稍微有些靠前。纠正时，教师先夸张演示，发 j 时可用两手食指和拇指相捏沿嘴角往两边拉，提醒学生注意嘴唇是平展的，并结合发音器官纵切面示意图（第2页图1.2）指示发音部位是舌面前部和硬腭前部，然后让学生对着镜子观察自己的口形模仿发音。

问题 3: **有的学生会发成半元音［j］。**

对策 ▶ 学生“望符生音”，把声母j和国际音标符号弄混了，告诉学生两者不是一回事，多练习、多提醒。

问题 4: **泰国等国家的学生因为母语没有塞擦音，可能将 j 发成x。**

对策 ▶ 用上面讲的带音法，先发x找好位置，将舌面前部抵住硬腭前部保持一段时间，好像准备发d一样，然后猛然松开一道缝发出 j 。

课堂练习

听录音，圈出你听到的拼音。Listen to the recording and circle the *pinyin* you have heard. 04-20

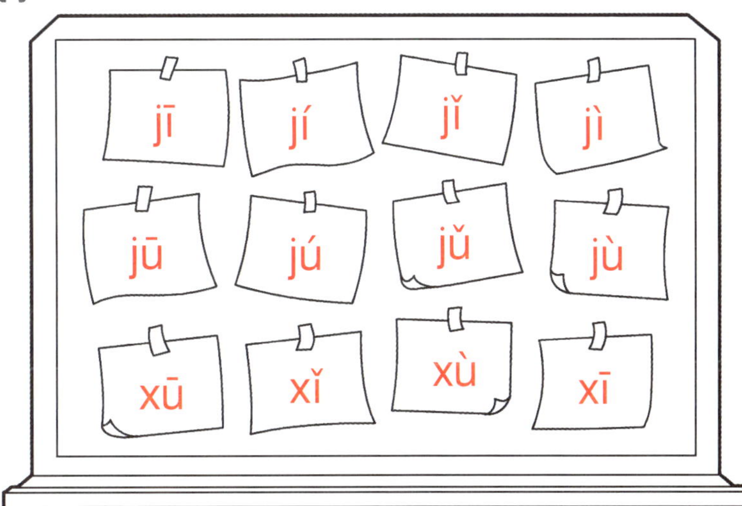

第14节 q [tɕʻ]

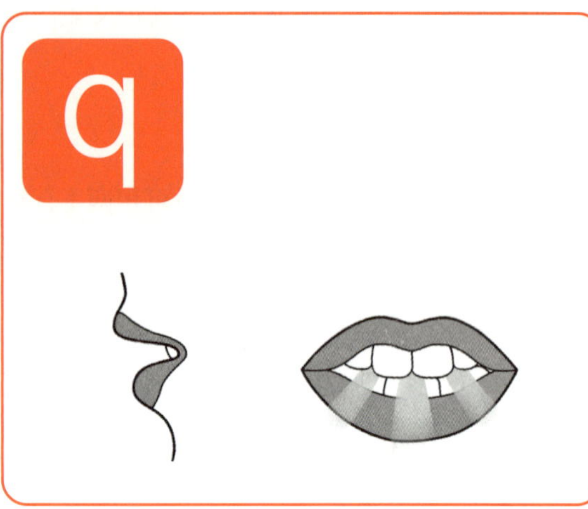

教师知识储备

基本知识 ▶ q是舌面、送气、清、塞擦音。

发音方法 ▶ 舌面前部抵住硬腭前部，口腔通道完全阻塞；同时软腭上升堵塞鼻腔通道；口腔中蓄气，然后舌面稍降，较强的气流把舌面和硬腭的阻碍冲开一道窄缝，并从中挤出，摩擦成声。

▶ 声带不振动。

发音关键 ▶ 舌面前部和硬腭前部接触。

▶ 气流先冲破阻碍后摩擦成声。

▶ 气流较强，送气。

▶ 声带不振动。

教学方法

教学用语 ▶ q是声母。舌面前部抵住硬腭前部形成阻碍，气流先冲破阻碍形成窄缝，然后从窄缝中摩擦出来。跟 j 相比，气流较强，把手放到嘴前可以感觉到。（q is an initial. The front part of the tongue touches the front section of the hard palate to form obstruction. The air breaks through the obstruction and forms a narrow opening, then comes through the narrow opening with friction. Compared with j, the airflow is stronger. You can feel it when you put your hand in front of your mouth.）

化难为易 ▶ 让学生练习发呼读音qi，要用一声，并且其中的 i 要读得又轻又短。教师不必写出qi的拼音形式，直接让学生跟读模仿即可。

示范演示 ▶ 让学生用把手放在嘴唇前、把薄纸放在嘴唇前等方式感受什么是“送气”，参见第51页p的说明。需要注意的是：塞擦音的送气是摩擦而出的，不像塞音的送气那样爆发而出，把手放在胸口上体会送气的话，效果不太明显。

以j带q ▶ 先发 j，然后加强送气发出q，可用手或薄纸感受送气。

常见问题及对策

问题 1: **送气不足，j 和q混淆不清，学生可能将“其他”读成“吉他”。**

对策 ▶ 用演示法和 j 对比，强调要送气。可以用本章第2节p中讲的音节拼读法加强操练，先让学生深吸一口气，连续发两个q，再加上韵母进行连续拼读，逐渐加快速度，最后一下子念出qī，即：q—q—，q—ī—q—ī—q—ī，qī。

问题 2: **发成舌叶音［ʧ］，并伴有圆唇现象。**

对策 ▶ 出现这种现象的原因是发音部位稍微有些靠前了。纠正时，教师先夸张演示，发q时可用两手食指和拇指相捏沿嘴角往两边拉，提醒学生注意嘴唇是平展的，并结合发音器官纵切面示意图（第2页图1.2）指示发音部位是舌面前和硬腭，然后让学生对着镜子观察自己的口形模仿发音。

问题 3: **有的学生q和x分不太清楚，常把两个声母发成一个音。**

对策 ▶ 关键是体会发音过程中气流的状况。q是送气塞擦音，气流有个先冲破阻碍后摩擦而出的过程，而发x时舌面前部和硬腭前部之间始终留有一个小缝，气流直接摩擦而出。可用手势演示，两个手指代表发音部位，发q时有一个先接触，又迅速打开的过程，发x时直接留有一个小缝。让学生用手感受气流，发q时可感受到较强的气流，发x时可感受到的气流较小。

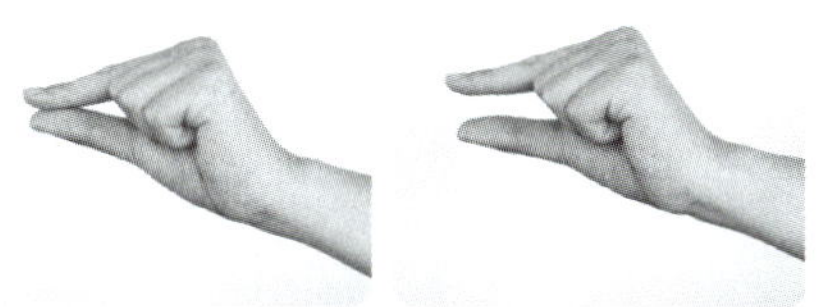

课堂活动

拼音点点画

活动准备 ① 复印活动页4.14，每个学生一张或几张。

② 教师准备几张活动页，在上面画好一些图形，并标出连线顺序。如下图。

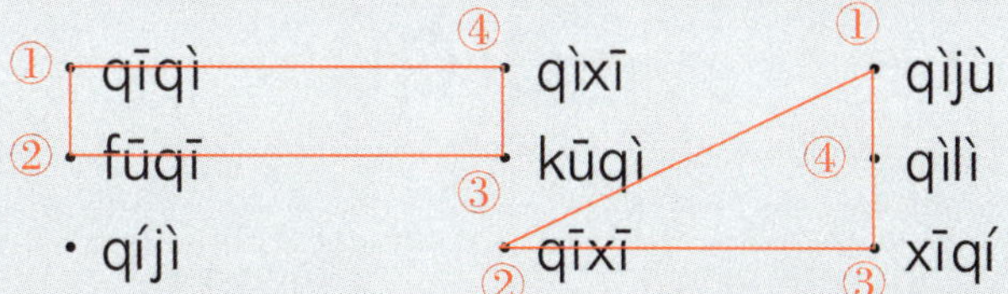

活动步骤 ① 教师按事先准备的顺序朗读一组拼音，如qīqì，fūqī，kūqì，qìxī。学生在活动页上根据教师读出的拼音顺序连线。

② 学生完成后，举起活动页，展示所画出的图形。教师把自己事先画好的图形展示出来，学生对照检查。

③ 画错的学生把教师手中正确图形的拼音按顺序读出来。特别有困难的学生，可以教师领读，也可以全班齐读作为复习。

④ 这个过程主要练习学生的听辨反应能力，活动具体轮次由教师视具体情况而定。

活动页4.14　拼音点点画

• qīqì	• qìxī	• qìjù
• fūqī	• kūqì	• qìlì
• qíjì	• qīxī	• xīqí
• jīqì	• qūfú	• líqí
• qítā	• qìdù	• qítè
• qípǔ	• qíqū	• qūxī
• qítú	• qípā	• qìtǐ
• dàqì	• qíjú	• xíqì

第15节 zh [tʂ]

教师知识储备

基本知识 ▶ zh是舌尖后、不送气、清、塞擦音。

发音方法 ▶ 舌尖上翘，抵住硬腭前部，口腔通道完全阻塞；同时软腭上升堵塞鼻腔通道；口腔中蓄气，然后舌尖放松，较弱的气流把舌尖和硬腭的阻碍冲开一道窄缝，并从中挤出，摩擦成声。

▶ 声带不振动。

发音关键 ▶ 舌尖和硬腭前部接触。

▶ 气流先冲破阻碍后摩擦成声。

▶ 气流较弱，不送气。

▶ 声带不振动。

教学方法

教学用语 ▶ zh是声母。舌尖抵住硬腭前部形成阻碍，气流先冲破阻碍形成窄缝，然后从窄缝中摩擦出来。（zh is an initial. The tip of the tongue touches the front part of the hard palate to form obstruction. The air breaks through the obstruction and forms a narrow opening, then comes through the narrow opening with friction.）

化难为易 ▶ 因为zh是辅音，单独发音很难，所以我们在发这个音时，实际上在后边加了一个舌尖后韵母［ʅ］，它是一个舌尖后、高、不圆唇元音，发音时舌尖上翘接近硬腭前部，唇形不圆。由于这个音在普通话中只和zh、ch、sh、r相拼，不能自成音节，所以在学习普通话韵母时可以忽略不学，只要能把zh、ch、sh、r和这个韵母一起发好就可以了。

示范演示 ▶ 发zh时，口微开，上下齿相对，中间留有缝隙。舌尖翘起抵住硬腭前部，整个舌头是翘起的。可以用手掌模拟舌头，弯起手指提示翘舌动作。

以j带zh ▶ 先发 j，然后舌尖翘起抵住硬腭前部，用同样的方法发出zh。

辅 助 法 ▶ 把食指放入口中约一个关节长，抵住舌头下方，强迫舌头往上翘。

常见问题及对策

问题 1: **发成舌叶、浊、塞擦音［ʤ］。**

对策 ▶ 提醒学生发音轻一些，不要过分用力。借助发音器官纵切面示意图（第2页图1.2）指示发音时舌尖要顶住硬腭前部而不是齿龈。

问题 2: **翘舌不明显，说“知道”时听起来像“机道”或“资道”。**

对策 ▶ 用手指上翘的手势提醒学生发音时应该翘舌。借助发音器官纵切面示意图（第2页图1.2）指示要用舌尖翘起抵住硬腭前部。也可以用前边提到的咬指法练习。

课堂练习

1. 听录音，按听到的顺序填序号。 Listen to the recording and fill in the numbers according to what you have heard. 04-21

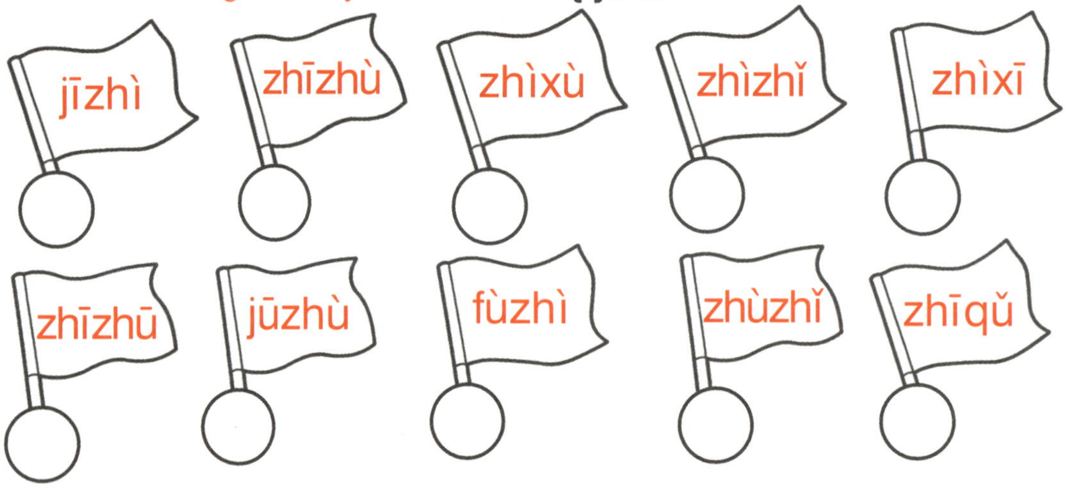

jīzhì ○　zhīzhù ○　zhìxù ○　zhìzhǐ ○　zhìxī ○

zhīzhū ○　jūzhù ○　fùzhì ○　zhùzhǐ ○　zhīqǔ ○

2. 听录音，填声母。 Listen to the recording and fill in the initials. 04-22

⑩ ___ǔ ___ù

⑨ ___ā ___ì

⑧ ___ì ___ì

⑦ ___ū ___í

⑥ ___ē ___ě

⑤ ___ú

④ ___à

③ ___ù

② ___ī

① ___ū

第16节 ch [tʂʻ]

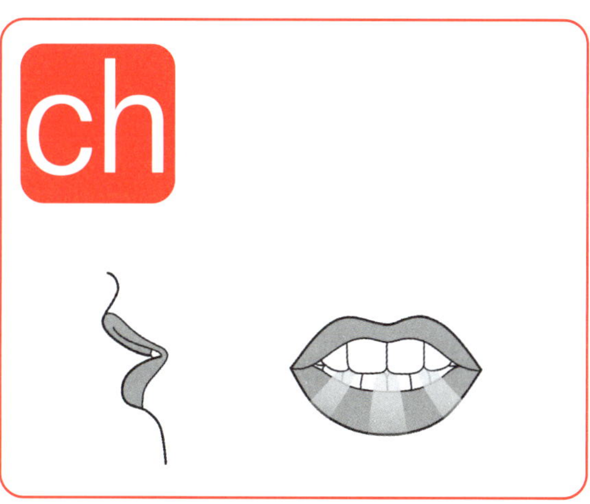

教师知识储备

基本知识 ▶ ch是舌尖后、送气、清、塞擦音。

发音方法 ▶ 舌尖上翘，抵住硬腭前部，口腔通道完全阻塞；同时软腭上升堵塞鼻腔通道；口腔中蓄气，然后舌尖放松，较强的气流把舌尖和硬腭的阻碍冲开一道窄缝，并从中挤出，摩擦成声。

▶ 声带不振动。

发音关键 ▶ 舌尖和硬腭前部接触。

▶ 气流先冲破阻碍后摩擦成声。

▶ 气流较强，送气。

▶ 声带不振动。

教学方法

教学用语 ▶ ch是声母。舌尖抵住硬腭前部形成阻碍，气流先冲破阻碍形成窄缝，然后从窄缝中摩擦出来。跟zh相比，气流较强，把手放到嘴前可以感觉到。（ch is an initial. The tip of the tongue touches the front part of the hard palate to form obstruction. The air breaks through the obstruction and forms a narrow opening, then comes through the narrow opening with friction. Compared with zh, the airflow is stronger. You can feel it when you put your hand in front of your mouth.）

化难为易 ▶ 和zh一样，实际发音中在ch后面加上［ʅ］，使发音变得容易一些。

示范演示 ▶ 用第51页p部分讲到的把手放在嘴唇前、把薄纸放在嘴唇前等方法演示送气，并用手掌模拟舌头，弯起手指提示翘舌动作。

对比带音 ▶ q和ch，先发q，然后舌尖上翘抵住硬腭前部，用同样的方法发出ch；zh和ch，先发zh，然后加强送气发出ch，可用手或薄纸感受送气。

常见问题及对策

问题 1: **送气不足，zh和ch混淆不清，可能会把“厨艺”说成“竹艺”。**

对策 ▶ 用演示法和zh对比，强调要送气。可以用本章第2节p中讲的音节拼读法加强操练，先让学生深吸一口气，连续发两个ch，再加上韵母ā进行连续拼读，逐渐加快速度，最后一下子念出chā，即：ch—ch—，ch—ā—ch—ā—ch—ā，chā。

问题 2: **发成舌叶、清、塞擦音［ʧʻ］。**

对策 ▶ 出现这种现象的原因是发音部位稍微有些靠后了。纠正时，教师先示范，结合发音器官纵切面示意图（第2页图1.2）指示发音部位是舌尖和硬腭前部，并用手演示翘舌动作。可用咬指法纠正：把食指放入口中约一个关节长，抵住舌头下方，强迫舌头往上翘。

问题 3: **翘舌不明显，说“吃饭”时听起来像“期饭”。**

对策 ▶ 出现这种现象的原因是没有翘舌，一定要舌尖翘起抵住硬腭前部，可用上文提到的咬指法练习。

课堂练习

听录音，圈出你听到的拼音。Listen to the recording and circle the *pinyin* you have heard. 04-23

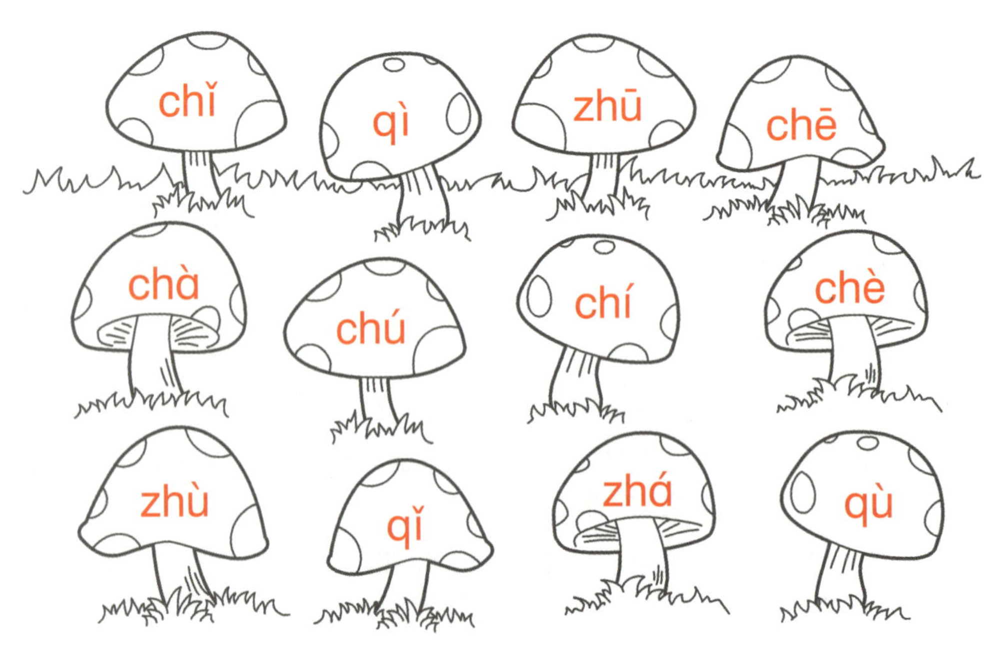

第17节 sh [ʂ]

教师知识储备

基本知识 ▶ sh是舌尖后、清、擦音。

发音方法 ▶ 舌尖翘起，接近硬腭前部，中间留出一道窄缝；同时软腭上升堵塞鼻腔通道；气流从舌尖与硬腭之间的狭窄通道摩擦而出。
▶ 声带不振动。

发音关键 ▶ 舌尖和硬腭前部接近。
▶ 气流摩擦成声。
▶ 声带不振动。

教学方法

教学用语 ▶ sh是声母。舌尖接近硬腭前部，气流从窄缝中摩擦而出。（sh is an initial. The tip of the tongue gets close to the front section of the hard palate, and the air flows out through the narrow opening with friction.）

化难为易 ▶ 和zh、ch 一样，实际发音中在sh后面加上［ʅ］，使发音变得容易一些。

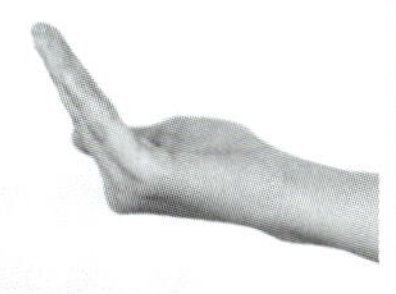

示范演示 ▶ 和zh、ch 一样，发音练习时教师可以用手掌模拟舌头，弯起手指提示翘舌动作。

以x带sh ▶ 先发x，然后把舌尖翘起接近硬腭前部，用同样的方法发出sh。

常见问题及对策

问题 1：发成舌叶音［ʃ］。

对策 ▶ 发［ʃ］时舌叶部分隆起指向齿龈后部，双唇一般是突出的。而发sh时是舌尖上抬而不是舌叶，整个舌头是向后运动而不是向前运动。纠正时，教师先示范演示，用手势演示翘舌动作，再结合发音器官纵切面示意图（第2页图1.2）提醒学生让舌尖翘起接近硬腭前部；同时用另一只手的手指指着嘴角，提醒学生注意观察嘴唇应该是向后平展而不是向前突出的。让学生对着镜子观察自己的口形练习发音，关键是体会翘舌和嘴唇的平展。

问题 2: **sh和x不分，可能会出现“多少（duōxiǎo）”“想象（shiǎngshiàng）”这样的错误。**

对策 ▶ sh和x发音方法一样，关键在于把握准发音部位。可借助发音器官纵切面示意图（第2页图1.2）讲解，发sh时舌尖上翘抵住硬腭前部，发x时舌面前部抵住硬腭前部。也可用食指或牙签帮助矫正，把食指或牙签放进口中约1厘米并咬住，发sh时舌头不会碰到食指或牙签，发x时舌头会被压在食指或牙签的下面。

问题 3: **翘舌不明显，说“老师”时听起来像“老丝”。**

对策 ▶ ①用手掌模拟舌头，弯起手指提示翘舌动作。②用咬指法辅助练习：把食指放入口中约一个关节长，抵住舌头下方，强迫舌头往上翘。

问题 4: **ch和sh分不太清楚，常把两个声母发成一个音。**

对策 ▶ 关键是体会发音过程中气流的状况。ch是送气塞擦音，气流有个先冲破阻碍后摩擦而出的过程，而发sh时舌尖和硬腭之间始终留有一个小缝，气流直接摩擦而出。可用手势演示，两个手指代表发音部位，发ch时有一个先接触，又迅速打开，的过程，发sh时始终留有一个小缝。让学生用手感受气流的强弱，发ch时可感受到较强的气流，发sh时可感受到的气流较小。

课堂练习

听录音，填声母。Listen to the recording and fill in the initials.　04-24

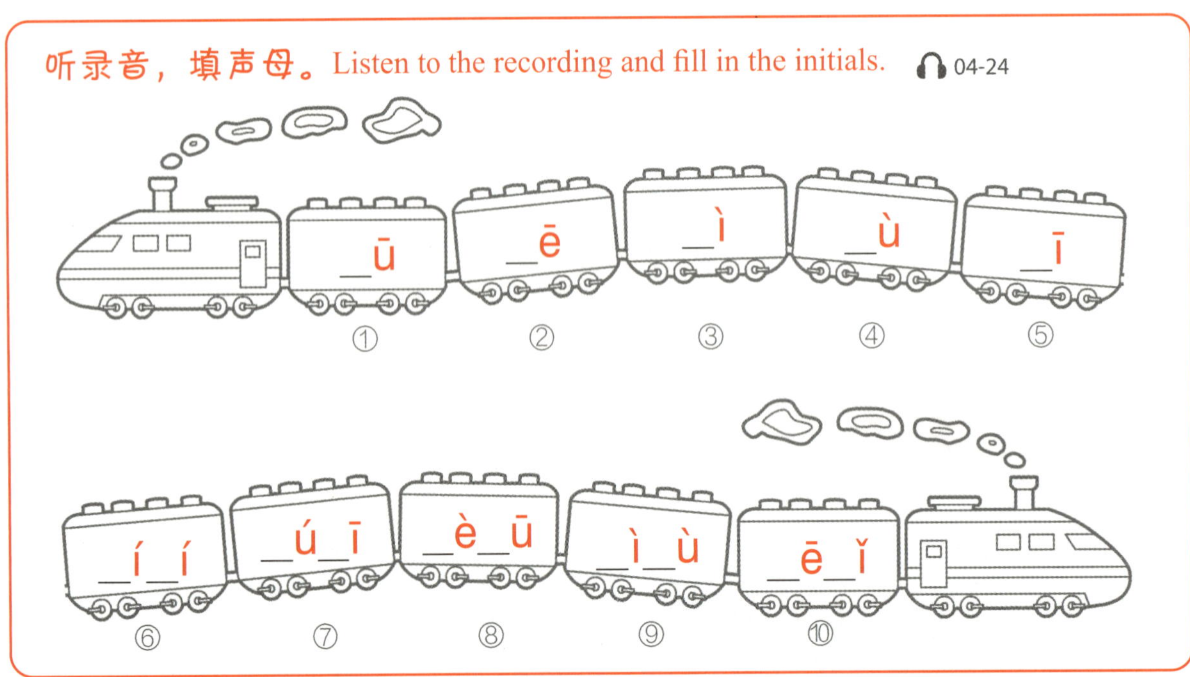

第18节 r [ʐ]

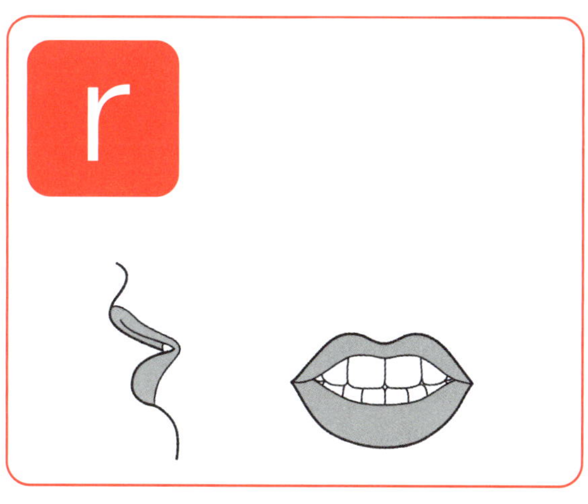

教师知识储备

基本知识 ▶ r是舌尖后、浊、擦音。

发音方法 ▶ 舌尖翘起，接近硬腭前部，中间留出一道窄缝；同时软腭上升堵塞鼻腔通道；气流振动声带，从舌尖与硬腭之间的狭窄通道摩擦而出。

▶ 声带振动。

发音关键 ▶ 舌尖和硬腭前部接近。

▶ 气流摩擦成声。

▶ 声带振动。

教学方法

教学用语 ▶ r是声母。舌尖接近硬腭前部，气流从窄缝中摩擦而出，声带振动。（r is an initial. The tip of the tongue gets close to the front section of the hard palate, and the air comes through the narrow opening with friction, and the vocal cords are vibrating.）

化难为易 ▶ 和zh、ch、sh一样，实际发音中在r后面加上［ʅ］，使发音变得容易一些。

示范演示 ▶ 教师的一只手用手势演示翘舌动作，另一只手放在声带上提醒学生感受声带振动。

以sh带r ▶ r和sh发音相似，区别在于r是浊音，声带振动，而sh是清音，声带不振动。先发sh，保持舌位，同时拖长音程，振动声带，让嗓子里发出声音就是r。

常见问题及对策

问题 1: **受英语的影响，发成像英语red中的r的发音。**

对策 ▶ 英语的r有圆唇动作，舌尖指向齿龈。汉语普通话的r是舌尖指向硬腭前部，且单独发音时嘴唇不圆。可借助发音器官纵切面示意图（第2页图1.2）指示发音部位是舌尖和硬腭前部。示范发音时用手指指向唇角提醒学生注意嘴唇不圆。让学生对着镜子观察自己的口形练习发音。

问题 2: **r 和 l 不分，说“人民币”听起来像“人（lén）民币”，把“日本”说成“立本”。**

对策 ▶ r和 l 的区别在于：发r时舌尖上翘接近但不接触硬腭前部，舌面边缘微卷抵住硬腭前部，舌尖与硬腭之间留出一条窄缝保证气流从中摩擦而出。发 l 时舌尖和舌面边缘的状态与发r时正好相反，舌尖抵住上齿龈，舌面两边留有出口，气流从舌头两边通过。可以用带音法以sh引导发出r。也可以用音节拼读法来帮助纠正：轻轻地、慢慢地把声母和韵母分开来读，如r—è—rè，r—ú—rú；l—è—lè，l—ú—lú。

问题 3: **把r发成闪音［ɾ］。**

对策 ▶ 出现这种现象常常是因为舌尖翘起但持续时间不够，关键是提醒延长舌尖和硬腭前部接近的时间，不能是一闪而过。利用发音器官纵切面示意图（第2页图1.2）找出舌尖和硬腭前部，让学生体会发音部位。教师可以用一只手的指尖代表舌尖，另一只手代表硬腭前部，演示两者接近的状态。也可以配合手势演示示范发音，舌尖和硬腭前部接近后保持一段时间不发声；让学生模仿，开始可要求学生先找好发音部位并刻意保持一段时间，然后再发出声，发出音后要求保持一段时间，发r——r——，熟练后就不用这样要求了。

问题 4: **有的学生发成了颤音，听起来声音有颤动。**

对策 ▶ 先发sh找准位置，借助发音器官纵切面示意图（第2页图1.2）和手势演示舌尖翘起接近硬腭前部，保持这个舌位不变，振动声带发出r，可把手放在声带的位置感受声带的振动。

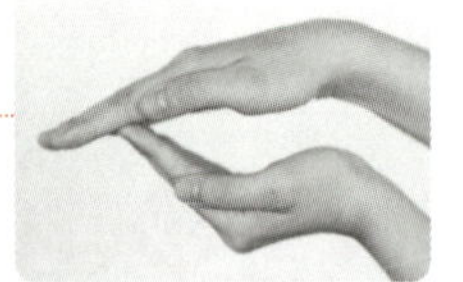

课堂活动

拼音百宝箱

活动准备 ① 复印活动页4.18，裁剪成卡片。教师也可参考活动页上的内容自己制作卡片。

② 准备一个盒子，把拼音卡片放在盒子里。

活动步骤 ① 一名学生从盒子里任选一张拼音卡片，读出卡片上的拼音，并展示给大家看，然后将卡片放回盒子里。读对加1分，读错不扣分，但要跟着教师读一遍正确的发音。

② 把盒子传给下一名学生，该学生按着上述方法练习一遍。

③ 以此类推，直到所有学生都参与一遍。

④ 教师视具体情况，可以全班齐读其中需要复习的拼音。

⑤ 该活动可以进行多轮，得分最多的学生获胜。也可以分组进行，总积分最高的组获胜。

活动页4.18 拼音百宝箱

rì	rě	rè
rǔ	rù	shè
shù	shě	shú
lú	lè	lǔ
lì	zhè	zhù
jì	zhú	chì
chě	chè	chù
chǔ	rú	chú
qì	zhì	lù
shǔ	shì	zhě

第19节　s [s]

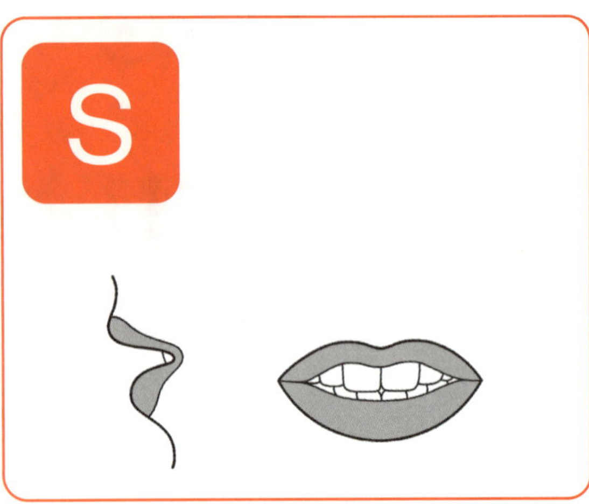

教师知识储备

基本知识 ▶ s是舌尖前、清、擦音。

发音方法 ▶ 舌尖翘起，接近下齿背，中间留出一道窄缝；同时软腭上升堵塞鼻腔通道；气流从舌尖与下齿背之间的狭窄通道摩擦而出。

▶ 声带不振动。

发音关键 ▶ 舌尖和下齿背接近。

▶ 气流摩擦成声。

▶ 声带不振动。

教学方法

教学用语 ▶ s是声母。舌尖接近下齿背，气流从窄缝中摩擦而出。（s is an initial. The tip of the tongue gets close to the back of the lower teeth, and the air flows out through the narrow opening with friction.）

化难为易 ▶ 因为s是辅音，单独发音很难，所以我们在发这个音时，实际上后边加了一个舌尖前韵母［ɿ］，它是一个舌尖前、高、不圆唇元音，发音时舌尖前伸接近上齿背，唇形不圆。由于这个音在普通话中只和z、c、s相拼，不能自成音节，所以在学习普通话韵母时可以忽略不学，只要能把z、c、s和这个韵母一起发好就可以了。

示范演示 ▶ 发s时，上齿掩住下齿尖，中间无缝隙，开口度较小，嘴唇是扁的。

以sh带s ▶ 先发sh，然后把舌尖前移接近下齿背，用同样的方法发出s。

辅 助 法 ▶ 可用食指或牙签辅助练习，把食指或牙签放入口中约1厘米咬住，发s时舌头被压在食指或牙签下面，但能感觉到舌头前部会向上顶。

对比演示 ▶ 发sh时舌尖翘起接近硬腭前部，所以整个舌头是翘起的，俗称“翘舌音”，可以用手掌模拟舌头，弯起手指提示翘舌动作。发s时舌尖接近下齿背，舌头是平伸的，俗称“平舌音”，可以把手掌伸直模拟舌头伸直的状态。

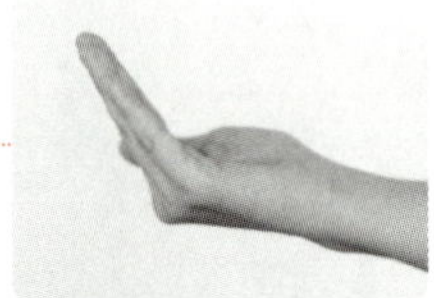

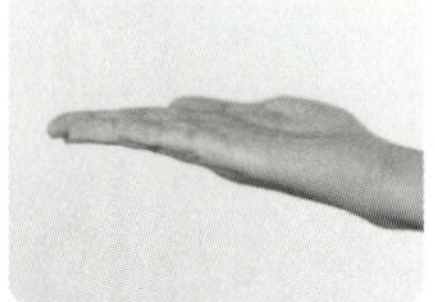

常见问题及对策

问题 1：**发成舌叶音［ʤ］或［ʧ］。**

对策 ▶ 关键是把握发音部位，舌叶音的发音部位比舌尖前音靠后。借助发音器官纵切面示意图（第2页图1.2）告诉学生把发音部位前移，一定要用舌尖接近下齿背。注意口形，上齿掩住下齿尖，中间无缝隙，开口度较小，嘴唇是扁的。让学生对着镜子观察自己的口形练习发音。

问题 2：**s和x相混，可能会出现“丝绸（xīchóu）”“扫除（xiǎochú）”这样的错误。**

对策 ▶ 可用牙签辅助纠正，把牙签放入口中约1厘米咬住，发x时舌头被压在下面，发s时舌头也被压在下面，但能明显感觉到舌头前部会往上顶。

问题 3：**s和sh相混。**

对策 ▶ 教师示范发音让学生观察舌头位置，发s时舌尖会碰到或接近下齿背，发sh时舌尖一定要远离下齿背。观察口形，发s时嘴角稍咧开，发sh时双唇略向前突出。可用牙签或食指辅助纠正，发s时舌头被压在牙签或食指的下面，但能明显感觉到舌头前部会往上顶，发sh时牙签或食指在舌头下方，舌头应向上翘。

课堂练习

听录音，将声母和韵母连线。Listen to the recording and match the initials and finals. 04-25

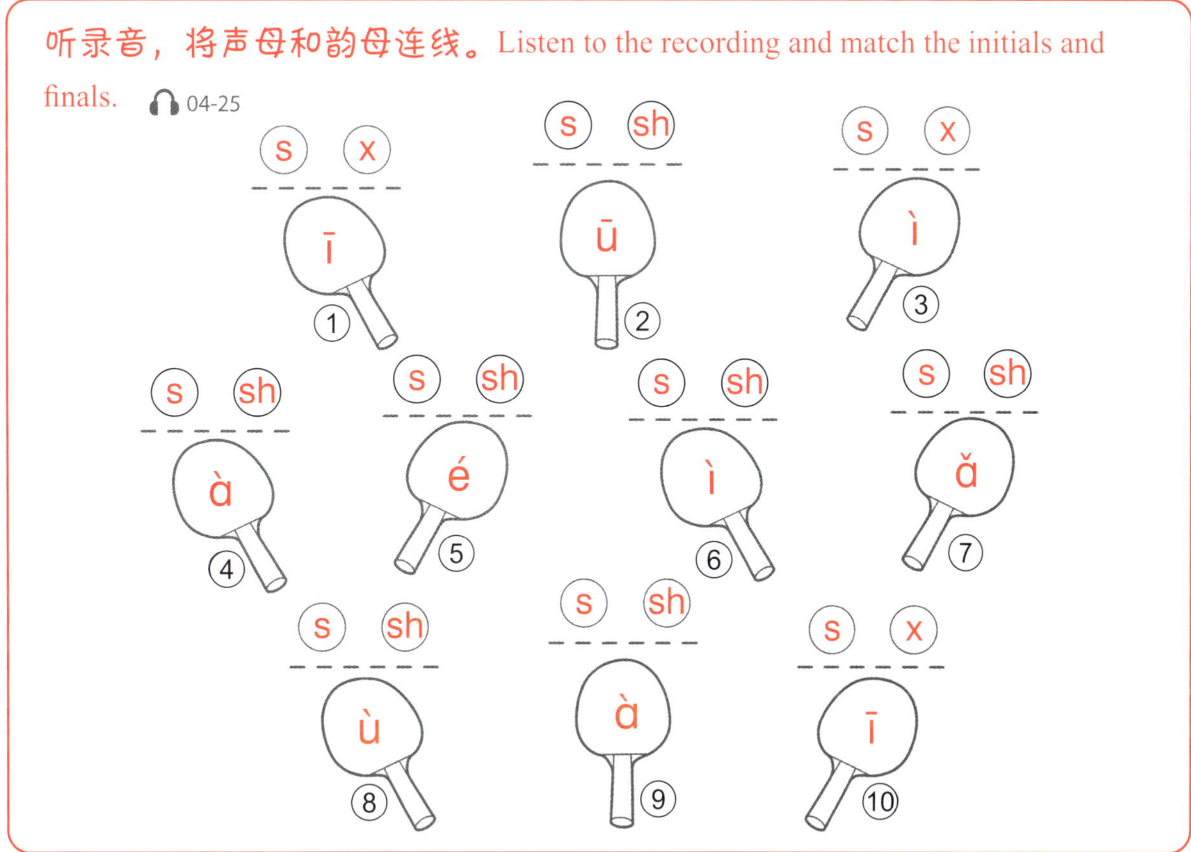

第20节 z [ts]

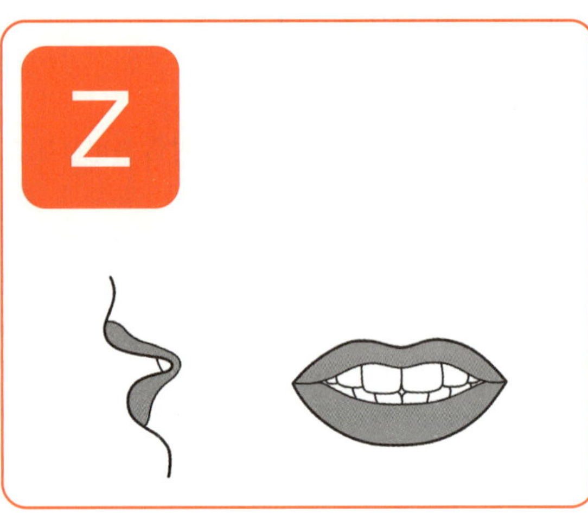

教师知识储备

基本知识 ▶ z是舌尖前、不送气、清、塞擦音。

发音方法 ▶ 舌尖轻轻抵住下齿背，口腔通道完全阻塞；同时软腭上升堵塞鼻腔通道；口腔中蓄气，然后舌尖放松，较弱的气流把舌尖和下齿背的阻碍冲开一道窄缝，并从中挤出，摩擦成声。

▶ 声带不振动。

发音关键 ▶ 舌尖和下齿背接触。

▶ 气流先冲破阻碍后摩擦成声。

▶ 气流较弱，不送气。

▶ 声带不振动。

教学方法

教学用语 ▶ z是声母。舌尖抵住下齿背形成阻碍，气流先冲破阻碍形成窄缝，然后从窄缝中摩擦出来。（z is an initial. The tip of the tongue touches the back of the lower teeth to form obstruction. The air breaks through the obstruction and forms a narrow opening, then comes through the narrow opening with friction.）

化难为易 ▶ 和s一样，实际发音中在z后面加上［ɿ］，使发音变得容易一些。

以zh带z ▶ 先发zh，然后舌尖前伸抵住下齿背，用同样的方法发出z。

示范演示 ▶ 用手掌模仿舌头，手指翘起演示翘舌zh，手指伸直演示平舌z。

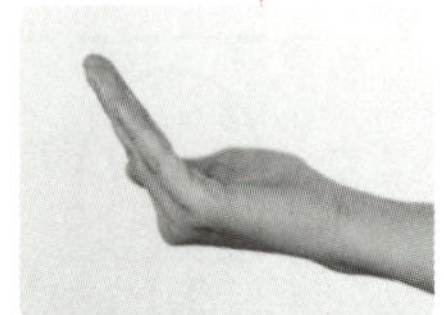

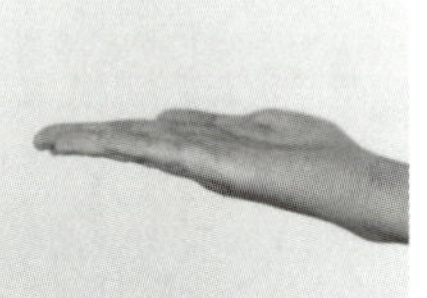

常见问题及对策

问题 1: **清音浊化发成［dz］。**

对策 ▶ 提醒学生发音轻一些，不要过分用力。多练习发zi，注意发得轻短一些。

问题 2: **受英语的影响，发成像英语zoo中的z的发音［z］。法语中没有和汉语拼音z相同或近似的音，法国学生也常常发成［z］。**

对策 ▶ 借助发音器官纵切面示意图（第2页图1.2）指示发音部位是舌尖和下齿背。教师可用一只手的拇指和另外四指聚拢搓紧模仿发音部位的接触，用另一只手的一个手指代表气流，演示先把搓紧的拇指和其他四指之间冲出一个窄缝然后摩擦而出的过程。用手感受气流，基本没有气流送出。教师多发音，加强学生的听觉感知。

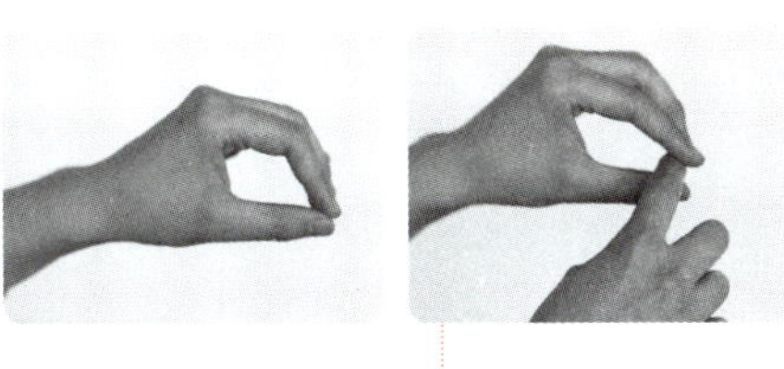

问题 3: **泰国等国家的学生因为母语中没有塞擦音，可能将z发成s。**

对策 ▶ 用带音法纠正，先发s找好位置，用舌尖抵住下齿背保持一段时间，好像准备发d一样，然后猛然松开一道窄缝发出z。

课堂练习

老师读编号，学生快速读出相应的拼音。The teacher reads the number, and the students read the corresponding *pinyin* as fast as they can.

第21节 c [ts‘]

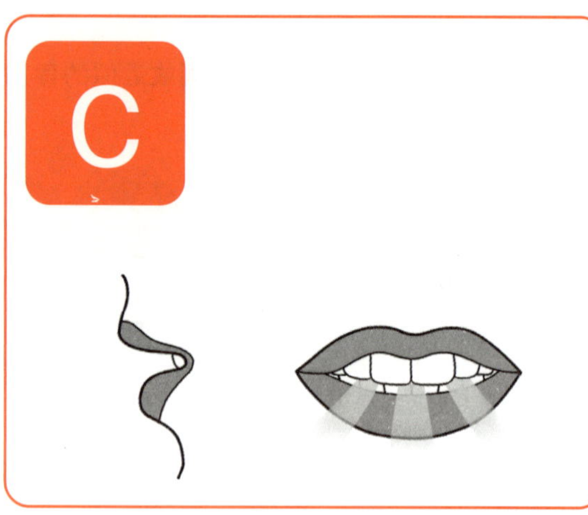

教师知识储备

基本知识 ▶ c是舌尖前、送气、清、塞擦音。

发音方法 ▶ 舌尖轻轻抵住下齿背，口腔通道完全阻塞；同时软腭上升堵塞鼻腔通道；口腔中蓄气，然后舌尖放松，较强的气流把舌尖和下齿背的阻碍冲开一道窄缝，并从中挤出，摩擦成声。

▶ 声带不振动。

发音关键 ▶ 舌尖和下齿背接触。

▶ 气流先冲破阻碍后摩擦成声。

▶ 气流较强，送气。

▶ 声带不振动。

教学方法

教学用语 ▶ c是声母。舌尖抵住下齿背形成阻碍，气流先冲破阻碍形成窄缝，然后从窄缝中摩擦出来。跟z相比，气流较强，把手放到嘴前可以感觉到。（c is an initial. The tip of the tongue touches the back of the lower teeth to form obstruction. The air breaks through the obstruction and forms a narrow opening, then comes through the narrow opening with friction. Compared with z, the airflow is stronger. You can feel it when you put your hand in front of your mouth.）

化难为易 ▶ 和s、z一样，实际发音中在c后面加上［ɿ］，使发音变得容易一些。

示范演示 ▶ 用第51页p部分讲到的把手放在嘴唇前、把薄纸放在嘴唇前等方法演示送气，并用伸平手掌的方式演示平舌。

对比带音 ▶ z和c，先发z，然后加强送气发出c；ch和c，先发ch，然后舌尖前移抵住下齿背，用同样的方法发出c，注意ch是翘舌音，c是平舌音。

以s带c ▶ 先发s，然后将舌尖稍微向上抵住下齿背，这时就能听到擦音断了，连续重复这一过程就能顺利发出c。

常见问题及对策

问题 1: **送气不足，z和c混淆不清。有个笑话，教师问学生：“作业做了吗？”学生低头说：“我做了。”教师说：“拿来让我看看。”学生还是一个劲儿地说：“老师，我做了，我做了。”教师又说：“做了就给我看看呀。”弄了半天老师才知道原来学生并没有做作业，他是想说“我错了”。**

对策 ▶ 用演示法和z对比，强调要送气。可以用本章第2节p中讲的音节拼读法加强操练，先让学生深吸一口气，连续发两个c，再加上韵母ā进行连续拼读，逐渐加快速度，最后一下子念出cā，既c—c—，c—ā—c—ā—c—ā，cā。

问题 2: **受英语发音规则的影响，把c发成［s］或［k‘］。**

对策 ▶ 错在“望符生音”，告诉学生记住汉语拼音中的c不是英语中的c。

问题 3: **法语中没有和汉语拼音c相同或近似的音，法国学生常常把c发成［z］。**

对策 ▶ 借助发音器官纵切面示意图（第2页图1.2）指示发音部位是舌尖和下齿背。教师可用一只手的拇指和另外四指聚拢搓紧模仿发音部位的接触，用另一只手的一个手指代表气流，演示先把搓紧的拇指和其他四指之间冲出一个窄缝然后摩擦而出的过程。用手感受气流，能感受到较强的气流。教师多发音，加强学生的听觉感知。

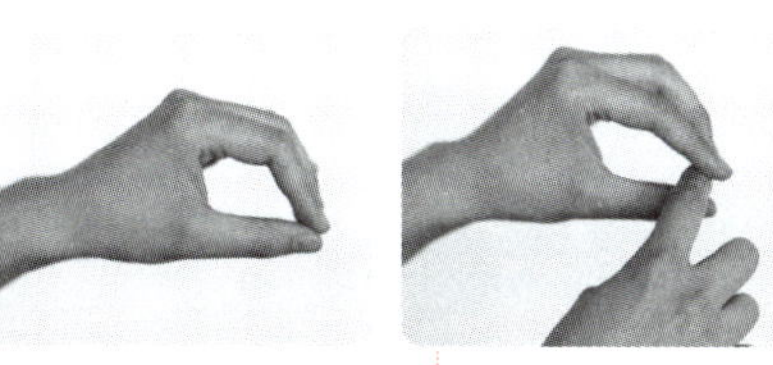

问题 4: **c和s分不太清楚。**

对策 ▶ 关键是体会发音过程中气流的状况。c是送气塞擦音，气流有个先冲破阻碍后摩擦而出的过程，而发s时舌尖和下齿背之间始终留有一个小缝，气流直接摩擦而出。可用手势演示，两个手指代表发音部位，发c时有一个先接触又迅速打开的过程，发s时始终留有一个小缝。让学生用手感受气流，发c时可感受到较强的气流，发s时可感受到的气流较小。

课堂活动

声母圆圈

活动准备 准备21张32开或16开大小的硬卡纸，每张硬卡纸上面写一个声母，共制作21张声母卡片。

活动步骤

① 将声母卡片在地面上排成一个圆圈。

② 学生们围成一个圆圈站在声母圆圈的外侧，教师播放音乐，学生随着音乐转圈。音乐停止时，每个学生选择一个声母卡片站在上面，并依次读出相应的声母，读对得1分，读错或没有抢到声母卡片不得分。教师也可以用口令代替音乐，如让学生围着声母圆圈转圈，教师喊“停”时停止转圈并选择声母卡片。

③ 活动轮次由教师决定，得分最高的学生获胜。也可以将学生分成不同的队，如红队、蓝队、黄队等，总分最高的队获胜。

综合听读材料　声母 x—c

1. 声母辨读。Read the initials comparatively.

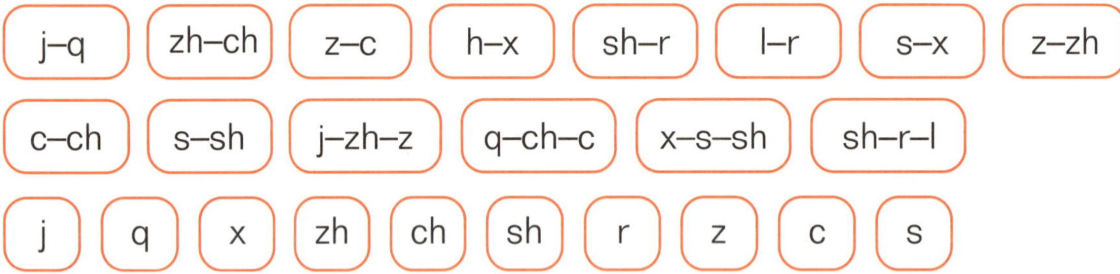

2. 朗读双音节词语。Read aloud the words with double syllables.

xìmí	戏迷	fùxí	复习	húxū	胡须	bìxū	必须
xīkè	稀客	xūnǐ	虚拟	jīfū	肌肤	héshì	合适
jīmù	积木	jìmò	寂寞	jítǐ	集体	jìlù	记录
tèjì	特技	lìjí	立即	jùtǐ	具体	jìyì	记忆
jùlí	距离	lājī	垃圾	qūfú	屈服	qìtǐ	气体
qíjì	奇迹	qūyù	区域	qítā	其他	dìqū	地区
qímí	棋迷	kūqì	哭泣	qíqū	崎岖	qítè	奇特
qìpò	气魄	lèqù	乐趣	zhāpí	扎啤	zhídé	值得
zhíwù	植物	zhíbō	直播	fùzhì	复制	zhémó	折磨
zhùfú	祝福	lùzhū	露珠	zhíxíng	执行	zhìxù	秩序
zhìzhǐ	制止	zhìxī	窒息	zhīnǚ	织女	zhìdù	制度
zhùhè	祝贺	zhùzhǐ	住址	zhídá	直达	jīzhì	机制
bùzhì	布置	zhífǎ	执法	zhùzhě	著者	chāchē	叉车
fāchē	发车	chíxù	持续	lǜchá	绿茶	chīmí	痴迷
chájī	茶几	qìchē	汽车	chàlù	岔路	chūqù	出去
chèdǐ	彻底	chēkù	车库	chúyì	厨艺	chūchù	出处
qùchù	去处	chīlì	吃力	chíyí	迟疑	chūfā	出发
chīkǔ	吃苦	chūtǔ	出土	shíxí	实习	shūchū	输出

shāmò	沙漠	shābù	纱布	shíqī	时期	shūshì	舒适
shèshī	设施	shīzhǔ	失主	shíkè	时刻	shīqù	失去
shūmù	书目	shìjì	世纪	shīgē	诗歌	shípǔ	食谱
shìdù	适度	shūfǎ	书法	fāshè	发射	shèfǎ	设法
bóshì	博士	jíshí	及时	chúshī	厨师	shūhū	疏忽
lǜshī	律师	dúshé	毒蛇	shāyú	鲨鱼	jìshù	技术
rúyì	如意	Rìyǔ	日语	rìshí	日食	rìzhì	日志
rúhé	如何	lìrú	例如	rùmí	入迷	rùzhù	入住
xīrì	昔日	sīlì	私立	chūsè	出色	sìhū	似乎
sīfǎ	司法	xísú	习俗	sùshí	素食	sùshè	宿舍
sīlù	思路	dúsù	毒素	súyǔ	俗语	qìsè	气色
sèlā	色拉	zájì	杂技	zújì	足迹	zìzé	自责
zhízé	职责	zìlǜ	自律	zīshì	姿势	zìzhù	自助
zìfā	自发	zìfù	自负	zìjǐ	自己	zázhì	杂志
jìcè	计策	cèshì	测试	cūsú	粗俗	cìjī	刺激
cízhí	辞职	gēcí	歌词	jícù	急促	dūcù	督促
cùshǐ	促使	chīcù	吃醋	mócā	摩擦	zhùcè	注册
gùjū	故居	jīchǔ	基础	lìshǐ	历史	dúqì	毒气

3. 双音节词语辨读。Read aloud the words with double syllables comparatively.

xīhú xǐhù	西湖 洗护	hūxī hùxī	呼吸 护膝	xīfú xífù	西服 媳妇	érxì érxí	儿戏 儿媳
jīmì jīlì	机密 激励	jīyù jīyú	机遇 基于	gūjì gùjì	估计 顾忌	jìfǎ jùfǎ	技法 句法
jùdà jùpà	巨大 惧怕	jílì jījí	吉利 积极	jíxū jìxù	急需 继续	jígé jíhé	及格 集合

kējì gējù	科技 歌剧	jìdù jìfù	季度 继父	mòqī mòqì	末期 默契	fūqī fúqì	夫妻 福气
jíqí jīqì	极其 机器	qíyú qíyù	其余 奇遇	zhīzhù zhīzhū	支柱 蜘蛛	zhélǐ zhèli	哲理 这里
zhīfù zhìfú	支付 制服	zhùyì zhìyú	注意 至于	zhītǐ zhījǐ	肢体 知己	zhùlǐ zhìlǐ	助理 治理
wúzhī wùzhì	无知 物质	chāyì chàyì	差异 诧异	chātú cháhú	插图 茶壶	chājù chájù	差距 茶具
chūlì chūlù	出力 出路	chūxí chúxī	出席 除夕	shùzhī shùzhí	树枝 数值	shèjì shèzhì	设计 设置
shílì shìlì	实力 视力	shīwù shíwù	失误 食物	shèjí shèjī	涉及 射击	shùfù shùmù	束缚 数目
shūjí shūjì	书籍 书记	shíchā shìchá	时差 视察	shāfā shālā	沙发 沙拉	shìshí shìshì	事实 逝世
shīzhí shízhǐ	失职 食指	rùshí rúshí	入时 如实	chārù chūrù	插入 出入	rìjì rìlì	日记 日历
rìqī rúqī	日期 如期	sījī sìjì	司机 四季	qìsè bìsè	气色 闭塞	sìzhī sùzhì	四肢 素质
sùjì sùdì	速记 速递	fùzá fùzé	复杂 负责	zīgé gèzì	资格 各自	zìmǔ zìmù	字母 字幕
zìmí zìxí	字谜 自习	zìjì zìjù	字迹 字据	zìtǐ zìlǐ	字体 自理	cízǔ címǔ	词组 慈母
cífǎ cíkǎ	词法 磁卡	chēcì chūcì	车次 初次	císhū cìshù	辞书 次数	cíyǔ cìyǔ	词语 赐予

4. **朗读多音节词语。** Read aloud the words with multiple syllables.

zhǐshìdēng	指示灯	shīlùlù	湿漉漉	shùjùkù	数据库
shìdàfū	士大夫	rèfúshè	热辐射	rèhūhū	热乎乎
rèlàlà	热辣辣	sàqímǎ	萨其马	zìzhìqū	自治区
fāpíqì	发脾气	chūzūchē	出租车	zhuōmícáng	捉迷藏
záqīzábā	杂七杂八	zìdéqílè	自得其乐	zìshíqílì	自食其力

cíbùdáyì	词不达意	rúchūyìzhé	如出一辙	gégébúrù	格格不入
rùbùfūchū	入不敷出	wúshíwúkè	无时无刻	cūchádànfàn	粗茶淡饭

5. **朗读句子。** Read aloud the sentences.

1. Nà shì jīchì. 那是鸡翅。
   Nà shì jīqì. 那是机器。
2. Tā hūxī shí hūchī hūchī de. 他呼吸时呼哧呼哧的。
3. Kě kě kě, hē hē hē, rè rè rè, hé hé hé, lè lè lè.
   渴渴渴，喝喝喝。热热热，河河河，乐乐乐。
4. Fùxí dì-qī kè, yùxí dì-bā kè. 复习第七课，预习第八课。
5. Jìzhù rìqī hé chēcì. 记住日期和车次。

6. **朗读绕口令。** Read aloud the tongue twisters.

1. Sì zhī lù, wǔ zhī hǔ, qī zhī tù, bā zhī zhū, shí zhī shǔ, shísì zhī é hé sìshí zhī hè.
   四只鹿，五只虎，七只兔，八只猪，十只鼠，十四只鹅和四十只鹤。
2. Sì shì sì, shí shì shí, shísì shì shísì, sìshí shì sìshí.
   四是四，十是十。十四是十四，四十是四十。
   Bù bǎ sì dú chéng shí, bù bǎ shí dú chéng sì.
   不把四读成十，不把十读成四。
   Bù bǎ shísì dú chéng sìshí, bù bǎ sìshí dú chéng shísì.
   不把十四读成四十，不把四十读成十四。

测试（一）　声母 x—c（1）

1. 听录音，圈出你听到的声母。Listen to the recording and circle the initials you have heard. 04-26

① j　q	② z　c	③ zh　ch	④ x　s	⑤ l　r
⑥ s　sh	⑦ z　zh	⑧ c　ch	⑨ j　z	⑩ q　ch

2. 听录音，判断听到的和看到的声母是否一致。Listen to the recording and decide if the initials you have heard and seen are the same. 04-27

① j	② q	③ x	④ zh	⑤ ch
⑥ sh	⑦ r	⑧ z	⑨ c	⑩ s

3. 听录音，判断每组中听到的两个声母是否一致。Listen to the recording and decide if the two initials you have heard from each group are the same. 04-28

① ____	② ____	③ ____	④ ____	⑤ ____
⑥ ____	⑦ ____	⑧ ____	⑨ ____	⑩ ____

4. 听录音，根据你听到的顺序排序。Listen to the recording and put them in order according to what you have heard. 04-29

(　) j	(　) q	(　) x	(　) zh	(　) ch
(　) sh	(　) r	(　) z	(　) c	(　) s

5. 听录音，写出你听到的声母。Listen to the recording and write down the initials you have heard. 04-30

① ____	② ____	③ ____	④ ____	⑤ ____
⑥ ____	⑦ ____	⑧ ____	⑨ ____	⑩ ____

测试（二）

声母 x—c（2）

1. 听录音，圈出你听到的拼音。Listen to the recording and circle the *pinyin* you have heard. 04-31

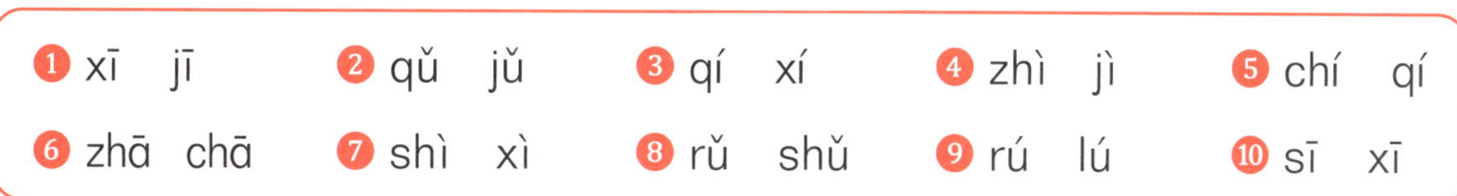

❶ xī jī ❷ qǔ jǔ ❸ qí xí ❹ zhì jì ❺ chí qí

❻ zhā chā ❼ shì xì ❽ rǔ shǔ ❾ rú lú ❿ sī xī

2. 听录音，判断听到的和看到的拼音是否一致。Listen to the recording and decide if the *pinyin* you have heard and seen are the same. 04-32

❶ xù ❷ qǐ ❸ jí ❹ qì ❺ shǎ

❻ shī ❼ sù ❽ rì ❾ zhū ❿ cè

3. 听录音，判断每组中听到的两个拼音是否一致。Listen to the recording and decide if the two *pinyin* you have heard each group are the same. 04-33

❶ ____ ❷ ____ ❸ ____ ❹ ____ ❺ ____

❻ ____ ❼ ____ ❽ ____ ❾ ____ ❿ ____

4. 听录音，根据你听到的顺序排序。Listen to the recording and put them in order according to what you have heard. 04-34

(　) jú (　) qì (　) xǐ (　) zhū (　) chá

(　) shì (　) rú (　) zá (　) cā (　) sè

5. 听录音，填声母。Listen to the recording and fill in the initials. 04-35

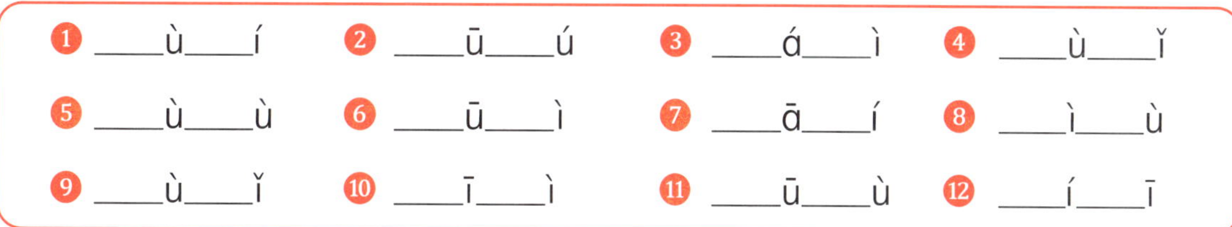

❶ ____ù____í ❷ ____ū____ú ❸ ____á____ì ❹ ____ù____ǐ

❺ ____ù____ù ❻ ____ū____ì ❼ ____ā____í ❽ ____ì____ù

❾ ____ù____ǐ ❿ ____ī____ì ⓫ ____ū____ù ⓬ ____í____ī

测试（三）　声母 x—c（3）

1. 听录音，圈出你听到的拼音。Listen to the recording and circle the *pinyin* you have heard. 04-36

① xīhú xīdú	② jùdà jùpà	③ kējì gējù	④ zhītǐ zhījǐ	⑤ shèjì shèzhì
⑥ chātú cháhú	⑦ shùfù shùmù	⑧ zìjì zìjù	⑨ cízǔ címǔ	⑩ sìzhī sùzhì

2. 听录音，填出韵母和声调。Listen to the recording and fill in the finals and the tones. 04-37

① x__f__	② k__q__	③ j__g__	④ zh__p__	⑤ l__ch__
⑥ zh__m__	⑦ q__p__	⑧ zh__zh__	⑨ ch__k__	⑩ l__r__

3. 看图，写出相应的拼音并朗读出来。Look at the pictures, write down the corresponding *pinyin* and read it aloud.

sījī	zázhì	shāmò	jīmù	rìlì	lājī
zhīzhū	xīfú	cháhú	shāfā	jīqì	shūfǎ

第五章

复韵母

学习目标➔13 个复元音韵母和 16 个鼻韵母
建议课时➔8~12 课时
适应层次➔入门 / 初级

概说

汉语普通话中一共有29个复韵母，包括13个复元音韵母和16个鼻韵母。

复元音韵母	ai ei ao ou ia ie ua uo üe iao iou uai uei
鼻韵母	an ian uan üan en uen in ün ang iang uang eng ueng ing ong iong

事实上，还有一个特殊的复元音韵母io，它的使用频率很低，只在语气词“哟”（yō）、“唷”（yō）中使用，因此一般的国际汉语教材不教这个复韵母。它相当于i和o 两个单韵母拼读而成，在中高级阶段如果遇到语气词“哟、唷”，教师可以特别提醒说明。

本章我们把复韵母分为两部分来学：复元音韵母和鼻韵母。

复元音韵母

复元音韵母的数量

复元音韵母是由两到三个元音组成的韵母，13个复元音韵母分别是：ai、ei、ao、ou、ia、ie、ua、uo、üe、iao、iou、uai、uei。

复元音韵母的发音特点

1〉从一个元音的发音状况快速向另一个元音的发音状况过渡。舌位的高低前后、口腔的开合、唇形的圆展都是渐变的，不是跳跃的、突变的，同时气流不中断，各组成元音之间没有明显的界限，听起来是一个音。如ai不是a—i—，舌位不是一下子从最低升到最高的。

2〉复元音韵母中各个组成元音常常并不等于字母所代表的单元音韵母的音值，字母只是起标示舌位运动方向的作用。如ai中“a”的实际发音并不是单元音韵母a［A］的发音，而要比a靠前一些。

3〉复元音韵母的各个组成元音在韵母中的作用和所占的比例一般是不均等的，其中往往有一个听起来较为响亮、清晰，而这个音在整个复元音韵母发音中所占的时间也比较长。比如ai中a最响，uo中o最响。

复元音韵母的结构

根据元音在整个复韵母中的发音时间和清晰度，可以将其分为韵头、韵腹和韵尾。韵腹加韵尾或光是韵腹（无韵尾）都可以称为韵身。

1）韵头：发音轻而短，只表示复元音韵母发音的起点，一发出就滑向另一个元音了。普通话的韵头只有i、u、ü三个，都是高元音，出现在韵腹前面。韵头在音节中介于声母和韵腹之间，所以也叫介音。

2）韵腹：是韵母的主干，和韵头、韵尾相比，韵腹声音最清晰响亮，是这个复韵母的“主要元音”。韵腹一般由ɑ、o、e、ê充当，i、u、ü、-i［ɿ］、-i［ʅ］、er也可以作韵腹。

3）韵尾：在韵腹之后，只表示复元音韵母滑动的最后方向，音值含混而不太固定。普通话复元音韵母的韵尾只有i、u(o)。

韵头	i u ü
韵腹	ɑ o e ê i u ü -i［ɿ］ -i［ʅ］ er
韵尾	i u(o)

复元音韵母的分类

根据韵腹位置的不同，可以把复元音韵母分为前响复元音韵母、中响复元音韵母、后响复元音韵母。

前响复元音韵母	韵腹在前	ɑi ei ɑo ou
中响复元音韵母	韵腹在中间	iɑo iou uɑi uei
后响复元音韵母	韵腹在后	iɑ ie uɑ uo üe

鼻韵母

普通话的鼻韵尾

1）汉语普通话一共有两个鼻辅音韵尾：n和ng。

2）n和ng的不同主要体现在两个方面。

一是发音部位不同：发前鼻音n时，舌尖抵住上齿龈；发后鼻音ng时，舌面后部高高隆起，舌根尽力后缩，抵住软腭。

二是口形不同：发前鼻音n时，上下门齿是相对的，口形微开；发后鼻音ng时，上下齿离得远一点儿，口形较开。

鼻韵母的分类

鼻韵母是指以鼻辅音结尾的韵母。

根据韵尾的不同，鼻韵母可以分为前鼻音韵母和后鼻音韵母。

前鼻音韵母	韵尾是 n	an ian uan üan en uen in ün
后鼻音韵母	韵尾是 ng	ang iang uang eng ueng ing ong iong

鼻韵母的发音

鼻韵母的发音和复元音韵母的发音一样，也是由一个音的发音动作向另一个音的发音动作变化而成的。只是后面的鼻辅音韵尾在音长与音量上比前面的元音短且小，当舌头运动到辅音的发音部位时，气流随即由鼻腔流出，发出鼻音，口腔发音器官已无动作，所以舌头仍然停在辅音的位置上。

前鼻音韵母和后鼻音韵母的韵腹发音有所不同：前鼻音韵腹实际发音往往是前元音或央元音，后鼻音韵腹实际发音则是央元音或后元音。因此虽然对应的前后鼻音韵母用同一个字母代表，但其实际发音并不相同。如：an中a的实际发音是前a［a］，ang中a的实际发音是后a［ɑ］。

第1节　ɑi [ai]

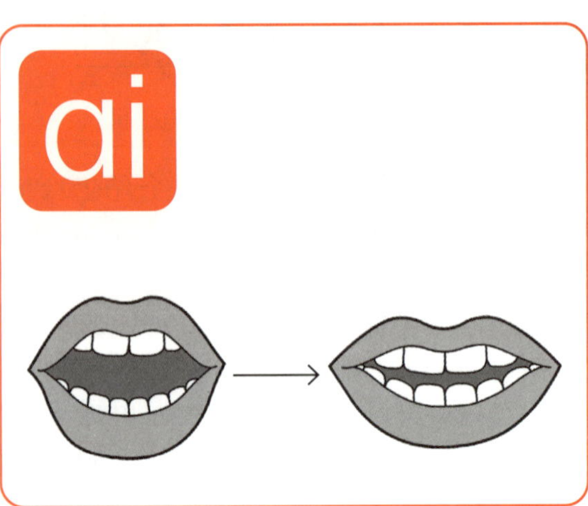

教师知识储备

基本知识 ▶ ɑi是前响复韵母，韵腹是ɑ，韵尾是i。

发音方法 ▶ 先发［a］，注意舌位比单韵母ɑ［ᴀ］稍靠前一些，舌尖可以抵住下齿背，声音清晰响亮；舌面逐渐抬高向［i］的位置靠近，大约停在次高元音［ɪ］的位置，时间较短。

▶ 舌位由低到高，口形由开变微合。

发音关键 ▶ 由［a］到［ɪ］滑动，［a］较长较响亮，［ɪ］较短，两者最佳音长比大致为6 : 4。

▶ 气流连续，舌位渐变。

▶ 口形由开变微合。

教学方法

教学用语 ▶ ɑi是复韵母。发音时口形由开变成微合。（ɑi is a compound final. The mouth changes from being open to slightly closed when pronouncing the sound.）

口形示范 ▶ 示范发音时让学生观察教师的口形，突出从开到微合的变化过程。可结合口形图提示发音时由［a］到［ɪ］滑动。

常见问题及对策

问题 1：**平均分配两个单元音的时长，听起来像是在念ɑ—i—。**

对策 ▶ 先对比发音，分别发单韵母ɑ和 i，再发ɑi，让学生体会它们的不同。学生练习，告诉学生［a］要长且响，［ɪ］要短而轻，中间气流不能断。

问题 2：**忽视了变化滑动过程，直接把ai发成［æ］或［ε］。**

对策 ▶ 先示范发音，让学生重点观察口形的变化。可用拇指和其他四指模仿上下唇，从张开到微微合上演示口形的变化。学生练习，可互相观察或对着镜子观察口形。

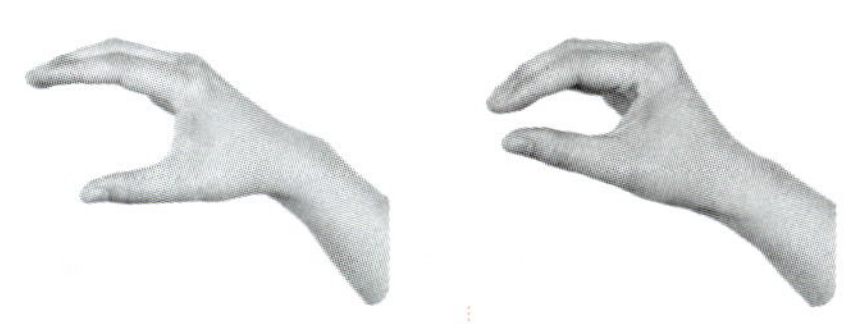

问题 3：**开口度不够，听起来像是ei。**

对策 ▶ 教师对比示范，用上述手指演示的方法提示发ai时开始的口形比较大。学生练习，提醒开始发音时有意放低舌位张大嘴。

课堂练习

听录音，连线。Listen to the recording and match. 05-01

1 2 3 4 5

dàilái báicài chāitái pāimài bāikāi

màicài tàishài nàishài cáilái zhāicài

6 7 8 9 10

第2节　ei [ei]

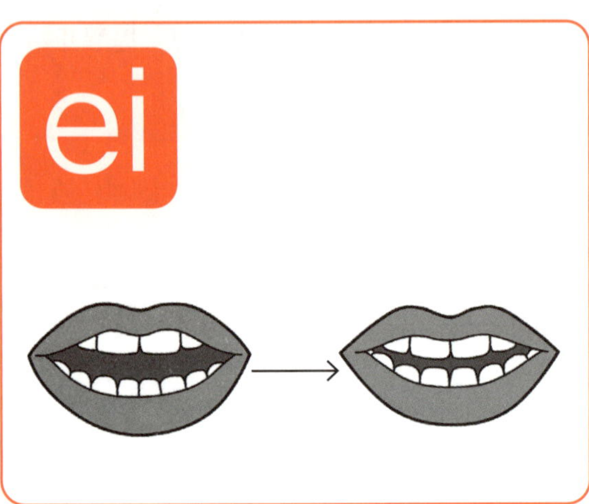

教师知识储备

基本知识 ▶ ei是前响复韵母，韵腹是e，韵尾是i。

发音方法 ▶ 先发［e］，注意舌位比单韵母e［ɤ］靠前一些，声音清晰响亮；舌面逐渐抬高向［i］的位置靠近，大概停在次高元音［I］的位置，时间较短。

▶ 舌位由居中到高，口形由半开变合。

发音关键 ▶ 由［e］到［I］滑动，［e］较长较响亮，［I］较短，两者最佳音长比大致为6 : 4。

▶ 气流连续，舌位渐变。

▶ 口形由半开变合。

教学方法

教学用语 ▶ ei是复韵母。发音时舌头逐渐抬高，口形由半开到合。（ei is a compound final. The tongue rises gradually and the mouth changes from being half open to closed when pronouncing the sound.）

口形示范 ▶ 教师夸张示范，让学生注意观察舌位逐渐抬高的变化及口形由半开到合的变化。可结合口形图提示发音时由［e］到［I］滑动。

对 比 法 ▶ 和ai对比，两者都向［I］滑动，但ai的起点［a］比ei的起点［e］低，运动幅度比ei大，开口度比ei大。可提醒学生观察口形的不同。

常见问题及对策

问题 1: **平均分配两个单元音的时长，听起来像是在念e—i—。**

对策 ▶ 先对比发音，分别发单韵母e和 i，再发ei，让学生体会它们的不同。学生练习，告诉学生［e］要长且响，［I］要短而轻，中间气流不能断。

问题 2: **忽视了变化滑动过程，直接把ei发成［e］。**

对策 ▶ 先示范发音，让学生注意观察舌位逐渐抬高的变化及口形由半开到合的变化。学生练习，提醒学生发音时舌位一定要有变化，不能是保持一个位置不变，可对着镜子观察。

课堂练习

听录音，圈出你听到的拼音。Listen to the recording and circle the *pinyin* you have heard. 05-02

第3节　ao［ɑu］

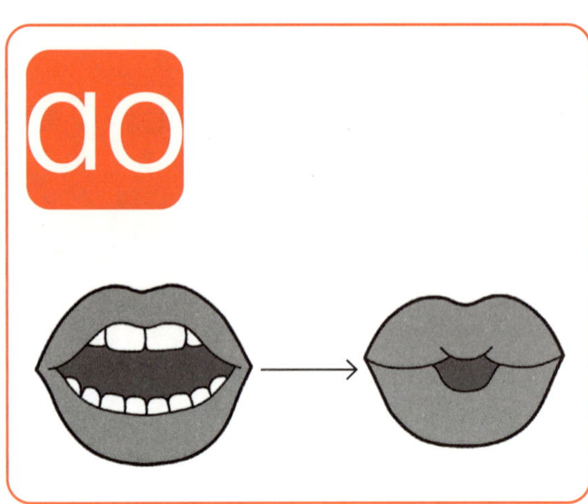

教师知识储备

基本知识

- ao是前响复韵母，韵腹是a，韵尾是u。ao实际是从［ɑ］滑向［u］发出的，《汉语拼音方案》规定写作ao而不写作au，是为了字形清晰，避免手写体中u和n相混。

发音方法

- 先发［ɑ］，这是舌面后低不圆唇元音，其舌位比单韵母a［A］偏后，发音时舌尖远离下齿背，声音清晰响亮；舌面后缩，舌面向［u］的方向滑动升高，时间较短。
- 舌位由低到高，口形由开变合，嘴唇逐渐拢圆。

发音关键

- 由［ɑ］到［u］滑动，［ɑ］较长较响亮，［u］较短，两者最佳音长比大致为6 : 4。
- 气流连续，舌位渐变。
- 口形由开变合，圆唇。

教学方法

教学用语

- ao是复韵母。发音时口形由开到合。（ao is a compound final. The mouth changes from being open to closed with round lips when pronouncing the sound.）

口形示范

- 示范发音时让学生观察教师的口形，突出从开到合、嘴唇渐圆的变化过程。可结合口形图提示发音时由［ɑ］到［u］滑动。

常见问题及对策

问题 1：平均分配两个单元音的时长，听起来像是在念ɑ—u—。

对策 ▶ 先对比发音，分别发单韵母ɑ和u，再发ɑo，让学生体会它们的不同。学生练习，告诉学生［ɑ］要长且响，［u］要短而轻，中间气流不能断。

问题 2：忽视了变化滑动过程，直接把ɑo发成［ɔ］或［o］。

对策 ▶ 很多学生在学这个音的时候，都会觉得难以和单韵母o区分。它们的区别就在于发单元音o时口形始终保持不变，而发复韵母时口形有变化的过程。教师可先示范发音，让学生注意观察发ɑo时口形由开到合的变化。学生练习，提醒学生发音时口形一定要有变化，可让学生互相观察或对着镜子观察。

问题 3：拉长韵腹，过渡缓慢，口形变化过大，在读“好、高、要、道”等音时很不自然。

对策 ▶ 告诉学生适当缩短韵腹［ɑ］的发音时间，嘴不要张得过大。

课堂活动

拼音地图

活动准备 ① 复印活动页5.3，教师和学生每人一张。

② 如果条件允许，可以扩印一张挂在黑板上，或者用投影仪投到屏幕或墙壁上备用。

活动步骤 ① 教师把拼音地图活动页发给学生。

② 给学生一分钟的时间，让其最少找出一条从起点到终点的线路。

③ 学生一个接一个地到讲台上给大家读出至少一条线路上的拼音。教师和其他同学确认其线路是否可行，并对不正确的发音进行领读纠正。

④ 继续这个活动，直到每个学生都至少汇报了一条拼音线路。

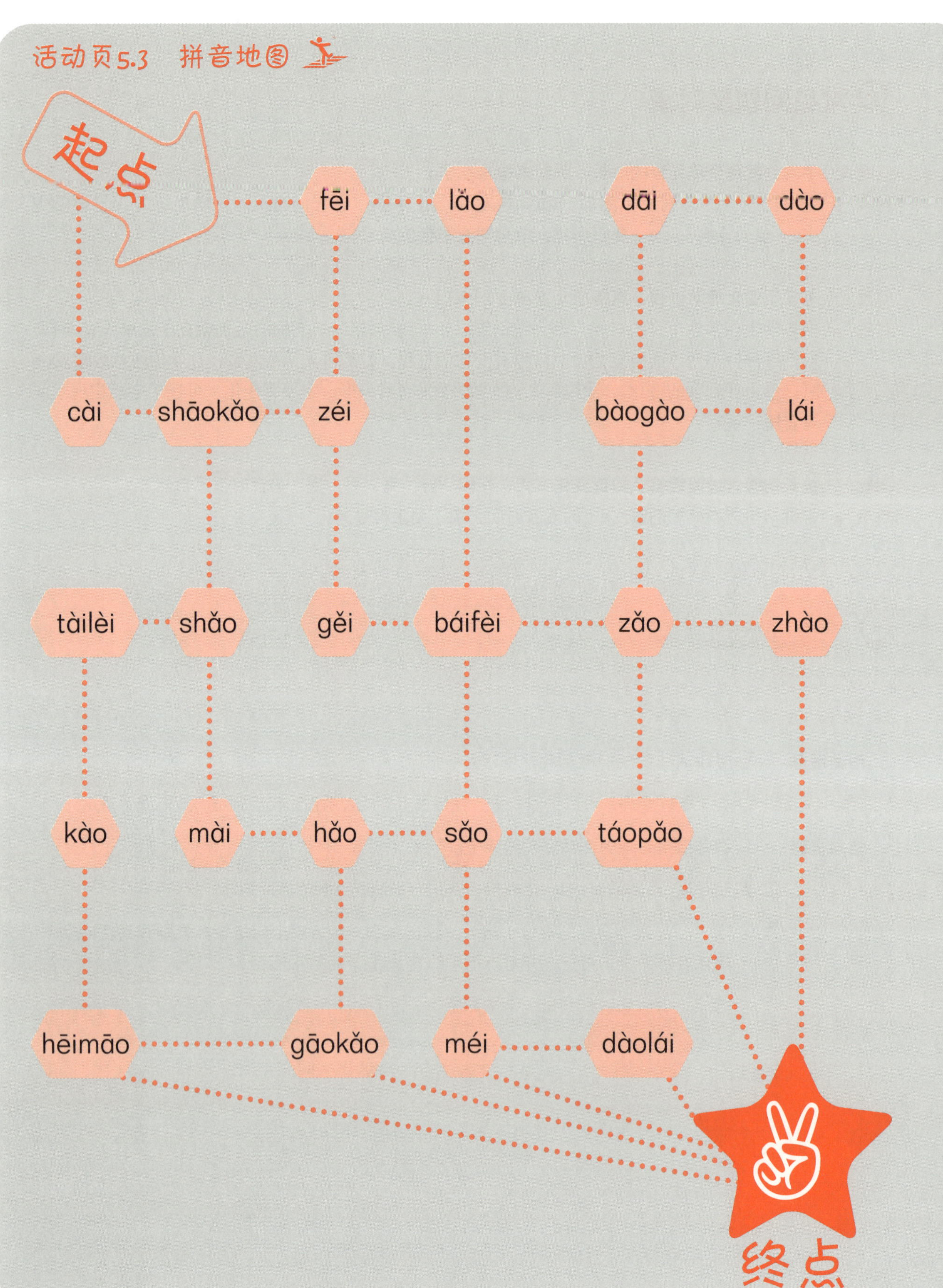
活动页5.3　拼音地图
起点
fēi
lǎo
dāi
dào
cài
shāokǎo
zéi
bàogào
lái
tàilèi
shǎo
gěi
báifèi
zǎo
zhào
kào
mài
hǎo
sǎo
táopǎo
hēimāo
gāokǎo
méi
dàolái
终点

第4节 ou［ou］

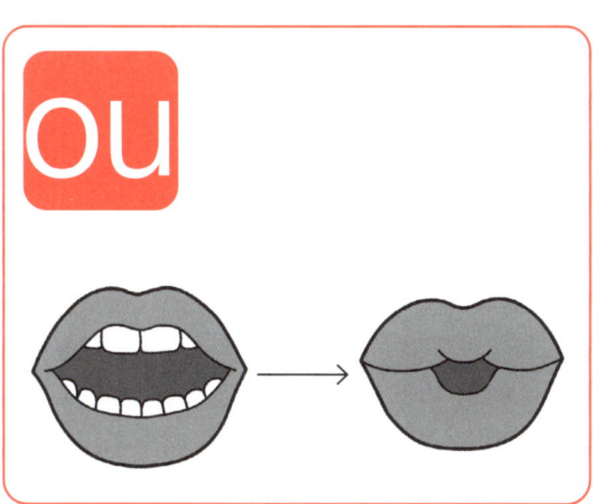

教师知识储备

基本知识 ▶ ou是前响复韵母，韵腹是o，韵尾是u。

发音方法 ▶ 先发舌面后元音［o］，声音清晰响亮；舌面逐渐抬高向［u］的方向滑动，时间较短。

▶ 舌位由居中到高，口形由半开变合，嘴唇逐渐拢圆。

发音关键 ▶ 由［o］到［u］滑动，［o］较长较响亮，［u］较短，两者最佳音长比大致为6∶4。

▶ 气流连续，舌位渐变。

▶ 口形由半开变合，圆唇。

教学方法

教学用语 ▶ ou是复韵母。发音时舌头逐渐抬高，口形由半开到合。（ou is a compound final. The tongue rises gradually, and the mouth changes from being half open to closed with round lips when pronouncing the sound.）

口形示范 ▶ 示范发音时让学生观察教师的口形，突出从半开到合的变化过程，嘴唇渐圆。可结合口形图提示发音时由［o］到［u］滑动。

对 比 法 ▶ ou和ao的目标音［u］相同，但ou起点舌位高，口形变化没有ao大，可示范发音，引导学生观察。

常见问题及对策

问题 1： **忽视了变化滑动过程，直接把ou发成［o］或［ɔ］。**

对策 ▶ 先示范发音，让学生注意观察口形由半开到合并圆唇的变化。学生练习，提醒学生发音时口形一定要有变化，可对着镜子观察。

问题 2： **丢失韵尾，发成了单元音［ə］或［o］。**

对策 ▶ 教师先对比示范，发单元音时口形和舌位都没有变化，而发ou时舌头逐渐向后抬高，口形由半开到合并逐渐拢圆，可结合口形图引导学生注意观察体会。教师交替发音，让学生多做听辨练习。学生模仿发音，可对着镜子观察自己的口形，注意口形一定要有变化并保持圆唇。

问题 3： **英语o的字母名称是［ou］，写拼音时有的学生把复韵母ou写成o。**

对策 ▶ 多提醒、多纠正。

课堂练习

听录音，判断听到的和看到的拼音是否一致。Listen to the recording and decide if the *pinyin* you have heard and seen are the same. 05-03

1 pǎo ○　2 táo ○　3 gǒu ○

4 lòu ○　5 hǒu ○　6 zhōu ○

7 zǎo ○　8 ròu ○　9 sǒu ○　10 còu ○

第5节 iɑ [iA]

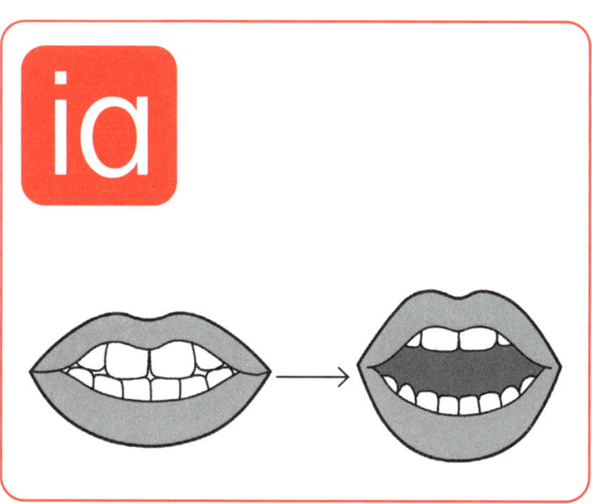

教师知识储备

基本知识 ▶ iɑ是后响复韵母，韵头是i，韵腹是ɑ。
▶ iɑ自成音节时 i 变成y，如yá。

发音方法 ▶ 先发［i］，时间较短，发音较轻；舌位逐渐向下移动，口逐渐张开，舌尖稍微离开下齿背，发出［A］，时间较长，较响亮。
▶ 舌位由高到低，口形由合变开。

发音关键 ▶ 由［i］到［A］滑动，［i］较短，［A］较长较响亮，两者最佳音长比大致为4 : 6。
▶ 气流连续，舌位渐变。
▶ 口形由合变开。

教学方法

教学用语 ▶ iɑ是复韵母。发音时舌头由高降到低，口形由合变开。（iɑ is a compound final. The tongue lowers itself from a high position to a low position, and the mouth changes from being closed to open when pronouncing the sound.）

口形示范 ▶ 示范发音时让学生观察教师的口形，突出从合到开的变化过程。可结合口形图提示发音时由［i］到［A］滑动。

常见问题及对策

问题 1：平均分配两个单元音的时长，听起来像是在念i—ɑ—。

对策 ▶ 先对比发音，分别发单韵母 i 和ɑ，再发iɑ，让学生体会它们的不同。学生练习，告诉学生［i］要短而轻，［A］要长且响，中间气流不能断。

问题 2: **忽视了变化滑动过程，或者丢失韵头，听起来像ɑ。**

对策 ▶ 先示范发音，让学生重点观察口形的变化。可用拇指和其他四指模仿上下唇，从合上到张开演示口形的变化。学生练习，可互相观察或对着镜子观察口形。

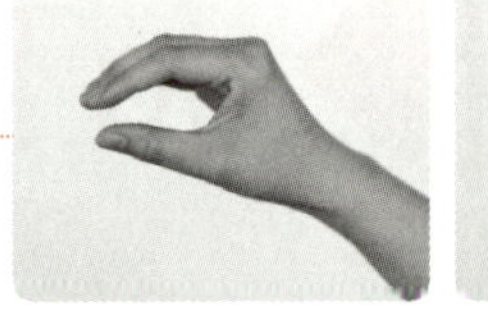

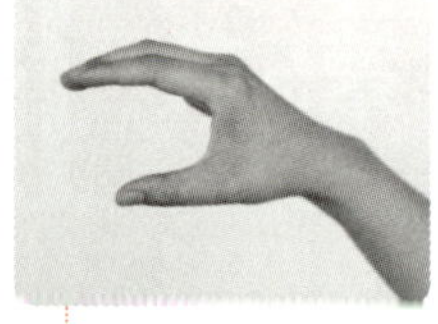

问题 3: **开口度不够，听起来像是ie，比如把“家”读成“街”。**

对策 ▶ 教师对比示范，用上述手指演示的方法提示发iɑ时最后的口形比较大。学生练习，教师提醒结束发音时要有意放低舌位，张大嘴。可以让学生先分别发 i 和ɑ，然后拼在一起练习。

课堂练习

听录音，写出韵母。Listen to the recording and write down the finals. 05-04

① j ____　② p ____　③ f ____

④ c ____　⑤ k ____　⑥ d ____

⑦ t ____　⑧ x ____　⑨ sh ____

⑩ g ____　⑪ b ____　⑫ q ____

第6节 ie [iɛ]

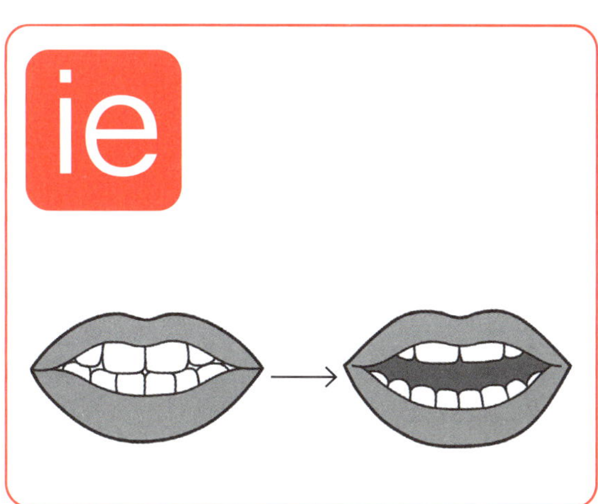

教师知识储备

基本知识
- ie是后响复韵母，韵头是 i，韵腹是ê。
- ie中的“e”的实际发音并不是单韵母e [ɤ]，而是舌面前半低元音ê [ɛ]。
- ie自成音节时 i 变成y，如yè。

发音方法
- 先发 [i]，时间较短，发音较轻；舌位逐渐向半低位移动，口逐渐张开，发出 [ɛ]，时间较长，较响亮。
- 舌位由高到半低，口形由合变半开。

发音关键
- 由 [i] 到 [ɛ] 滑动，[i] 较短，[ɛ] 较长较响亮，两者最佳音长比大致为4 : 6。
- 气流连续，舌位渐变。
- 口形由合变半开。

教学方法

教学用语 ▶ ie是复韵母。口形由合到半开，最终开口度比iɑ小一些。（ie is a compound final. The mouth changes from being closed to half open, and the final opening width is a bit smaller than that of iɑ.）

口形示范 ▶ 示范发音时让学生观察教师的口形，突出从合到半开的变化过程。可结合口形图提示发音时由 [i] 到 [ɛ] 滑动。

对 比 法 ▶ 和iɑ对比，两者起点相同，但是目标音ɑ比ê舌位低，因此iɑ比ie最终开口度大。发ie时，舌头稍降，口半开；发iɑ时，舌头降得更低，口开得更大。可分别发音让学生观察对比口形。

常见问题及对策

问题 1：**拉长韵头，读成［iːɛ］。**

对策 ▶ 先对比发音，分别发单韵母 i 和ê，再发ie，让学生体会它们的不同。学生练习，告诉学生［i］要轻而短，快速向［ɛ］滑动，［ɛ］要长且响，中间气流不能断，可有意缩短整体音长。

问题 2：**滑动方向错误，发错韵腹，发得像英语里的［iə］。**

对策 ▶ 可以先练习ê［ɛ］的发音，区分和［ə］的不同，然后再练习从［i］到［ɛ］的滑动。

问题 3：**开口度过大，听起来像是ia，说"谢谢"时像是"下下"。**

对策 ▶ 教师对比示范，让学生观察口形。学生练习，教师提醒舌头不要放得那么低，嘴稍微收一点儿不要张得太大。可用拇指和其他四指演示口形，发ia时两者距离比较大，然后稍微收紧一点发ie。可以让学生对着镜子观察自己的口形。

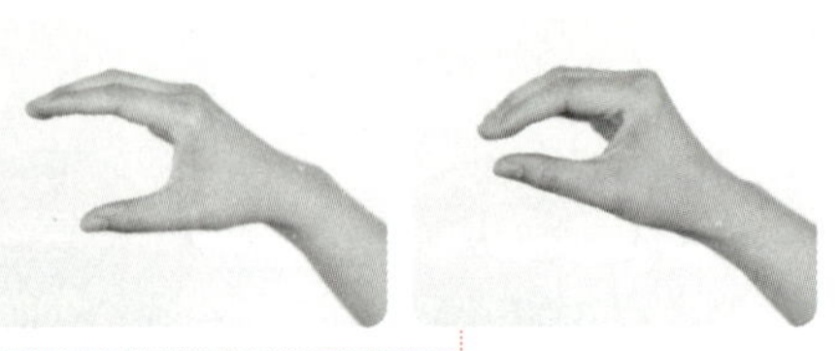

问题 4：**受符号"e"的影响，发成［ie］或［iɤ］。**

对策 ▶ 告诉学生后面的"e"的实际发音是ê［ɛ］，而不是单韵母e［ɤ］。可以先练习ê［ɛ］的发音，然后再练习从［i］到［ɛ］的滑动。

课堂练习

听录音，圈出你听到的拼音。Listen to the recording and circle the *pinyin* you have heard. 05-05

(1) qiè qià
(2) xiē xiā
(3) biē bēi
(4) jiè jià
(5) miè mèi
(6) yè yà
(7) piē pēi
(8) liě liǎ
(9) niè nèi
(10) jiē jiā

第7节 ua [uA]

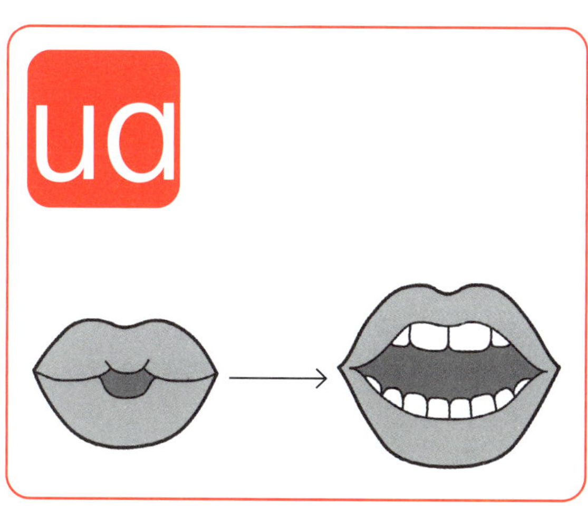

教师知识储备

基本知识
- ua是后响复韵母，韵头是u，韵腹是a。
- ua自成音节时u变成w，如wá。

发音方法
- 先发［u］，时间较短，发音较轻；舌位逐渐向下移动，口逐渐张开，舌尖稍微离开下齿背，发出［A］，时间较长，较响亮。
- 舌位由高到低，口形由合变开。

发音关键
- 由［u］到［A］滑动，［u］较短，［A］较长较响亮，两者最佳音长比大致为4 : 6。
- 气流连续，舌位渐变。
- 口形由合、圆唇变开。

教学方法

教学用语 ▶ ua是复韵母。先发圆唇的u，然后快速滑动到a。（ua is a compound final. First, pronouce u with the round mouth, and then quickly slide to a.）

口形示范 ▶ 示范发音时让学生观察教师的口形，突出从合、圆唇到开的变化过程。可结合口形图提示发音时由［u］到［A］滑动。

对 比 法 ▶ 和ia对比，两者的目标音［A］相同，但ia是从舌面、前、高、不圆唇元音 i 开始，发音时口形是扁的；ua是从舌面、后、高、圆唇元音u开始，发音时口形是圆的。教师可边示范边用手指指着嘴唇提示学生注意起始唇形的不同。

 常见问题及对策

问题 1：**平均分配两个单元音的时长，听起来像是在念u—a—。**

对策 ▶ 先对比发音，分别发单韵母u和a，再发ua，让学生体会它们的不同。学生练习，告诉学生［u］要短而轻，［ʌ］要长且响，中间气流不能断。

问题 2：**舌头运动方向靠后，听起来像是uo，比如把“瓜”读成“锅”。**

对策 ▶ 可以让学生先分别发u和a，然后拼在一起练习。

课堂活动

拼音Bingo 

活动准备　准备并复印活动页，见活动页示例。

活动步骤

① 发给每个学生一张活动页，教师依次说出16个拼音，如：guà、xià、jiě、kào、dōu、zhuā、shéi、lái、xiè、pāi、huā、chǒu、shuā、zǎo、māo、tài，学生将其任意写在活动页的空格里。

② 教师打乱顺序重读这16个拼音，学生在听到的拼音上画×。

③ 当同一横行、竖行或斜行4个格都画满×时，可以连成一条线。先连好2条线的学生举手说“Bingo”。

④ 教师检查，做对的学生得到教师的小奖励。

活动页示例

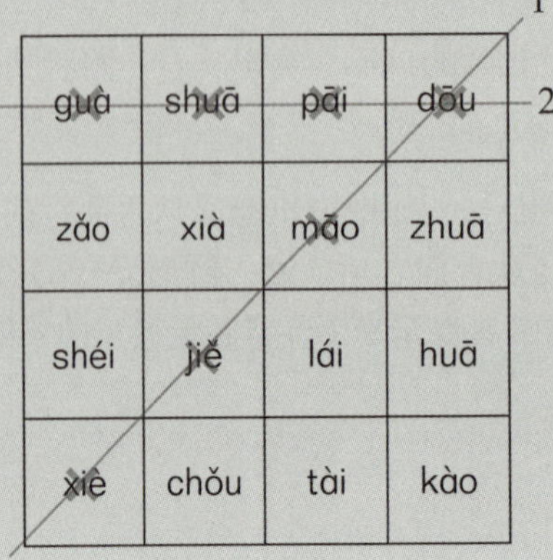

guà	shuā	pāi	dōu
zǎo	xià	māo	zhuā
shéi	jiě	lái	huā
xiè	chǒu	tài	kào

第8节 uo [uo]

教师知识储备

基本知识

▶ uo是后响复韵母，韵头是u，韵腹是o。

▶ uo自成音节时u变成w，如wǒ。

发音方法

▶ 先发［u］，时间较短，发音较轻；舌位逐渐向下移动，口逐渐张开，发出［o］，时间较长，较响亮。

▶ 舌位由高到半高，口形由合变为半开。

发音关键

▶ 由［u］到［o］滑动，［u］较短，［o］较长较响亮，两者最佳音长比大致为4 : 6。

▶ 气流连续，舌位渐变。

▶ 口形由合变为半开。

教学方法

教学用语 ▶ uo是复韵母。先发圆唇的u，然后快速滑动到o。（uo is a compound final. First, pronounce u with the round mouth, and then quickly slide to o.）

口形示范 ▶ 示范发音时让学生观察教师的口形，突出从合（紧圆）到半开（较圆）的变化过程。可结合口形图提示发音时由［u］到［o］滑动。

对 比 法 ▶ 和uɑ对比，两者的起点音相同，目标音不同，uɑ是滑向舌面央低不圆唇元音［ᴀ］，uo是滑向舌面后半高圆唇元音［o］，uɑ开口度大且不圆唇，uo的最终口形是圆的。教师可边示范边用手指指着嘴唇提示学生注意最终唇形的不同。

常见问题及对策

问题 1：拉长韵头，发成［uːo］。

对策 ▶ 先对比发音，分别发单韵母u和o，再发uo，让学生体会它们的不同。学生练习，告诉学生［u］要轻而短，快速向［o］滑动，［o］要长且响，中间气流不能断，可有意缩短整体音长。

问题 2：舌位和口形在滑动中习惯性地放松延长，发成uɑ，如把“桌”读成“抓”，有时也可能发成［uːo］。

对策 ▶ 教师对比示范，提示学生注意uo最终唇形是圆的。学生练习，提醒要收紧嘴唇，最后保持圆唇状态。可对着镜子观察口形。

问题 3：发音比较随意时可能丢掉韵头发成单韵母o。

对策 ▶ 两者的不同在于发uo时舌头和唇形有变化过程，而发o时舌位和唇形没有变化，教师可夸张地示范以提示学生，然后让学生练习。实际上，在语流中这个偏误并不影响有效交际，因此也可忽略。

课堂练习

听录音，圈出你听到的拼音。Listen to the recording and circle the *pinyin* you have heard. 05-06

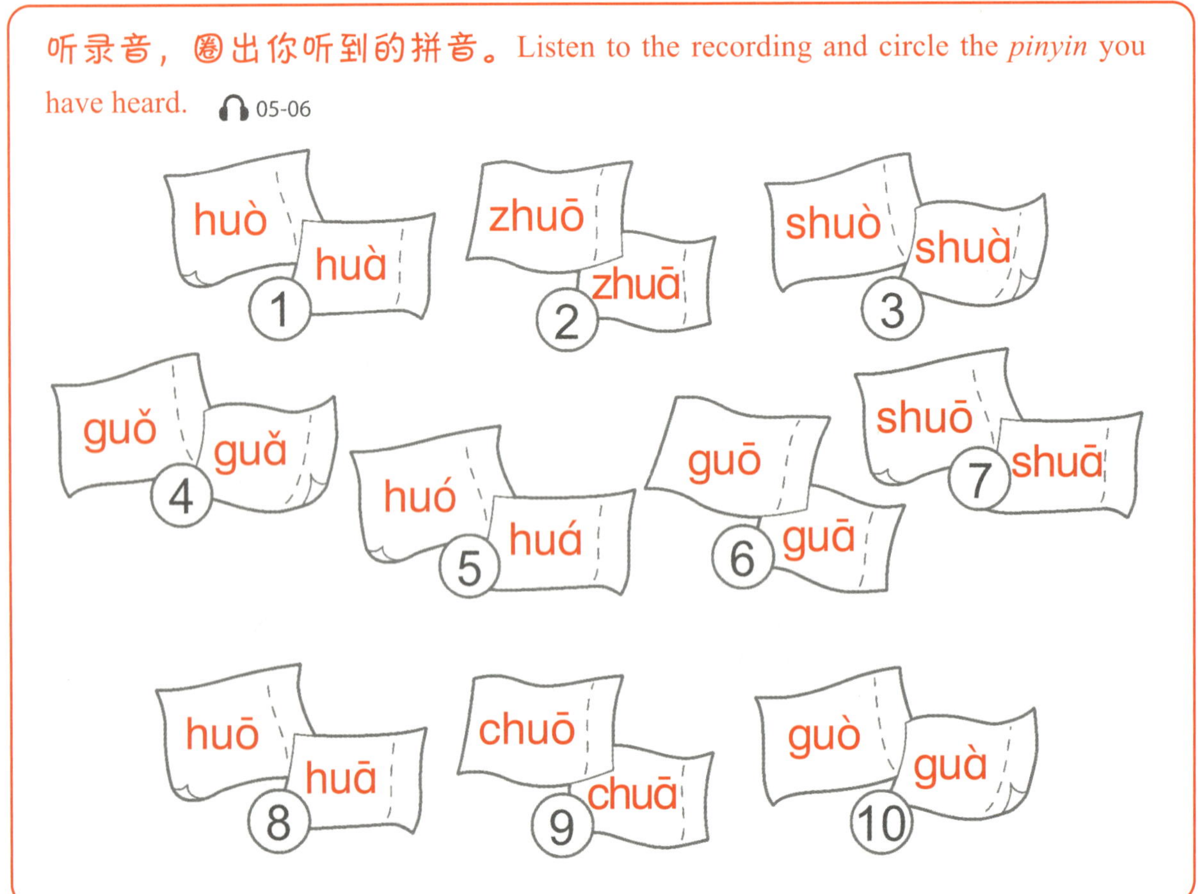

第9节 üe [yɛ]

发音关键

- 由［y］到［ɛ］滑动，［y］较短，［ɛ］较长较响亮，两者最佳音长比大致为4 : 6。
- 气流连续，舌位渐变。
- 口形由合变为半开。

教师知识储备

基本知识

- üe是后响复韵母，韵头是ü，韵腹是ê。
- üe中的“e”的实际发音并不是单韵母e［ɤ］，而是舌面前半低元音ê［ɛ］。
- üe和j、q、x相拼时ü上面的两点去掉，如què。
- üe自成音节时，前面加y，ü上面的两点去掉，如yuè。

发音方法

- 先发［y］，时间较短，发音较轻；舌位逐渐向半低位移动，口逐渐张开，发出［ɛ］，时间较长，较响亮。
- 舌位由高到半低，口形由合变为半开。

教学方法

教学用语 ▶ üe是复韵母。口形先合、圆唇，然后变成半开。（üe is a compound final. First, the mouth is closed and round, and then it becomes half open.）

口形示范 ▶ 示范发音时让学生观察教师的口形，突出从合、圆唇到半开、不圆唇的变化过程。可结合口形图提示发音时由［y］到［ɛ］滑动。

对 比 法 ▶ 和ie对比，两者的目标音相同，但ie是从舌面、前、高、不圆唇元音［i］开始，发音时口形是扁的；üe是从舌面、前、高、圆唇元音［y］开始，发音时嘴唇前伸，口形是圆的。可夸张示范，用手指提示学生注意两者的起始唇形是不一样的。

常见问题及对策

问题 1: **拉长韵头，读成［y:ε］。**

对策 ▶ 先对比发音，分别发单韵母ü和ê，再发üe，让学生体会它们的不同。学生练习，告诉学生［y］要短而轻，快速向［ε］滑动，［ε］要长且响，中间气流不能断，可有意缩短整体音长。

问题 2: **发错韵头，听起来像ie，如把“决”读成“节”。**

对策 ▶ 先做 i 和ü的对比练习，重点让学生注意唇形的不同。教师示范发ie和üe，用手指提示学生注意两者的起始唇形不一样，发üe时起始口形是圆的。可让学生对着镜子观察口形练习。

课堂练习

听录音，按听到的顺序填序号。Listen to the recording and fill in the numbers according to what you have heard. 05-07

第10节 iao [iau]

发音关键
- 由［i］到［ɑ］再到［u］滑动，［ɑ］较长较响亮，［i］［u］轻而短。
- 气流连续，舌位渐变。
- 口形由合到开再到合。

教师知识储备

基本知识
- iɑo是中响复韵母，韵头是i，韵腹是ɑ，韵尾是u。
- 和ɑo一样，iɑo中的“o”实际代表的目标音是［u］。
- iɑo自成音节时，i变成y，如yào。

发音方法
- 先发［i］，很轻很短；舌位向后、低位滑动，口逐渐张开，舌尖远离下齿背，发出舌面后低元音［ɑ］，较长较清晰；舌面向［u］的方向滑动升高，时间较短。
- 舌位先降后升，由前到后。口形由合到开再到合。
- 简化发音法：先发i，再发ɑo，两者相拼发出iɑo。

教学方法

教学用语
- iɑo是复韵母。i和ɑo拼读就是iɑo。（iɑo is a compound final. It can be pronounced by spelling i and ɑo together.）

口形示范
- 示范发音时让学生观察教师的口形，突出从合到开再到合的变化过程，最终口形是圆唇的。可结合口形图提示发音时由［i］到［ɑ］再到［u］滑动。

常见问题及对策

问题 1: **拉长韵头，读成［iːau］。**

对策 ▶ 先对比发音，分别发单韵母 i 和复韵母ao，再发iao，让学生体会它们的不同。学生练习时，告诉学生［i］和［au］中间气流不能断，可有意缩短整体音长。

问题 2: **丢失韵头，发成了ao，如把“手表”读成“手宝”。**

对策 ▶ 先发 i，然后做 i 和ao的拼读发音练习。

课堂活动

拼音色子

活动准备

① 教师准备一张硬卡纸，根据活动页5.10的示意图，制作一个色子。

② 教师也可以找一个魔方或者大小合适的纸盒，在6个面上贴上拼音卡片制成色子。

③ 教师还可以多做几个色子，写上不同的拼音。

活动步骤

① 学生围成一个圈，教师把色子交给一个学生，让该学生掷色子并读出色子朝上一面的拼音。如果发音有误，教师可以纠正，并让全体学生跟读。

② 第一个学生将色子按顺时针顺序传给第二个学生，继续这个活动，以此类推，直到每个学生都参与一遍。

③ 可以采用击鼓或放音乐传色子的形式确定掷色子的学生。

④ 如果做的色子比较多，中间可以更换色子或进行多轮活动。

⑤ 为增强趣味性，教师可以事先在黑板上写下色子上的两个或三个拼音，掷出这些拼音并能准确发音的学生就算赢。可以设置适当奖励。

活动页5.10　拼音色子

yàoxiào
gāoxiào
xuéxiào
xiàoguǒ
gāoxiào
yàoxiào
xuéxiào
dàibiǎo
chēpiào

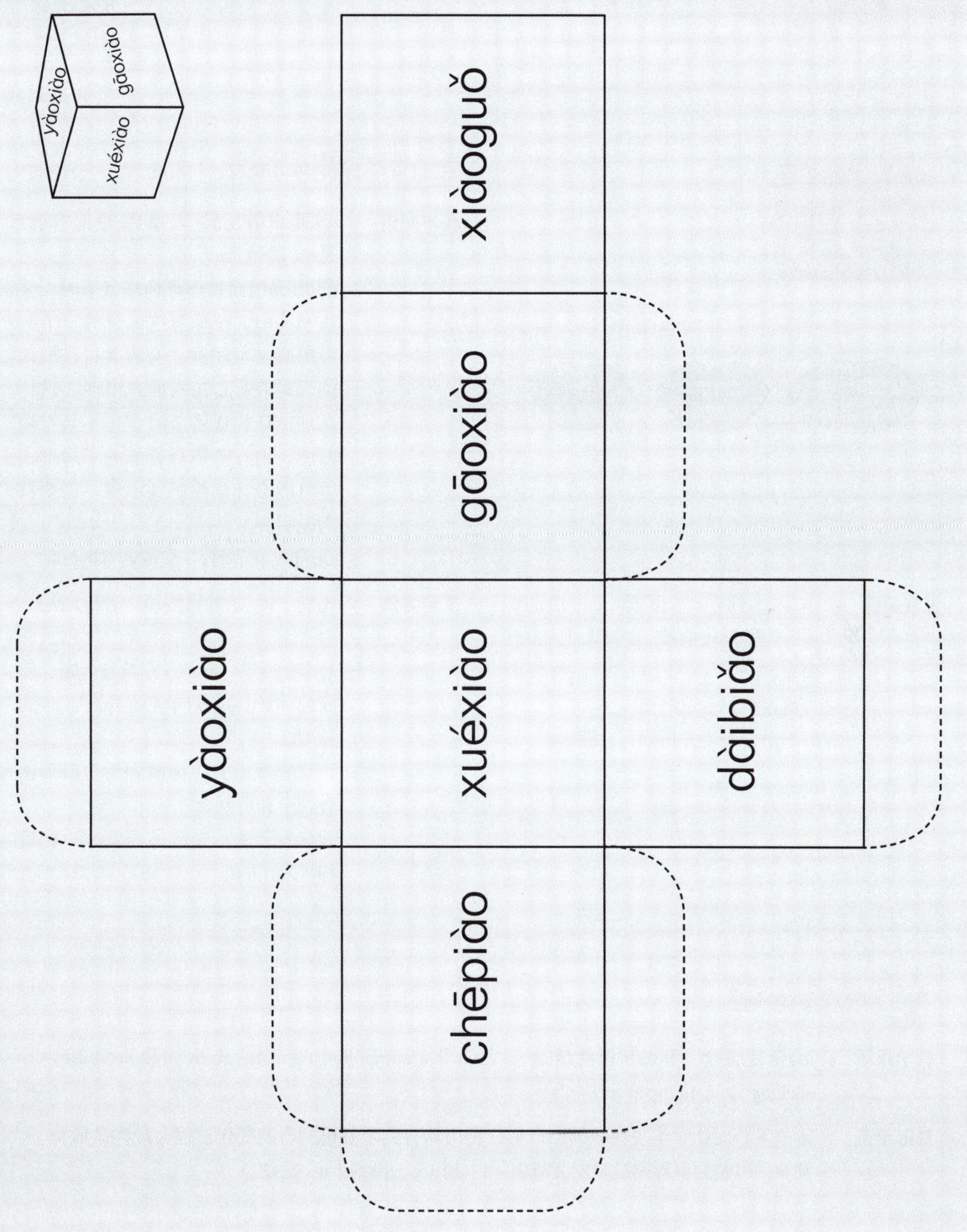

第11节 iou [iou]

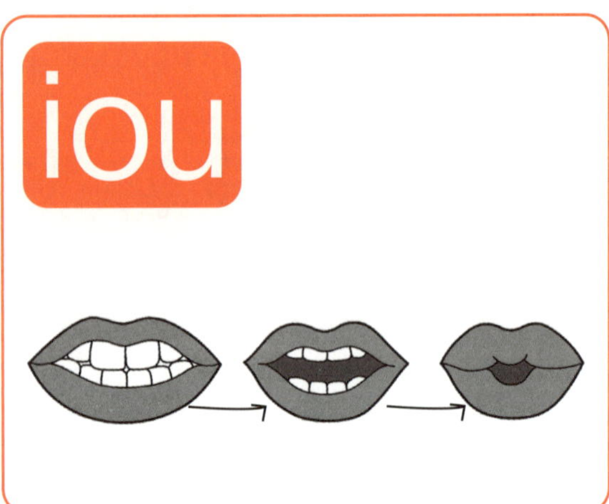

发音关键

- 由［i］到［o］再到［u］滑动，［o］较长较响亮，［i］［u］轻而短。
- 气流连续，舌位渐变。
- 口形由合到半开再到合、圆唇。

教师知识储备

基本知识

- iou是中响复韵母，韵头是 i，韵腹是o，韵尾是u。
- 韵母iou前面加声母构成音节时，要省写为iu。在练习这部分的音节时可提醒学生注意。有的教材在教该韵母时直接以iu的形式出现，这样在加声母构成音节时学生不会觉得困惑，但在零声母音节的书写形式上可能会让学生感到不解，需要特别说明。
- iou自成音节时，i 变成y，如yǒu。

发音方法

- 先发［i］，很轻很短；舌位向后、向下滑动，口稍稍张大，发出舌面后半高元音［o］，较长且清晰；舌面向［u］的方向滑动升高，时间较短。
- 舌位先降后升，由前到后。口形由合到半开再到合。
- 简化发音法：先发i，再发ou，两者相拼发出iou。

教学方法

教学用语

- iou是复韵母。i和ou拼读就是iou。（iou is a compound final. It can be pronounced by spelling i and ou together.）

口形示范

- 示范发音时让学生观察教师的口形，突出从合到半开再到合的变化过程，最终口形是圆唇。可结合口形图提示发音时由［i］到［o］再到［u］滑动。

常见问题及对策

问题 1: **拉长韵头，读成［i:ou］。**

对策 ▶ 先对比发音，分别发单韵母 i 和复韵母ou，再发iou，让学生体会它们的不同。学生练习，告诉学生［i］和［ou］中间气流不能断，可有意缩短整体音长。

问题 2: **丢失韵头，听起来像ou。**

对策 ▶ 先发 i，然后做 i 和ou的拼读发音练习。

问题 3: **iou在音节中被写作iu，受此影响有的学生发音时丢失韵腹发成［iu］，听起来不够饱满。**

对策 ▶ 教师示范，可适当放慢发音节奏，用手指示中间口形半开的过程，让学生注意观察，强调口形不是一直合着的。学生练习时，可对着镜子观察口形，重点看中间有没有半开的过程。

问题 4: **英语e的字母名称是［i:］，o的字母名称是［ou］，因此有的学生会把汉语的iou写成eo或io。**

对策 ▶ 多提醒、多纠正。

问题 5: **分不清iao和iou，可能把“脚”说成“酒”。**

对策 ▶ 教师先示范，让学生观察对比，发iao时中间过程舌位较低，开口度较大，而发iou时中间过程舌位没有那么低，开口度没有那么大。让学生多做听辨和跟读练习。

课堂练习

听录音，判断听到的和看到的拼音是否一致。Listen to the recording and decide if the *pinyin* you have heard and seen are the same. 05-08

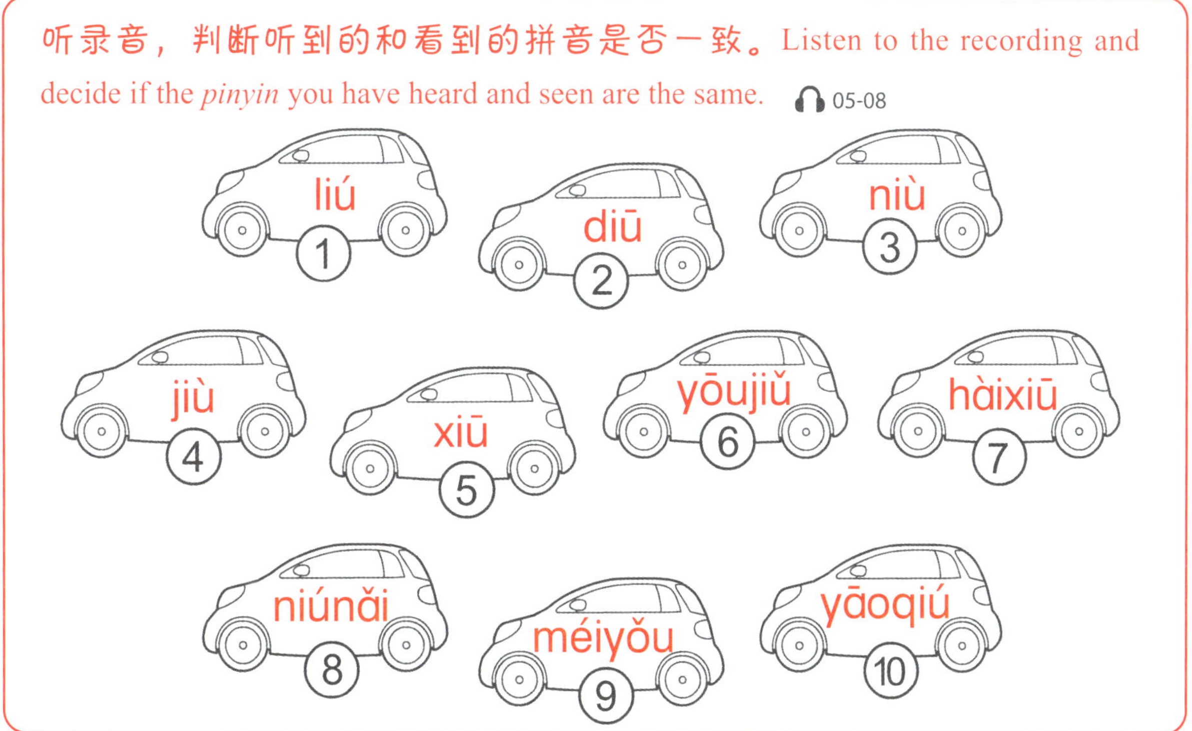

第12节 uai [uai]

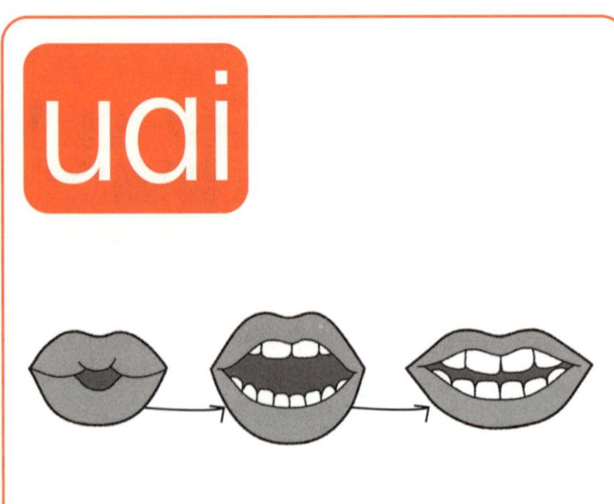

教师知识储备

基本知识

- uai是中响复韵母，韵头是u，韵腹是a，韵尾是i。
- uai自成音节时，u变成w，如wài。

发音方法

- 先发［u］，很轻很短；舌位向前、向下滑动，口逐渐张大，舌尖可以抵住下齿背，发出舌面前低元音［a］，较长且清晰；舌面向［i］的方向滑动升高，时间较短。
- 舌位先降后升，由后到前。口形由合到开再到合。
- 简化发音法：先发u，再发ai，两者相拼发出uai。

发音关键

- 由［u］到［a］再到［i］滑动，［a］较长较响亮，［u］［i］轻而短。
- 气流连续，舌位渐变。
- 口形由合到开再到合。

教学方法

教学用语

- uai是复韵母。u和ai拼读就是uai。（uai is a compound final. It can be pronounced by spelling u and ai together.）

口形示范

- 示范发音时让学生观察教师的口形，突出从合、圆唇到开、不圆唇再到合的变化过程，最终口形是扁的。可结合口形图提示发音时由［u］到［a］再到［i］滑动。

常见问题及对策

问题 1：丢失韵头，听起来像ai，可能会把“帅”读成“晒”。

对策 ▶ 拼读法练习纠正，让学生先发u，再和ai拼成uai。

问题 2：丢失韵尾，听起来像ua，可能会把“摔”读成“刷”。

对策 ▶ 结合口形图提示uai是三合元音，发出［a］后不能停，还要继续向 i 移动。教师对比示范，发ua时最终口形是开的，发uai时最终口形是合的，且唇形是扁的，教师可用手指指示自己的口形让学生注意观察。学生做uai和ua的对比练习时，可互相观察口形并纠正。

问题 3：韵腹发音不到位，把uai发成了uei，读“外”时听起来像“为”。

对策 ▶ 先让学生练舌面、前、低、不圆唇元音［a］，让学生用舌尖抵住下齿背体会发音要领，观察此时的口形是开的。然后练习ai和ei，教师先对比示范，用手指指示自己的口形提醒学生观察发ai时起始的口形比发ei时大。再用和u相拼的拼读法练习uai和uei，注意提示发uai时中间过程的口形比uei大。

课堂练习

听录音，填韵母。Listen to the recording and fill in the finals. 05-09

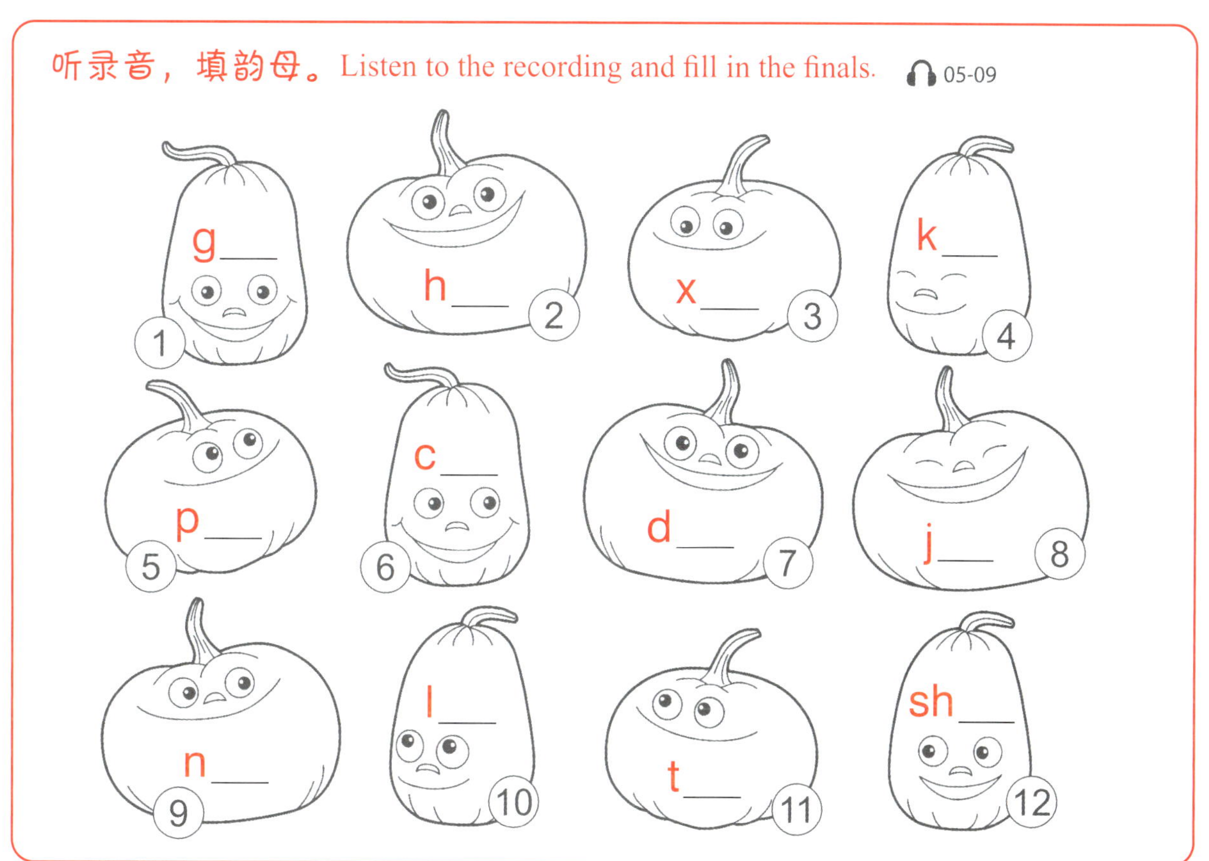

第13节 uei [uei]

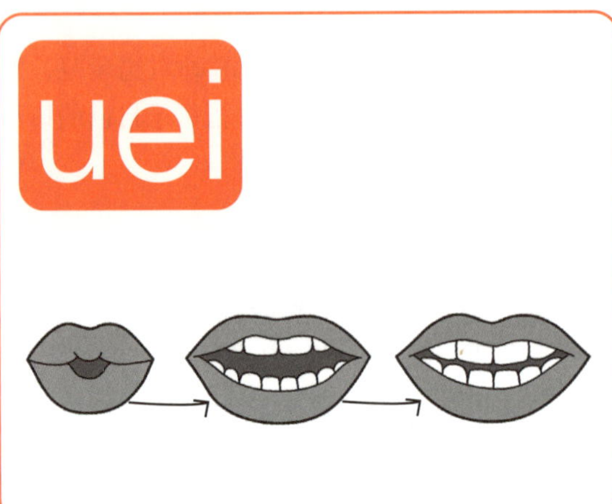

发音关键

- 由［u］到［e］再到［i］滑动，［e］较长较响亮，［u］［i］轻而短。
- 气流连续，舌位渐变。
- 口形由合到半开再到合。

教师知识储备

基本知识

- uei是中响复韵母，韵头是u，韵腹是e，韵尾是i。
- 韵母uei前面加声母构成音节时，要省写为ui。在练习这部分音节时可提醒学生注意。有的教材在教该韵母时直接以ui的形式出现，这样在加声母构成音节时学生不会觉得困惑，但在零声母音节的书写形式上可能会让学生感到不解，需要特别说明。
- uei自成音节时，u变成w，如wèi。

发音方法

- 先发［u］，很轻很短；舌位向前滑动，口略微张开，发出［e］，较长且清晰；舌面向［i］的方向滑动升高，时间较短。
- 舌位先降后升，由后到前。口形由合到半开再到合。
- 简化发音法：先发u，再发ei，两者相拼发出uei。

教学方法

教学用语

- uei是复韵母。u和ei拼读就是uei。（uei is a compound final. It can be pronounced by spelling u and ei together.）

口形示范

- 示范发音时让学生观察教师的口形，突出从合、圆唇到半开、不圆唇再到合的变化过程，最终口形是扁的。可结合口形图提示发音时由［u］到［e］再到［i］滑动。

常见问题及对策

问题 1: **丢失韵头，发成了ei，可能会把“鬼”读成“给”。**
对策 ▶ 拼读法练习纠正，先发u，再和ei拼成uei。

问题 2: **舌头运动幅度过大，把uei发成了uai，如“贵”说成“怪”。**
对策 ▶ 见本章第12节uai的问题3及对策。

问题 3: **uei在音节中被写作ui，受此影响有的学生发音时丢失韵腹发成［ui］，听起来不够饱满。**
对策 ▶ 教师示范，可适当放慢发音节奏，用手指示中间口形半开的过程，让学生注意观察，强调口形不是一直合着的。学生练习时，可对着镜子观察口形，重点看中间有没有半开的过程。

课堂活动

拼音三角

活动准备

① 复印活动页5.13，学生每人一张。

② 如果条件允许，教师可以扩印一张活动页挂在黑板上。

③ 准备适当的奖品。

活动步骤

① 教师把“拼音三角”活动页发给学生。

② 每个学生在自己的活动页上将拼音前面的圆点连成三角形，然后把组成这个三角形的拼音读出来，形状和读音都正确的学生得1分。

③ 学生读拼音的时候，教师按照其说的路线在黑板前面的大活动页上画出三角形。学生读得不准的发音教师可以纠正，后边的学生不能重复前边学生说过的拼音三角形。

④ 在规定时间内，得分最多的学生获胜，教师可以适当给予奖励。

⑤ 如果时间允许，教师可以让大家齐心协力找出所有的拼音三角形。

活动页5.13 拼音三角

- páiduì
- shuìjiào
- kǒushuǐ
- páiqiú
- yóupiào
- niúnǎi
- fēikuài
- xuéxiào
- jiāofèi
- wèikǒu
- tàilèi
- báixuě
- hòuhuǐ
- jiéguǒ
- zuòyè
- tóukuī
- zuìhòu
- yōuhuì
- kāixué
- duōshǎo
- láojià

综合听读材料 复韵母 ai—uei

1. 韵母辨读。Read the finals comparatively.

ai–ei	ao–ou	ia–ie	ua–uo	ie–üe	ai–uai
ei–uei	ao–iao	ou–iou	ia–iao	ua–uai	uai–uei

ai　ei　ao　ou　ia　ie　ua　uo　üe　iao　iou　uai　uei

2. 朗读双音节词语。Read aloud the words with double syllables.

chídào	迟到	cídài	磁带	cuòwù	错误	dàgài	大概
dàjiā	大家	dàxué	大学	fēijī	飞机	dàolǐ	道理
dédào	得到	érqiě	而且	fāshāo	发烧	guòqù	过去
huídá	回答	huòzhě	或者	jīhuì	机会	jìhuà	计划
jiàoshì	教室	jiàoyù	教育	jiémù	节目	jiérì	节日
kāishǐ	开始	jiéshù	结束	kēxué	科学	kāfēi	咖啡
líkāi	离开	píjiǔ	啤酒	qìshuǐ	汽水	quèshí	确实
shèhuì	社会	shídài	时代	shìjiè	世界	shùxué	数学
nàxiē	那些	tígāo	提高	tiàowǔ	跳舞	wàiyǔ	外语
xiàwǔ	下午	xiàkè	下课	xūyào	需要	xuéxí	学习
yúkuài	愉快	yóuqí	尤其	yóujú	邮局	zháojí	着急
zuìchū	最初	yùdào	遇到	zhàogù	照顾	zhèxiē	这些
zúqiú	足球	chēpiào	车票	dàibiǎo	代表	zuòyè	作业
guójiā	国家	huàxué	化学	huìhuà	会话	jiéguǒ	结果
jièshào	介绍	báicài	白菜	pāimài	拍卖	báifèi	白费
gāolóu	高楼	gāokǎo	高考	shāokǎo	烧烤	táopǎo	逃跑
qiàhǎo	恰好	zhòuméi	皱眉	kāikǒu	开口	méitóu	眉头
xiédài	携带	diēdǎo	跌倒	jiēdài	接待	jièkǒu	借口

láojià	劳驾	huàféi	化肥	shuāyá	刷牙	kāixué	开学
wàiguó	外国	niúnǎi	牛奶	páiqiú	排球	shuìjiào	睡觉
yóupiào	邮票	wòshǒu	握手	xuéxiào	学校	yāoqiú	要求
luòhòu	落后	yuèqiú	月球	zhōuwéi	周围	zuìhòu	最后
xiàoguǒ	效果	shōuhuò	收获	quēshǎo	缺少	yuēshù	约束
fēikuài	飞快	cáiliào	材料	yōuxiù	优秀	hàixiū	害羞
yōuhuì	优惠	páihuái	徘徊	wèilái	未来	duōkuī	多亏

3. 朗读多音节词语。Read aloud the words with multiple syllables.

jiéjiégāo	节节高	tiēgāoyào	贴膏药	shòupiàochù	售票处
tāoyāobāo	掏腰包	mótuōchē	摩托车	mòlìhuā	茉莉花
wēibōlú	微波炉	kāiyèchē	开夜车	jíshāchē	急刹车
zìláishuǐ	自来水	lālāduì	啦啦队	bèikàobèi	背靠背
xiàpōlù	下坡路	èzuòjù	恶作剧	lǜhuàdài	绿化带
émáodàxuě	鹅毛大雪	shízìlùkǒu	十字路口	méifēisèwǔ	眉飞色舞
shòuhòufúwù	售后服务	qièqièsīyǔ	窃窃私语	kuādàqící	夸大其词
Kuāfùzhuīrì	夸父追日	jiùyóuzìqǔ	咎由自取	liūzhīdàjí	溜之大吉
wāiwāiniǔniǔ	歪歪扭扭	zhuīhuǐmòjí	追悔莫及	wéiWèijiùZhào	围魏救赵
báitóuxiélǎo	白头偕老	tōutōumōmō	偷偷摸摸	zhíláizhíqù	直来直去

4. **朗读句子。** Read aloud the sentences.

1. Tā zài mài piào. 他在卖票。
   Tā zài mài pào. 他在卖炮。
2. Tā yào huī píxié. 她要灰皮鞋。
   Tā yào hēi píxuē. 她要黑皮靴。
3. Zhèxiē dōu shì jiù huò. 这些都是旧货。
   Zhèxiē dōu shì jiù huà. 这些都是旧画。
4. Nà pī piào méi dào. 那批票没到。
   Nà pī piào méi diào. 那批票没掉。
5. Zhèlǐ bù gāi guǎi. 这里不该拐。
   Zhèlǐ bù gāi gǎi. 这里不该改。
6. Nàxiē huà tài guì. 那些画太贵。
   Nàxiē huà tài guài. 那些画太怪。
7. Shuō Cáo Cāo, Cáo Cāo dào. 说曹操，曹操到。
8. Huó dào lǎo, xué dào lǎo. 活到老，学到老。

5. **朗读绕口令。** Read aloud the tongue twisters.

Fěnhóng qiáng shang huà fènghuáng,	粉红墙上画凤凰，
fènghuáng huà zài fěnhóng qiáng.	凤凰画在粉红墙。
Hóng fènghuáng, fěn fènghuáng,	红凤凰，粉凤凰，
hóng fěn fènghuáng huā fènghuáng.	红粉凤凰花凤凰。

测试（一） 复韵母ai—uei（1）

1. 听录音，圈出你听到的韵母。Listen to the recording and circle the finals you have heard. 05-10

① ai ei	② ao ou	③ ia ie	④ ua uo	⑤ ie üe
⑥ ai uai	⑦ ei uei	⑧ ao iao	⑨ ou iou	⑩ ia iao

2. 听录音，判断听到的和看到的韵母是否一致。Listen to the recording and decide if the finals you have heard and seen are the same. 05-11

① ai	② uo	③ ie	④ ua	⑤ ou
⑥ iao	⑦ üe	⑧ uai	⑨ ao	⑩ uei

3. 听录音，判断每组中听到的两个韵母是否一致。Listen to the recording and decide if the two finals you have heard from each group are the same. 05-12

① ______	② ______	③ ______	④ ______	⑤ ______
⑥ ______	⑦ ______	⑧ ______	⑨ ______	⑩ ______

4. 听录音，根据你听到的顺序排序。Listen to the recording and put them in order according to what you have heard. 05-13

( ) ao	( ) ai	( ) ua	( ) üe	( ) iou	( ) uai
( ) ia	( ) uo	( ) iao	( ) uei	( ) ie	( ) ei

5. 听录音，写出你听到的韵母。Listen to the recording and write down the finals you have heard. 05-14

① ______	② ______	③ ______	④ ______	⑤ ______	⑥ ______
⑦ ______	⑧ ______	⑨ ______	⑩ ______	⑪ ______	⑫ ______

测试（二） 复韵母ai—uei（2）

1. 听录音，圈出你听到的拼音。Listen to the recording and circle the *pinyin* you have heard. 05-15

① méi mái	② zǒu zǎo	③ xiē xiā	④ wá yá	⑤ zhuō zhuā
⑥ xuě xiě	⑦ miáo máo	⑧ diū dōu	⑨ guāi guā	⑩ shuài shài

2. 听录音，判断听到的和看到的拼音是否一致。Listen to the recording and decide if the *pinyin* you have heard and seen are the same. 05-16

① gěi	② biǎo	③ kǒu	④ shuì	⑤ jiě
⑥ huá	⑦ huài	⑧ guó	⑨ xué	⑩ mài

3. 听录音，判断每组中听到的两个拼音是否一致。Listen to the recording and decide if the two *pinyin* you have heard from each group are the same. 05-17

① ______	② ______	③ ______	④ ______	⑤ ______
⑥ ______	⑦ ______	⑧ ______	⑨ ______	⑩ ______

4. 听录音，根据你听到的顺序排序。Listen to the recording and put them in order according to what you have heard. 05-18

(　) tuō	(　) niē	(　) cuì	(　) ròu	(　) liáo	(　) nèi
(　) jià	(　) shuǎi	(　) zhǎo	(　) lüè	(　) qiū	(　) huà

5. 听录音，填韵母。Listen to the recording and fill in the finals. 05-19

① x______zh______	② m______t______	③ d______d______
④ g______j______	⑤ j______g______	⑥ k______k______
⑦ sh______h______	⑧ p______h______	⑨ x______g______

测试（三） 复韵母ai—uei（3）

1. 听录音，圈出你听到的拼音。Listen to the recording and circle the *pinyin* you have heard. 05-20

① lièqǔ lüèqǔ	② píxié píxuē	③ gāolóu gōulóu	④ tuīxiāo tuìxiū	⑤ táopǎo tàopiào
⑥ nàixīn nèixīn	⑦ qiēcài qiācài	⑧ jièkǒu jüékǒu	⑨ kuākǒu kāikǒu	⑩ juéliè jiélüè

2. 听录音，填韵母。Listen to the recording and fill in the finals. 05-21

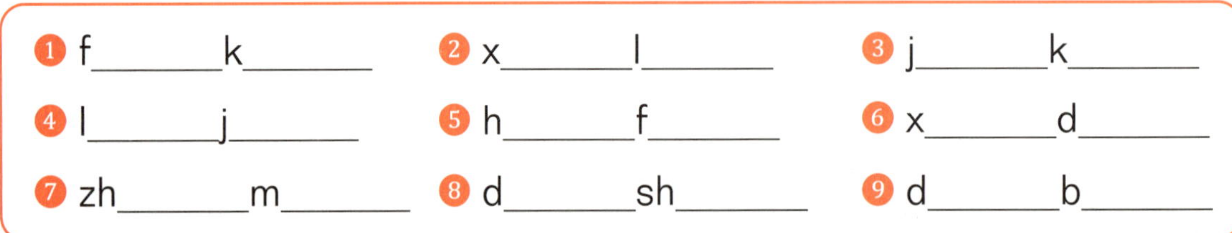
① f______ k______ ② x______ l______ ③ j______ k______
④ l______ j______ ⑤ h______ f______ ⑥ x______ d______
⑦ zh______ m______ ⑧ d______ sh______ ⑨ d______ b______

3. 看图，写出相应的拼音并朗读出来。Look at the pictures, write down the corresponding *pinyin* and read it aloud.

fēi	shǒu	xié	huǒ	shāokǎo	yáshuā
huàféi	báicài	sīguā	xuéxiào	yóupiào	páiqiú

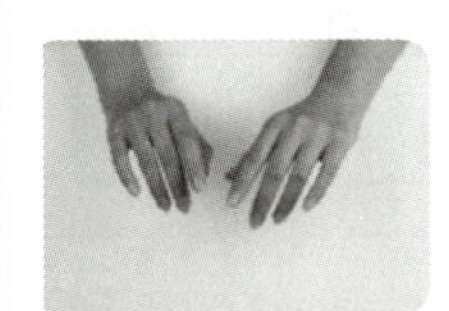

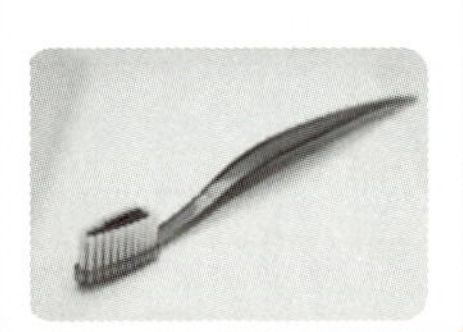

第14节 ɑn [an]

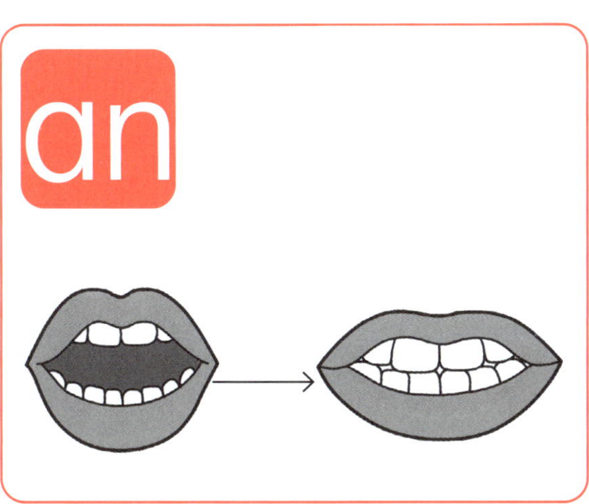

教师知识储备

基本知识 ▶ ɑn是前鼻音韵母，韵腹是ɑ，韵尾是n。

发音方法 ▶ 先发［a］，注意舌位比单韵母ɑ［A］稍靠前一些，舌尖可以抵住下齿背，声音清晰响亮；舌位逐渐上升，舌尖抵住上齿龈，封闭口腔通道，同时软腭和小舌下垂，打开鼻腔通道，发出清晰的前鼻音［n］。

▶ 口形由开变合。

发音关键 ▶ 由［a］到［n］滑动，［a］较长较响亮，［n］较短。

▶ 气流连续，舌位渐变。

▶ 口形由开变合。

教学方法

教学用语 ▶ ɑn是鼻韵母。发音时口形微开，可看见牙齿。（ɑn is a nasal final. The mouth is slightly open and the teeth are visible when pronouncing the sound.）

口形示范 ▶ 示范发音时让学生观察教师的口形，突出从开到合的变化过程，口形微开，可看见牙齿。可结合口形图提示发音时由［a］到［n］滑动。

常见问题及对策

问题 1：**前后鼻音混淆，读成ang。**

对策 ▶ 教师示范对比，用手指指示嘴唇提醒学生注意观察口形的不同：发an时口形微开，可看见牙齿；发ang时口形较开，不易看到牙齿（见本章第22节）。学生应多次听辨，熟练感知两者的不同。学生练习时，可对着镜子观察自己的口形，也可用手指检验口形进行区分：发an时，手指较难伸入口腔中；发ang时，舌根后缩，嘴巴较开，手指可以比较容易地伸入口腔中。区分其他成组的前鼻音和后鼻音时都可以用这两种方法。

问题 2：**有时an和ai混淆，听起来像ai。**

对策 ▶ 关键是把握an的鼻音韵尾，可把手指放在鼻翼，发an时可感觉到鼻子有振动，发ai时没有。

课堂练习

听录音，连线。Listen to the recording and match. 05-22

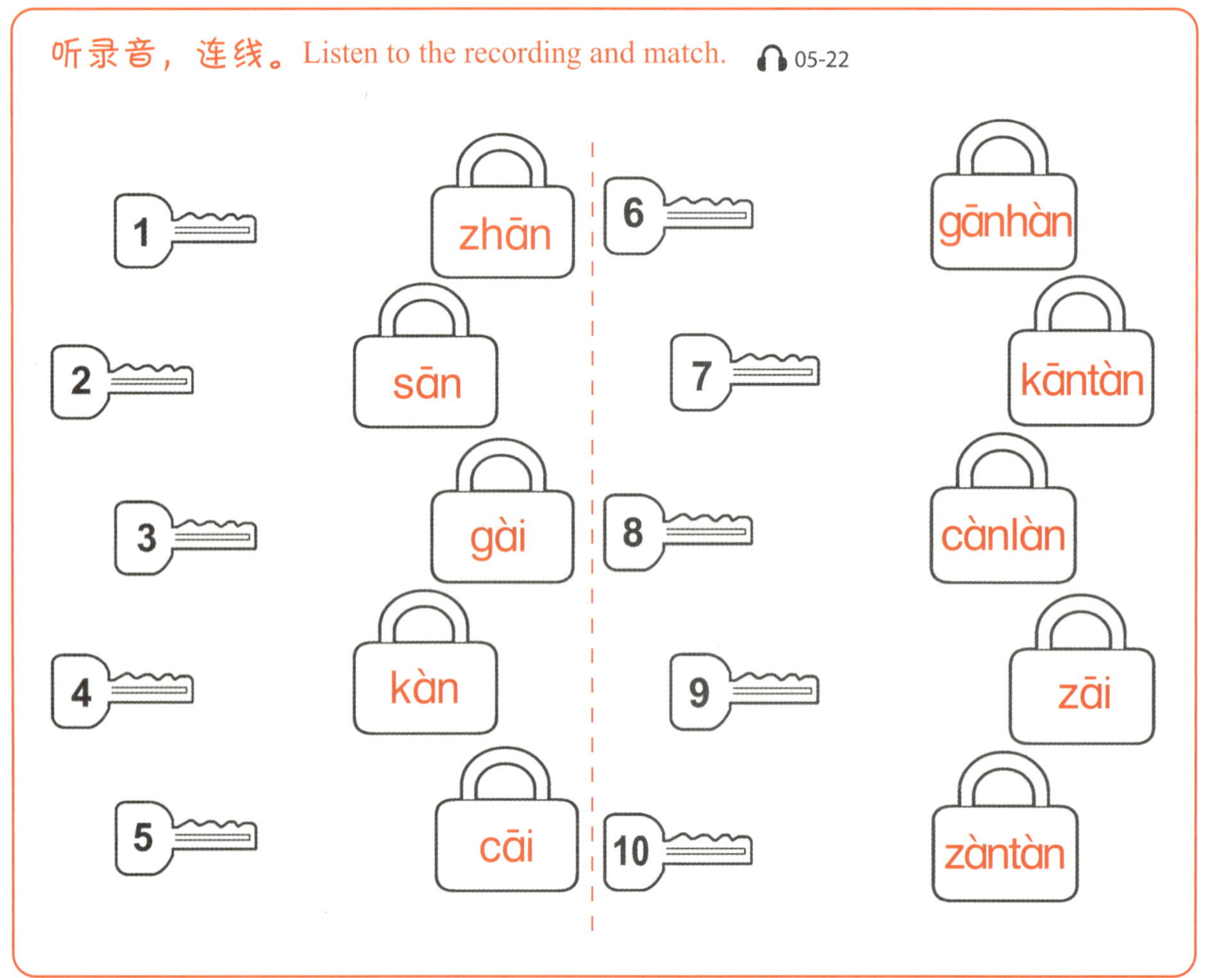

第15节 ian [iɛn]

教师知识储备

基本知识

- ian是前鼻音韵母，韵头是 i，韵腹是a，韵尾是n。
- ian自成音节时，i 变成y，如yān。

发音方法

- 先发［i］，时间很短；口形由合变开，舌面降低，向a的位置靠近，由于受前后音的影响，发音部位是在舌面、前、半低、不圆唇元音［ɛ］的位置上；发出［ɛ］后，舌尖抬起抵住上齿龈，封闭口腔通路，同时软腭和小舌下垂，打开鼻腔通路，口腔闭合，发出清晰的前鼻音［n］。
- 口形由合变开再变合。
- 简化发音法：先发 i，再发an，两者相拼发出ian。

发音关键

- 由［i］到［ɛ］再到［n］滑动，［ɛ］较长较响亮，［i］［n］较短。
- 气流连续，舌位渐变。
- 口形由合变开再变合。

教学方法

教学用语 ▶ ian是鼻韵母。i 和an拼读就是ian。（ian is a nasal final. It can be pronounced by spelling i and an together.）

口形示范 ▶ 示范发音时让学生观察教师的口形，突出从合到开再到合的变化过程。可结合口形图提示发音时由［i］到［ɛ］再到［n］滑动。

常见问题及对策

问题 1：**前后鼻音混淆，读成iang。**

对策 ▶ 参见本章第14节an常见问题1的对策。

问题 2：**丢失韵头，发成an，读“变”时听起来像“办”。**

对策 ▶ 写出an和ian，让学生对比并发现ian有个起始音i。用拼读法纠正，先发i，再发an，两者拼读发出ian。

课堂活动

我的身体

活动准备　复印活动页5.15，学生每人一张。

活动步骤

① 教师把活动页发给学生。

② 教师带领学生一起学习活动页上表示身体部位的词语，直到学生熟练掌握发音。

③ 教师随机说出某个身体部位，让学生迅速在活动页或自己的身上指出来。

④ 教师指自己的某个身体部位，让学生迅速说出名称。

⑤ 对于说得又快发音又好的学生，可以让他/她指自己的身体部位，然后其他学生快速说出名称。

⑥ 扩展活动：每个学生画一个人，用拼音标出身体部位，然后向其他学生展示。

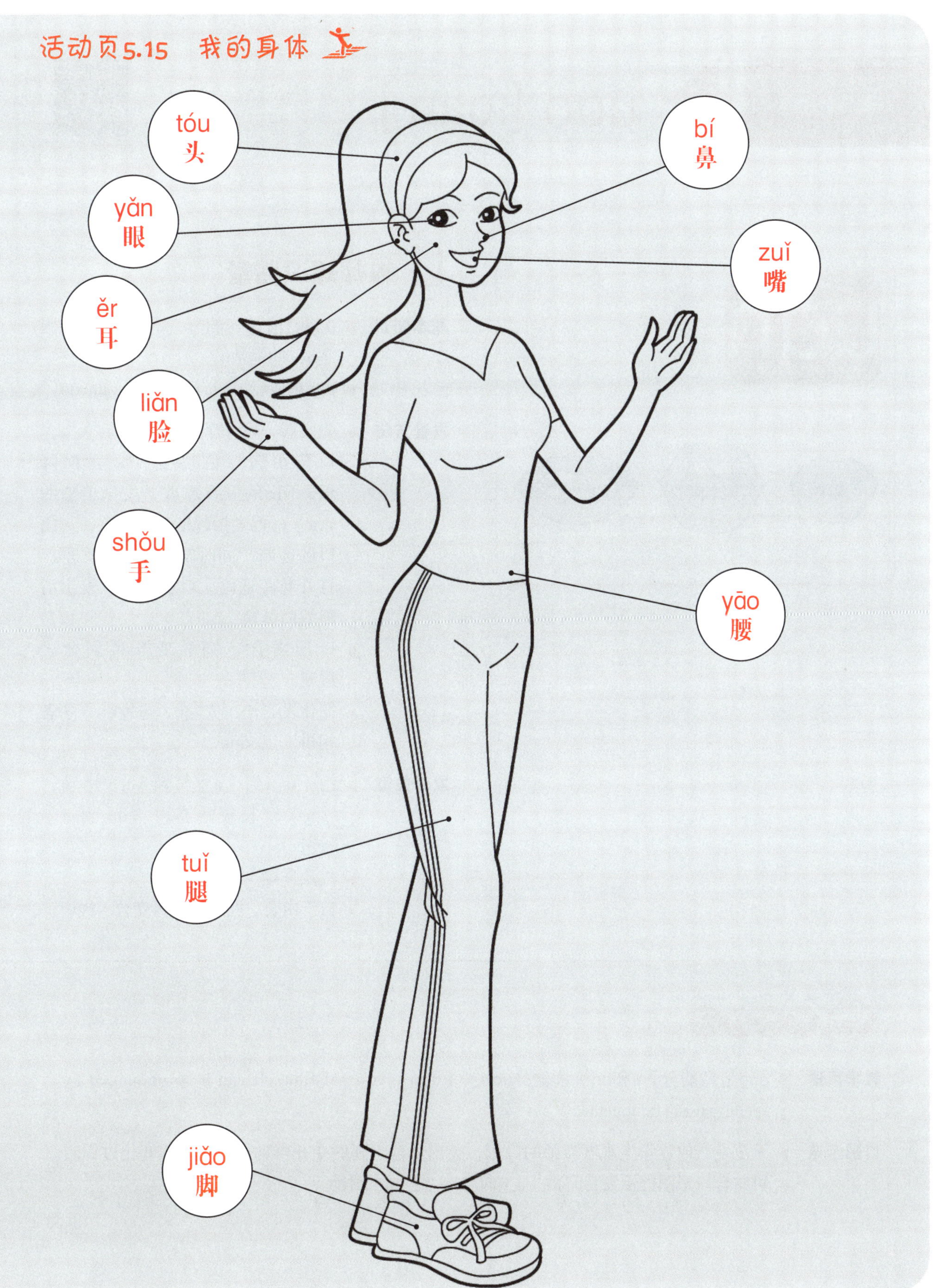
活动页5.15 我的身体
tóu
头
bí
鼻
yǎn
眼
zuǐ
嘴
ěr
耳
liǎn
脸
shǒu
手
yāo
腰
tuǐ
腿
jiǎo
脚

第16节 uan [uan]

教师知识储备

基本知识

- uan是前鼻音韵母，韵头是u，韵腹是a，韵尾是n。
- uan自成音节时，u变成w，如wán。

发音方法

- 先圆唇，发一个非常轻短的［u］；口形由合、圆唇变开，舌面降低，向a的位置靠近，发出清晰的［a］；舌尖抬起抵住上齿龈，封闭口腔通路，同时软腭和小舌下垂，打开鼻腔通路，口腔闭合，发出清晰的前鼻音［n］。
- 口形由合、圆唇变开再到合、展唇。
- 简化发音法：先发u，再发an，两者相拼发出uan。

发音关键

- 由［u］到［a］再到［n］滑动，［a］较长较响亮，［u］［n］较短。
- 气流连续，舌位渐变。
- 口形由合、圆唇变开再变合、展唇。

教学方法

教学用语

- uan是鼻韵母。u和an拼读就是uan。（uan is a nasal final. It can be pronounced by spelling u and an together.）

口形示范

- 示范发音时让学生观察教师的口形，突出从合、圆唇变开再到合、展唇的变化过程。可结合口形图提示发音时由［u］向［a］到［n］滑动。

常见问题及对策

问题 1：前后鼻音混淆，读成uang。

对策 ▶ 参见本章第14节常见问题1的对策。

问题 2：丢失韵头，发成an，读“端”时听起来像“单”。

对策 ▶ 写出an和uan，让学生对比并发现uan有个介音u。用拼读法纠正，先发u，再发an，两者拼读发出uan。

问题 3：韵头u和 i 混淆，发成ian，读“断”时听起来像“电”。

对策 ▶ 先区分单元音u和i：u是圆唇音，所以发uan时起始口形是圆的；i 不圆唇，发ian时起始口形不圆。练好u和 i 的发音，再用拼读法分别和an相拼，就能正确发出uan和ian。

课堂练习

听录音，圈出你听到的拼音。Listen to the recording and circle the *pinyin* you have heard. 05-23

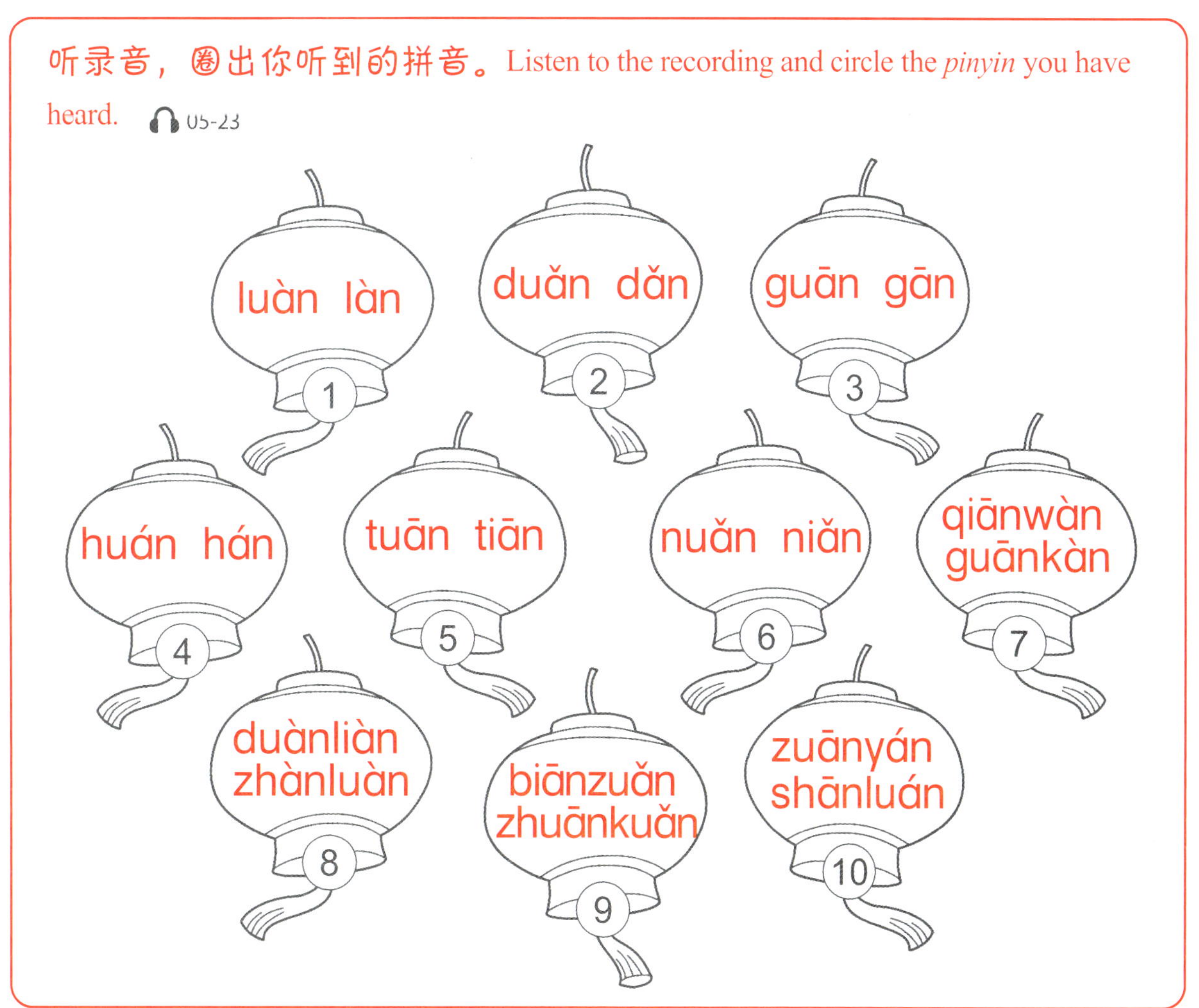

第17节　üan [yæn]

教师知识储备

基本知识

- üan是前鼻音韵母，韵头是ü，韵腹是a，韵尾是n。
- üan和j、q、x相拼时ü上面的两点去掉，如juān。
- üan自成音节时，前面加y，ü上面的两点去掉，如yuán。

发音方法

- 先圆唇，发一个非常轻短的［y］；口形由合、圆唇变开，舌面降低，向a的位置靠近，在比［a］稍高的位置发出清晰的［æ］；舌尖抬起抵住上齿龈，封闭口腔通路，同时软腭和小舌下垂，打开鼻腔通路，口腔闭合，发出清晰的前鼻音［n］。
- 口形由合、圆唇变开再到合、展唇。
- 简化发音法：先发ü，再发an，两者相拼发出üan。

发音关键

- 由［y］到［æ］再到［n］滑动，［æ］较长较响亮，［y］［n］较短。
- 气流连续，舌位渐变。
- 口形由合、圆唇变开再到合、展唇。

教学方法

教学用语

- üan是鼻韵母。ü和an拼读就是üan。（üan is a nasal final. It can be pronounced by spelling ü and an together.）

口形示范

- 示范发音时让学生观察教师的口形，突出从合、圆唇变开再到合、展唇的变化过程。可结合口形图提示发音时由［y］到［æ］再到［n］滑动。

常见问题及对策

问题 1：**韵头 i 和ü混淆，发成ian，读“捐”时听起来像“间”。**

对策 ▶ 先区分单元音 i 和ü：i不圆唇，发ian时起始口形不圆且开口度小；ü圆唇，发üan时起始口形是圆的，嘴唇前伸。教师示范，让学生观察起始口形的不同。学生先练 i 和ü，然后用拼读法练习ian和üan。

问题 2：**韵头u和ü混淆，发成uan，读“圆”时听起来像“玩”。**

对策 ▶ 先区分单元音u和ü，都是圆唇：发u时舌头后缩，舌面后部抬高；发ü时舌头靠前，舌面前部抬高。教师可用手势演示舌头的前伸或后缩提醒学生改变舌位。练好u和ü的发音，再用拼读法分别和an相拼，就能发出uan和üan。

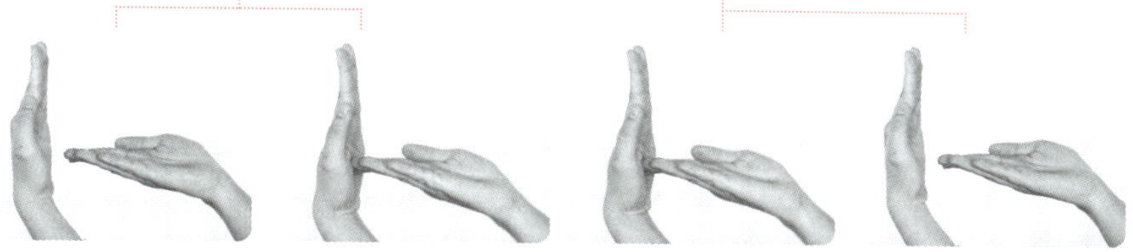

课堂活动

拼音迷局

活动准备　复印活动页5.17，学生每人一张。

活动步骤
① 教师把活动页发给学生。
② 教师带领学生齐声朗读活动页上的词语。
③ 教师随机朗读活动页上的某个词语，学生在拼音表格中圈出听到的拼音。
④ 学生两人一组，互相检查。

活动页5.17　拼音迷局

1 shān 山 mountain

2 qián 钱 money

3 hēibǎn 黑板 blackboard

4 fàndiàn 饭店 restaurant

5 jīdàn 鸡蛋 egg

6 ānjiǎn 安检 security check

7 guànlán 灌篮 slam dunk

8 quánshuǐ 泉水 spring water

c	ā	q	i	ū	t	í	s	h	ā	n
ī	k	i	f	à	n	d	i	à	n	ǔ
q	u	á	n	s	h	u	ǐ	o	j	a
s	ǎ	n	f	j	ī	d	à	n	i	n
u	g	u	à	n	l	á	n	i	ǎ	i
ǒ	p	á	n	h	ē	i	b	ǎ	n	è

第18节 en [ən]

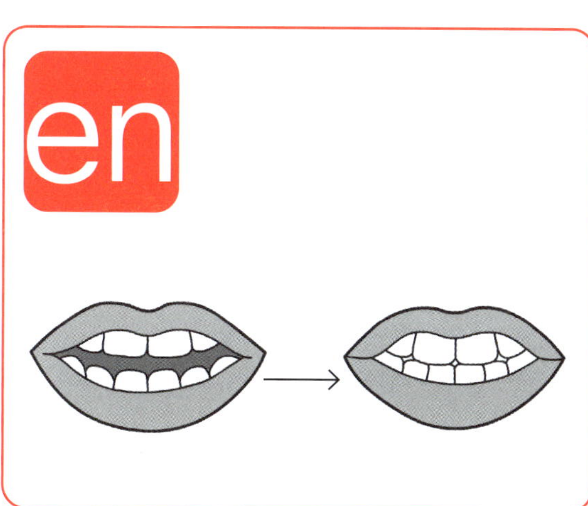

教师知识储备

基本知识 ▶ en是前鼻音韵母，韵腹是e，韵尾是n。

发音方法 ▶ 先发舌面央元音［ə］，声音清晰响亮；舌位逐渐上升，舌尖抵住上齿龈，封闭口腔通路，同时软腭和小舌下垂，打开鼻腔通路，发出清晰的前鼻音［n］。

▶ 口形略有开合。

发音关键 ▶ 由［ə］到［n］滑动，［ə］较长较响亮，［n］较短。

▶ 气流连续，舌位渐变。

▶ 口形由半开然后稍合至微开。

教学方法

教学用语 ▶ en是鼻韵母。发音时口形半开然后稍合至微开。（en is a nasal final. When pronouncing the sound, the mouth starts from being half open and then closes with a slight opening.）

口形示范 ▶ 示范发音时让学生观察教师的口形，口形微开，可看见牙齿。可结合口形图提示发音时由［ə］到［n］滑动。

对 比 法 ▶ 和an对比，an的起始音是舌面低元音［a］，en的起始音是舌面央元音［ə］。发an时，口形开始大开，由开到合过程比较明显；发en时，口形开始半开，由开到合的过程没有an明显。教师可示范发音让学生注意观察口形的变化。

常见问题及对策

问题 1：前后鼻音混淆，读成eng。
对策 ▶ 参见本章第14节an常见问题1的对策。

问题 2：en和ei混淆，听起来像ei。
对策 ▶ 关键是把握en的鼻音韵尾，可把手指放在鼻翼，发en时可感觉到鼻子有振动，发ei时没有。

问题 3：an和en相混，读“笨”时听起来像“办”。
对策 ▶ 原因是起始口形过大，参看“教学方法”中对比法的说明，引导学生通过观察口形区分。练习en时提醒学生开始发音时口不要张得过大。

课堂练习

听录音，填韵母。Listen to the recording and fill in the finals. 05-24

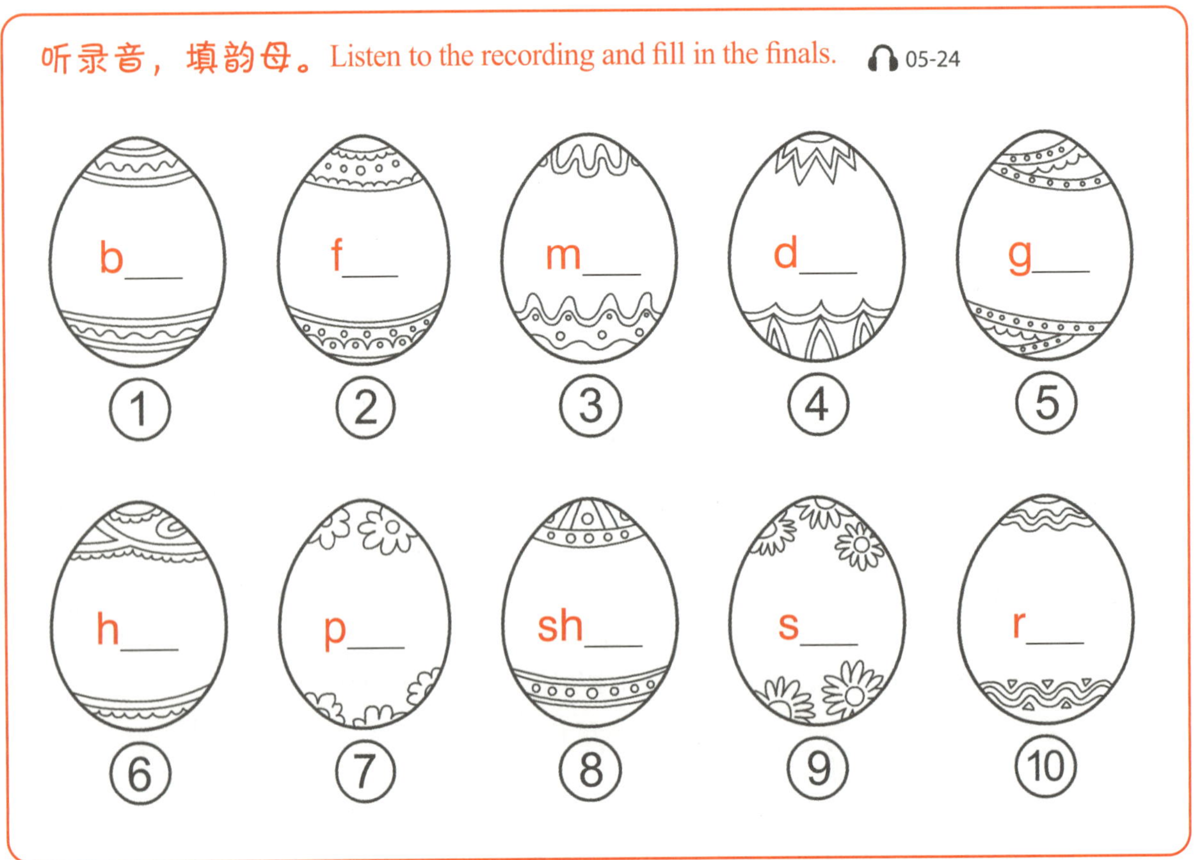

第19节 uen [uən]

发音关键

- 由 [u] 到 [ə] 再到 [n] 滑动，[ə] 较长较响亮，[u] [n] 较短。
- 气流连续，舌位渐变。
- 口形由合、圆唇变开再到合、展唇。

教师知识储备

基本知识

- uen是前鼻音韵母，韵头是u，韵腹是e，韵尾是n。
- 韵母uen前面加声母构成音节时，要省写为un。有的教材在教该韵母时直接以un的形式出现，这样在加声母构成音节时学生不会觉得困惑，但在零声母音节的书写形式上可能会让学生感到不解，需要特别说明。
- uen自成音节时，u变成w，如wèn。

发音方法

- 先圆唇，发一个非常轻短的 [u]；口形由合、圆唇变开，舌面降低，向中央位置靠近，发出清晰的央元音 [ə]；舌尖抬起抵住上齿龈，封闭口腔通路，同时软腭和小舌下垂，打开鼻腔通路，口腔闭合，发出清晰的前鼻音 [n]。
- 口形由合、圆唇变开再到合、展唇。
- 简化发音法：先发u，再发en，两者相拼发出uen。

教学方法

教学用语

- uen是鼻韵母。u和en拼读就是uen。（uen is a nasal final. It can be pronounced by spelling u and en together.）

口形示范

- 示范发音时让学生观察教师的口形，突出从合、圆唇变开再到合、展唇的变化过程。可结合口形图提示发音时由 [u] 到 [ə] 再到 [n] 滑动。

常见问题及对策

问题 1: **前后鼻音混淆，读成ueng。**
对策 ▶ 参见本章第14节an常见问题1的对策。

问题 2: **丢失韵头，发成en，读“唇”时听起来像“沉”。**
对策 ▶ 写出en和uen，让学生对比并发现uen有个起始音u。用拼读法纠正，先发u，再发en，两者拼读发出uen。

问题 3: **舌头运动幅度过大，把uen发成了uan。**
对策 ▶ 教师示范对比，让学生观察口形，发uan时中间过程的开口度比uen大。学生练习，可以对着镜子观察自己的口形，发uen时口不要张得过大。也可先练习an和en，然后再拼读。

问题 4: **uen在音节中被写作un，受此影响可能有学生直接发成［un］，听起来不够饱满。**
对策 ▶ 可用拼读法练习，先发en，再用u和en拼读发出uen。

课堂练习

听录音，填韵母。Listen to the recording and fill in the finals. 05-25

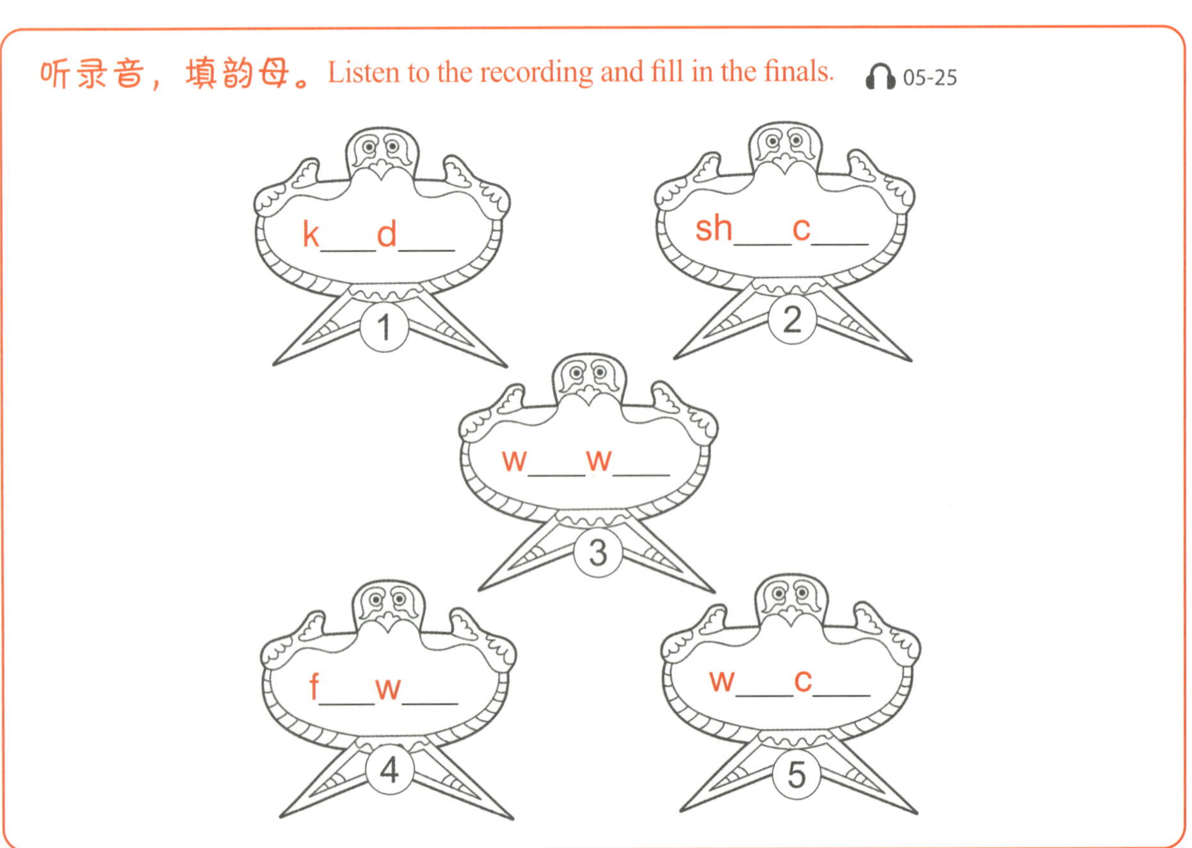

第20节 in [in]

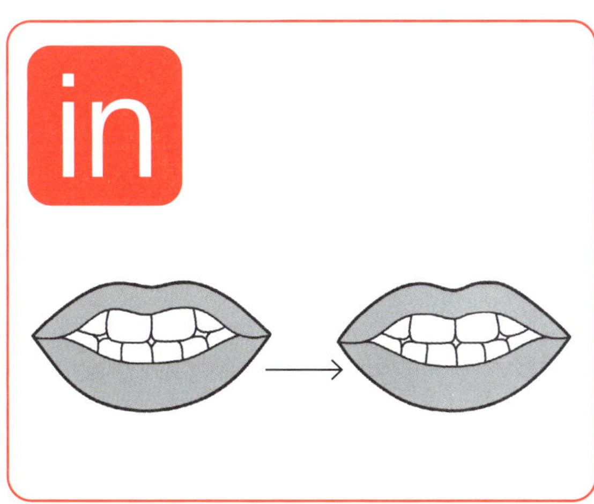

教师知识储备

基本知识
- in是前鼻音韵母，韵腹是 i，韵尾是n。
- in自成音节时，前边加y，如yīn。

发音方法
- 先发［i］，声音清晰响亮；舌尖抬起抵住上齿龈，封闭口腔通路，同时软腭和小舌下垂，打开鼻腔通路，发出清晰的前鼻音［n］。
- 口形始终保持发［i］的口形，微开。

发音关键
- 由［i］到［n］滑动，［i］较长较响亮，［n］较短。
- 气流连续，舌位渐变。
- 口形始终微开。

教学方法

教学用语 in是鼻韵母。发音时口形微开。（in is a nasal final. When pronouncing the sound, the mouth opens slightly.）

口形示范 示范发音时让学生观察教师的口形，口形始终保持发 i 的口形，微开，几乎没有变化。可结合口形图提示发音时由［i］到［n］滑动。

对 比 法 和en对比，en的起始音是舌面央元音［ə］，in的起始音是舌面前元音［i］。发en时，口形开始略开，然后稍合至微开，口形有变化；发in时，口形始终保持发 i 的口形，微开，几乎没有变化。教师可示范发音让学生注意观察口形的变化。

常见问题及对策

问题 1: **前后鼻音混淆，读成ing，这样“亲人”有可能被说成“情人”。**
对策 ▶ 参见本章第14节an常见问题1的对策。

问题 2: **in和en混淆，读“宾”时听起来像“奔”。**
对策 ▶ 原因是口形变化过大，教师先示范对比，让学生观察口形的不同。学生对着镜子练习，注意发in时口形始终保持发 i 时的微开状态，几乎无变化。

课堂练习

读一读，连一连，看看画出来的是什么。Read the words, connect the dots, and see what picture it is.

第21节 ün [yn]

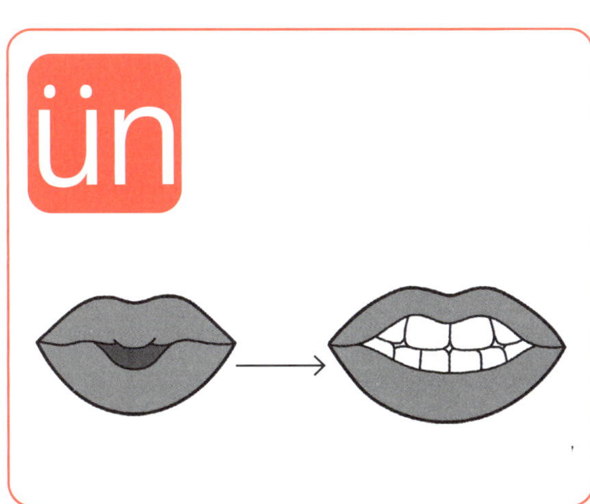

教师知识储备

基本知识 ▶ ün是前鼻音韵母，韵腹是ü，韵尾是n。

▶ ün自成音节时，前边加y，ü上两点去掉，如yún。

发音方法 ▶ 先发［y］，声音清晰响亮；舌尖抬起抵住上齿龈，封闭口腔通路，同时软腭和小舌下垂，打开鼻腔通路，发出清晰的前鼻音［n］。

▶ 口形由圆唇变展唇。

发音关键 ▶ 由［y］到［n］滑动，［y］较长较响亮，［n］较短。

▶ 气流连续，舌位渐变。

▶ 口形由圆唇变展唇。

教学方法

教学用语 ▶ ün是鼻韵母。发音时口形由圆变展。（ün is a nasal final. When pronouncing the sound, the mouth changes from round to unround.）

口形示范 ▶ 示范发音时让学生观察教师的口形，注意由圆变展的过程。可结合口形图提示发音时由[y]到[n]滑动。

对 比 法 ▶ 和in对比，in的起始音是舌面前元音［i］，ün的起始音是舌面前元音［y］。发in时，口形始终保持发 i 的口形，微开，几乎没有变化；发ün时，口形有一个由圆变展的变化过程。教师可示范发音让学生注意观察口形的变化。

常见问题及对策

问题 1：ün和in相混，读“军”时听起来像“金”。

对策 ▶ 参看“教学方法”中对比法的说明，引导学生通过观察口形区分。练习发ün时，可先将唇形拢圆然后再发出ün。

问题 2：ün在和j、q、x相拼时，写成un，可能有学生误读成［un］。

对策 ▶ 提醒学生这里的韵头是ü而不是u，可用手势提醒发音时舌头前伸，舌面前部抬高。

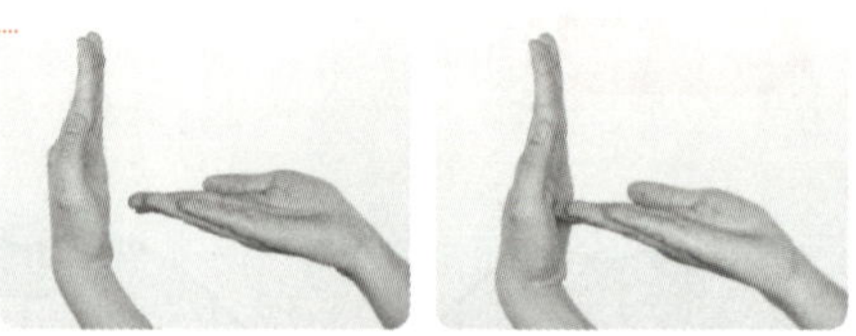

课堂活动

拼音跳格

活动准备 ① 如果教室的地面允许画图，就用粉笔模仿活动页5.21在地面上画出适当大小的格子，并在每个格子中写出相应的拼音。

② 如果教室的地面不允许画图，教师可在纸上写出拼音，然后粘到教室的地面上。

活动步骤 ① 教师带领学生齐声朗读要练习的拼音。

② 教师朗读几个拼音，如lántiān、cānguān、yuánquān、xìnxīn、jīntiān、sēnlín，一个学生按教师朗读的顺序跳到相应的拼音格子里，如果跳错则换下一个学生继续这个游戏。

③ 每个学生都跳完一遍，游戏结束。对那些没有出错的学生，教师可以给予适当奖励。

④ 变换练习：除了本书提供的拼音和格子样式，教师可以自由选定拼音，自由设计格子样式。

pēnquán sēnlín

huányuán

yīntiān jīntiān fēnyún

wénjiàn xìnxīn

yuánquān

shāncūn cānguān

chūnyùn lántiān wēnnuǎn

第22节 ang [aŋ]

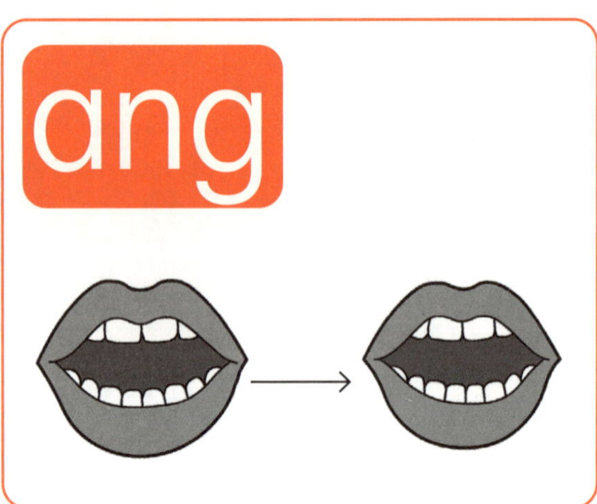

教师知识储备

基本知识 ▶ ang是后鼻音韵母，韵腹是ɑ，韵尾是ng。

发音方法 ▶ 先把舌位放在比单韵母ɑ［ᴀ］稍靠后的位置，发出舌面后低元音［ɑ］，注意舌尖远离下齿背，声音清晰响亮；舌面后部向软腭运动，同时软腭和小舌下垂，直至软腭和舌面后部形成阻碍，气流只能从鼻腔通过，发出［ŋ］。

▶ 口形大开，可保持发［ɑ］时的口形。

发音关键 ▶ 由［ɑ］到［ŋ］滑动，［ɑ］较长较响亮，［ŋ］较短。

▶ 气流连续，舌位渐变。

▶ 口形大开。

教学方法

教学用语 ▶ ang是鼻韵母。发音时口形大开，不易看见牙齿。（ang is a nasal final. When pronouncing the sound, the mouth is wide open and the teeth are almost invisible.）

口形示范 ▶ 示范发音时让学生观察教师的口形，上下齿离得稍远，不易看见牙齿，口形大开，始终保持发［ɑ］的口形，几乎没有变化。可结合口形图提示发音时由［ɑ］到［ŋ］滑动。

带 音 法 ▶ ng的舌位成阻点比g、k稍后，教学中可用ɑ、g引导发音，先发ɑ，再发g，然后发ng，最后带出ang，ɑ–g–ng–ang。

对 比 法 ▶ 和an对比，可参见本章第14节an常见问题1的对策体会口形的不同。另外，an的起始元音是舌面前元音［a］，发音时舌尖可以抵住下齿背；ang的起始元音是舌面后元音［ɑ］，发音时舌尖远离下齿背。教师可夸张示范，让学生注意口形及舌尖位置的不同：an口形微开，舌尖抵住下齿背，可看见牙齿；ang口形大开，舌尖远离下齿背，不易看见牙齿。

常见问题及对策

问题 1: **前后鼻音混淆，读成an。**

对策 ▶ 参见本章第14节an常见问题1的对策。

问题 2: **有些学生受母语影响，会在ang后面再加一个［g］音。**

对策 ▶ 告诉学生去掉后面的［g］音，并提醒学生记住汉语中带g的后鼻音韵母发音时后面都没有［g］音。

课堂活动

全身反应

活动准备 复印活动页5.22，裁剪成卡片，学生每人一张。

活动步骤

① 教师和学生一起学习活动页上表示身体动作的词语，注意发音。

② 学生围成一圈，教师说出任意一个词语，学生做相应的动作。做错的学生要跟读两遍这个词语。教师注意纠正发音。

③ 请每个学生任意做一个动作，其他学生说出表示这个动作的词语。说错的学生跟读两遍这个词语。

活动页5.22　全身反应

zhàn
站
stand

pǎo
跑
run

zǒu
走
walk

tiào
跳
jump

zuò
坐
sit

pā
趴
lie on one's stomach

èn
摁
press

dūn
蹲
squat

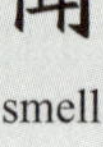

wén
闻
smell

tǎng
躺
lie on the back

fàng
放
place

chàng
唱
sing

第23节 iang [iaŋ]

发音关键

- 由［i］到［ɑ］再到［ŋ］滑动，［ɑ］较长较响亮，［i］［ŋ］较短。
- 气流连续，舌位渐变。
- 口形由合变开。

教师知识储备

基本知识

- iang是后鼻音韵母，韵头是i，韵腹是ɑ，韵尾是ng。
- iang自成音节时，开头的i变成y，如yáng。

发音方法

- 先发［i］，比较轻短；舌头后缩下移，到后低位，注意舌尖远离下齿背，发出舌面后低元音［ɑ］，声音清晰响亮；舌面后部向软腭运动，同时软腭和小舌下垂，直至软腭和舌面后部形成阻碍，气流只能从鼻腔通过，发出［ŋ］。
- 口形由合变开。
- 简化发音法：先发i，再发ang，两者相拼发出iang。

教学方法

教学用语 iang是鼻韵母。i和ang拼读就是iang。（iang is a nasal final. It can be pronounced by spelling i and ang together.）

口形示范 示范发音时让学生观察教师的口形，口形由合变开，上下齿离得稍远，不易看见牙齿。可结合口形图提示发音时由［i］到［ɑ］再到［ŋ］滑动。

常见问题及对策

问题 1: **前后鼻音混淆，读成ian。**
对策 ▶ 参见本章第14节an常见问题1的对策。

问题 2: **有些学生受母语影响，会在iang后面再加一个［g］音。**
对策 ▶ 告诉学生去掉后面的［g］音。

问题 3: **丢失韵头，发成ang，读“亮”时听起来像“浪”。**
对策 ▶ 用拼读法纠正，先发 i，再发ang，然后两者拼读发出iang。

课堂练习

为韵母相同的拼音画上相同的形状。Draw the same shape on the *pinyin* with the same finals.

第24节 uang [uaŋ]

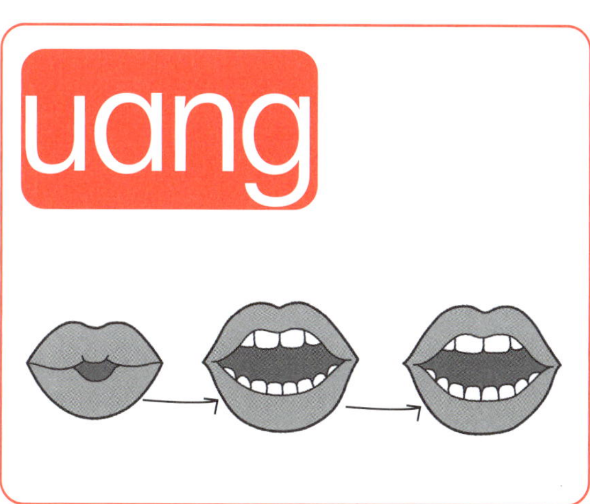

发音关键

- 由［u］到［ɑ］再到［ŋ］滑动，［ɑ］较长较响亮，［u］［ŋ］较短。
- 气流连续，舌位渐变。
- 口形由合、圆唇变开。

教师知识储备

基本知识

- uang是后鼻音韵母，韵头是u，韵腹是ɑ，韵尾是ng。
- uang自成音节时，开头的u变成w，如wáng。

发音方法

- 先发［u］，比较轻短；降低舌位，展开双唇，注意舌尖远离下齿背，发出舌面后低元音［ɑ］，声音清晰响亮；舌面后部向软腭运动，同时软腭和小舌下垂，直至软腭和舌面后部形成阻碍，气流只能从鼻腔通过，发出［ŋ］。
- 口形由合、圆唇变开。
- 简化发音法：先发u，再发ang，两者相拼发出uang。

教学方法

教学用语 ▶ uang是鼻韵母。u和ang拼读就是uang。（uang is a nasal final. It can be pronounced by spelling u and ang together.）

口形示范 ▶ 示范发音时让学生观察教师的口形，口形由合、圆唇变开，上下齿离得稍远，不易看见牙齿。可结合口形图提示发音时由［u］到［ɑ］再到［ŋ］滑动。

对 比 法 ▶ 和iang对比，两者口形都是由合变开，但是起始音不同。发iang时起始口形是展开的，发uang时起始口形是拢圆的。教师可示范发音，让学生注意观察并模仿口形。

常见问题及对策

问题 1: **前后鼻音混淆，读成uan。**
对策 ▶ 参见本章第14节an常见问题1的对策。

问题 2: **有些学生受母语影响，会在uang后面再加一个［g］音。**
对策 ▶ 告诉学生去掉后面的［g］音。

问题 3: **丢失韵头，发成ang，读“装”时听起来像“张”。**
对策 ▶ 用拼读法纠正，突出起始音u的发音。

问题 4: **发错韵头，iang、uang混淆。**
对策 ▶ 先对比练习单元音 i 和u，关键是把握口形，i不圆唇，u圆唇。然后用拼读法分别发出iang和uang，iang起始口形扁展，uang起始口形拢圆。

课堂活动

拼音站队

活动准备　教师自制一套拼音卡片：an、ian、uan、üan、ang、iang、uang。

活动步骤
① 教师先用手中的卡片带领学生复习一下这些韵母。
② 任选7名学生站在教室的前面，每人手举一张卡片，卡片正面对着其他的学生。
③ 教师随机朗读一个拼音，其他学生迅速站到该韵母卡片前，拿着该卡片的学生带领全班同学朗读一遍这个韵母。
④ 请站错队的学生把该拼音写在黑板上，并大声朗读一遍。

参考拼音

bān	tán	sǎn	hàn
tiān	nián	liǎn	jiàn
chuān	huán	ruǎn	suàn
xuān	quán	juǎn	yuàn
bāng	máng	zhǎng	chàng
jiāng	qiáng	xiǎng	liàng
chuāng	huáng	shuǎng	guàng

第25节 eng [əŋ]

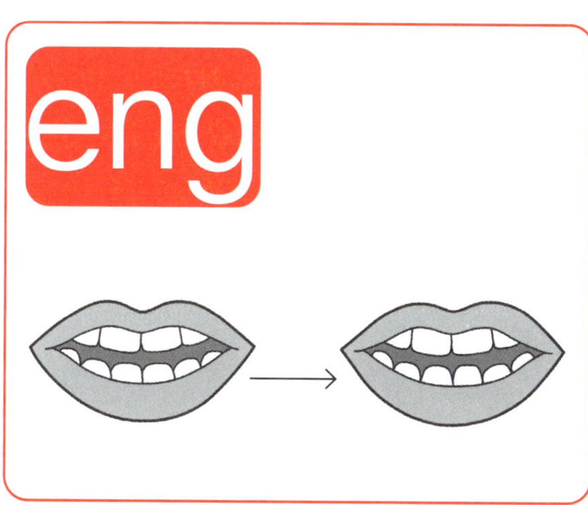

教师知识储备

基本知识 ▶ eng是后鼻音韵母，韵腹是e，韵尾是ng。

发音方法 ▶ 先发舌面央元音[ə]，声音清晰响亮；舌面后部向软腭运动，同时软腭和小舌下垂，直至软腭和舌面后部形成阻碍，气流只能从鼻腔通过，发出[ŋ]。

▶ 口形半开，可保持发[ə]时的口形。

发音关键 ▶ 由[ə]到[ŋ]滑动，[ə]较长较响亮，[ŋ]较短。

▶ 气流连续，舌位渐变。

▶ 口形半开。

教学方法

教学用语 ▶ eng是鼻韵母。发音时口形开得比en大，比ang小。（eng is a nasal final. When pronouncing the sound, the mouth opens more widely than that of en but less widely than that of ang.）

口形示范 ▶ 示范发音时让学生观察教师的口形，上下齿离得稍远，不易看见牙齿，口形半开，始终保持发[ə]的口形，几乎没有变化。可结合口形图提示发音时由[ə]到[ŋ]滑动。

对比法 ▶ 由en到eng再到ang，口形依次变大。en口形微开，可看见牙齿；发eng和ang时不易看见牙齿，eng口形半开，ang口形大开。教师可示范引导学生观察并模仿口形的变化。

常见问题及对策

问题 1：**前后鼻音混淆，读成en。**

对策 ▶ 参见本章第14节an常见问题1的对策。

问题 2：**ang和eng相混，读"坑"时听起来像"康"。**

对策 ▶ 原因是起始口形过大，eng没有ang口形大。教师先示范eng的半开口形和ang的大开口形。学生模仿练习，可对着镜子观察自己的口形。

问题 3：**有些学生受母语影响，会在eng后面再加一个［g］音。**

对策 ▶ 告诉学生去掉后面的［g］音。

课堂练习

听录音，圈出听到的拼音。Listen to the recording and circle the *pinyin* you have heard. 05-26

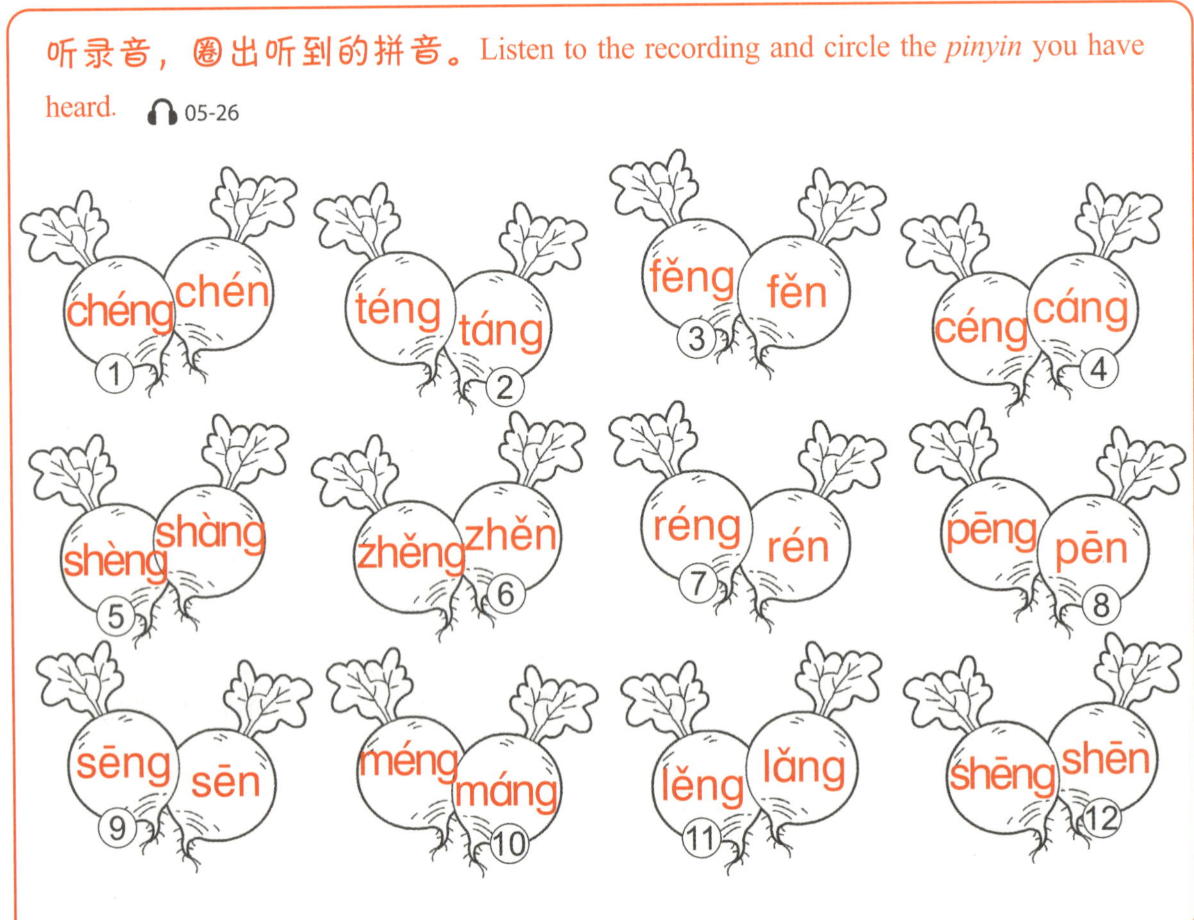

第26节 ueng [uəŋ]

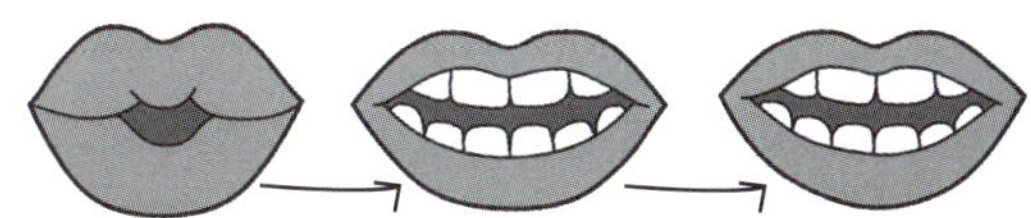

发音关键

- 由［u］到［ə］再到［ŋ］滑动，［ə］较长较响亮，［u］［ŋ］较短。
- 气流连续，舌位渐变。
- 口形由合、圆唇变开。

教师知识储备

基本知识

- ueng是后鼻音韵母，韵头是u，韵腹是e，韵尾是ng。
- ueng在汉语普通话中不和其他声母相拼，只作零声母音节使用，开头的u要改写成w，如wēng。

发音方法

- 先发［u］，比较轻短；降低舌位，展开双唇，发出舌面央元音［ə］，声音清晰响亮；舌面后部向软腭运动，同时软腭和小舌下垂，直至软腭和舌面后部形成阻碍，气流只能从鼻腔通过，发出［ŋ］。
- 口形由合、圆唇变开。
- 简化发音法：先发u，再发eng，两者相拼发出ueng。

教学方法

教学用语

- ueng是鼻韵母。u和eng拼读就是ueng。（ueng is a nasal final. It can be pronounced by spelling u and eng together.）

口形示范

- 示范发音时让学生观察教师的口形，口形由合、圆唇变开，上下齿离得稍远。可结合口形图提示发音时由［u］到［ə］再到［ŋ］滑动。

常见问题及对策

问题 1：**前后鼻音混淆，读成uen。**
对策 ▶ 参见本章第14节an常见问题1的对策。

问题 2：**有些学生受母语影响，会在ueng后面再加一个［g］音。**
对策 ▶ 告诉学生去掉后面的［g］音。

课堂练习

听录音，按听到的顺序填序号。Listen to the recording and fill in the numbers according to what you have heard. 05-27

wěn ①　wēng ○　wěng ○
wēn ○　wèng ○　yúwēng ○
wèn ○　fùwēng ○
wèngchéng ○　wèngcài ○

第27节 ing [iŋ]

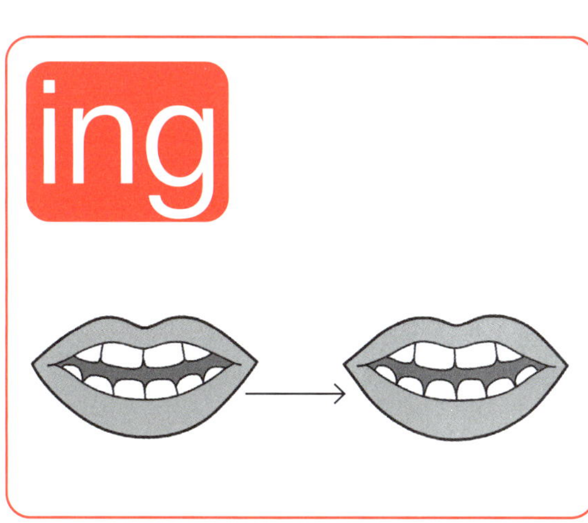

教师知识储备

基本知识
- ing是后鼻音韵母，韵腹是 i，韵尾是ng。
- ing自成音节时，前边加y，如yīng。

发音方法
- 先发［i］，比较轻、短；软腭和小舌下垂，直至软腭和舌面后部形成阻碍，气流只能从鼻腔通过，发出［ŋ］。
- 口形由合到半开。
- 简化发音法：先发 i，再发eng，两者相拼发出ing。

发音关键
- 由［i］到［ŋ］滑动，［i］较长较响亮，［ŋ］较短。
- 气流连续，舌位渐变。
- 口形由合到半开。

教学方法

教学用语
- ing是鼻韵母。i 和eng拼读就是ing。（ing is a nasal final. It can be pronounced by spelling i and eng together.）

口形示范
- 示范发音时让学生观察教师的口形，口形由合到半开。可结合口形图提示发音时由［i］到［ŋ］滑动。

常见问题及对策

问题 1: **前后鼻音混淆，读成in。**

对策 ▶ 参见本章第14节an常见问题1的对策。

问题 2: **有些学生受母语影响，会在ing后面再加一个［g］音。**

对策 ▶ 告诉学生去掉后面的［g］音。

问题 3: **ing和eng混淆，读“病”听起来像“蹦”。**

对策 ▶ 通过拼读法纠正练习，先发eng，再把 i 和eng拼读发出ing。发ing时，舌头要从eng的位置前伸，舌尖下垂，教师可夸张演示舌尖下垂、舌头前伸的动作，然后让学生模仿练习。

课堂活动

动物世界

活动准备

① 复印活动页5.27，每个学生一张。

② 教师扩印活动页5.27，把动物图片剪下来，贴到硬卡纸上。

活动步骤

① 教师引导学生为每种动物写出正确的拼音，并朗读，直到学生比较熟练。

② 教师随机举起自己手中的动物卡片，让学生说出汉语名称，教师纠正发音。

③ 活动扩展1：让学生模仿一些动物的声音，其他学生猜动物名称。

④ 活动扩展2：让学生模仿一些动物的动作，其他学生猜动物名称。

⑤ 活动扩展3：教师准备大海、蓝天和陆地3张图片，让学生分别说出在这些地方生活的动物的名称。

活动页5.27 动物世界

yā 鸭	māo 猫	yú 鱼	xiā 虾	é 鹅	yīng 鹰
hǔ 虎	yáng 羊	hóu 猴	niú 牛	dàxiàng 大象	zhū 猪
gǒu 狗	láng 狼	chán 蝉	cán 蚕	zhīzhū 蜘蛛	niǎo 鸟

māo

第28节 ong [uŋ]

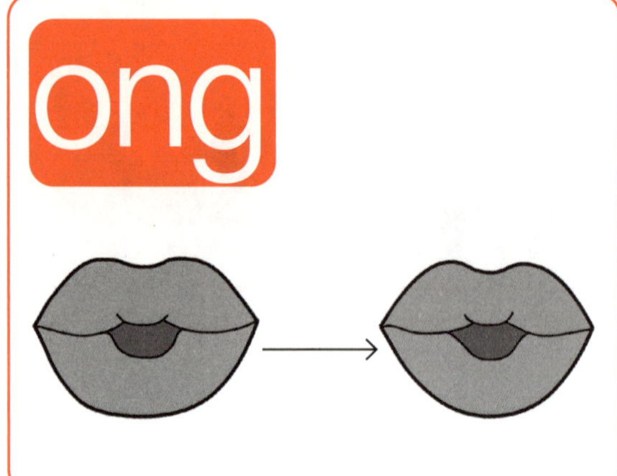

教师知识储备

基本知识
- ong是后鼻音韵母，韵腹是u，韵尾是ng。韵腹o实际上代表的是u的发音。
- ong在汉语普通话中没有零声母音节形式。

发音方法
- 先发［u］，比较轻短；舌根向上运动，同时软腭和小舌下垂，直至软腭和舌根形成阻碍，气流只能从鼻腔通过，发出［ŋ］。
- 口形圆唇半开，可保持发［u］时的口形。

发音关键
- 由［u］到［ŋ］滑动，［u］较长较响亮，［ŋ］较短。
- 气流连续，舌位渐变。
- 口形圆唇半开。

教学方法

教学用语 ▶ ong是鼻韵母。发音时口形半开，圆唇。（ong is a nasal final. When pronouncing the sound, the mouth is half open with round lips.）

口形示范 ▶ 示范发音时让学生观察教师的口形，上下齿离得稍远，不易看见牙齿，口形半开，始终保持发［u］的口形，几乎没有变化。可结合口形图提示发音时由［u］到［ŋ］滑动。

常见问题及对策

问题 1：有些学生受母语影响，会在ong后面再加一个［g］音。

对策 ▶ 告诉学生去掉后面的［g］音。

问题 2: eng和ong混淆，读“懂”听起来像“等”。

对策 ▶ 通过口形对比分辨，eng口形稍扁，ong口形是圆的。教师先示范让学生观察口形，多做eng和ong的听辨练习。学生模仿练习，可用镜子观察自己的口形。

问题 3: ing和ong混淆，读“龙”听起来像“灵”。

对策 ▶ 关键是区分口形，两者韵腹不同，发ing时口形由合到半开有变化，发ong时唇形始终是圆的，保持发［u］的口形，没有明显变化。教师先示范让学生观察口形，多做ing和ong的听辨练习。学生模仿练习，可用镜子观察自己的口形。

问题 4: 有的学生ong和ueng区分不清。

对策 ▶ 可通过观察口形对比进行区分，发ueng时口形由合、圆唇到开，有变化过程；发ong时口形始终是圆唇，几乎没有变化。由于两者稍有混淆并不影响有效交际，所以该偏误也可以忽略不纠。

课堂练习

听录音，补全拼音。Listen to the recording and complete the *pinyin*. 05-28

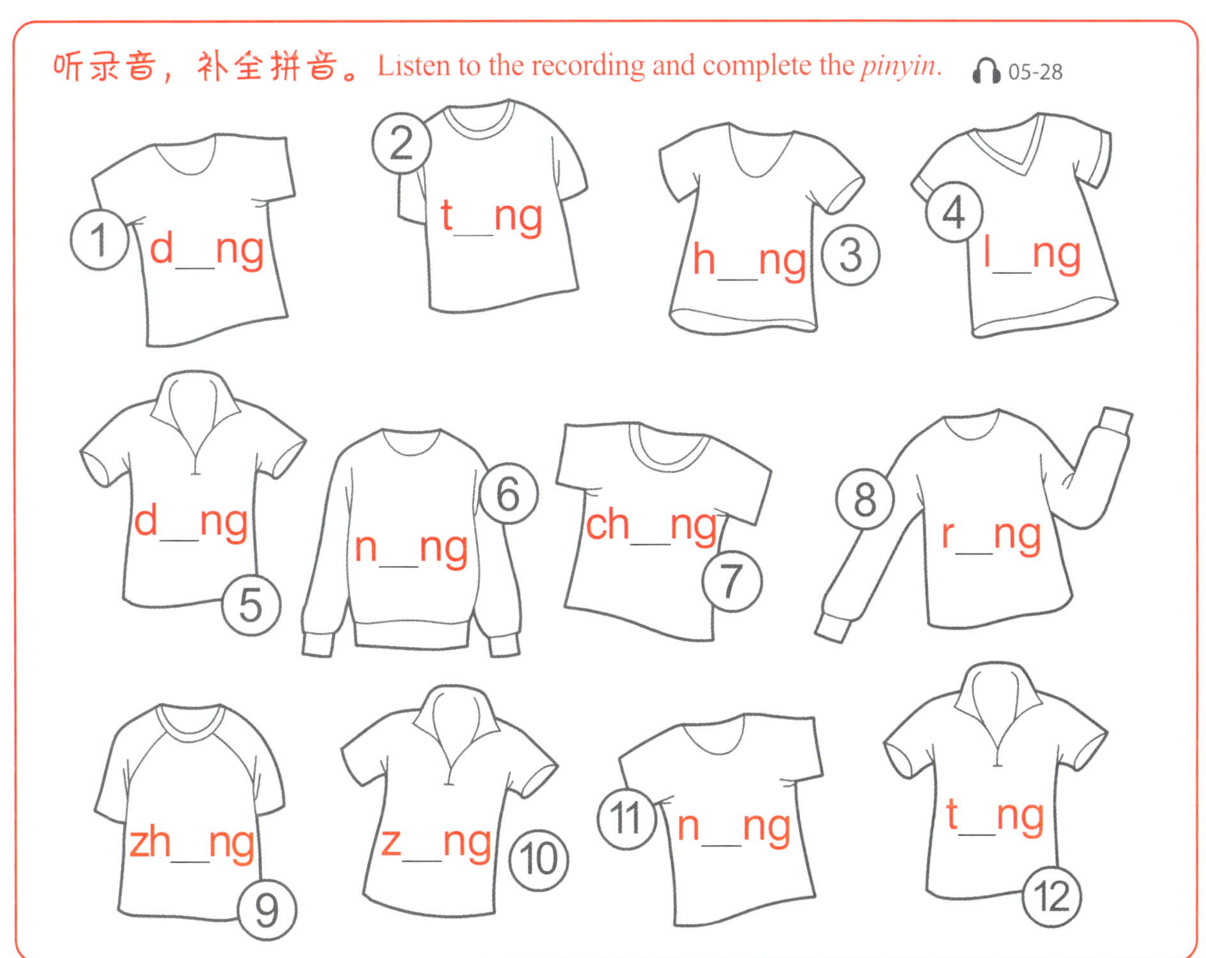

第29节 iong [iuŋ]

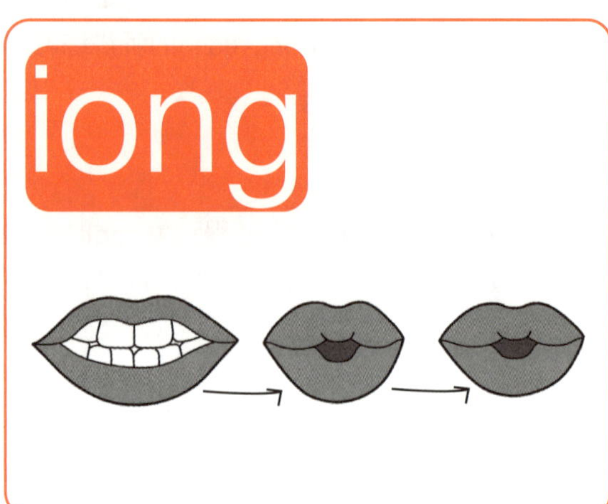

发音关键

- 由［i］到［u］再到［ŋ］滑动，［u］较长较响亮，［i］［ŋ］较短。
- 气流连续，舌位渐变。
- 口形由合到开、圆唇。

教师知识储备

基本知识

- iong是后鼻音韵母，韵头是 i，韵腹是u，韵尾是ng。韵腹o实际上代表的是u的发音。
- iong自成音节时，开头的i变成y，如yòng。

发音方法

- 先发［i］，比较轻短；舌头后缩，舌面向u的位置靠近，发出［u］；舌根向上运动，同时软腭和小舌下垂，直至软腭和舌根形成阻碍，气流只能从鼻腔通过，发出［ŋ］。由于受后接圆唇元音的影响，开头的［i］的实际发音接近ü［y］，因此，iong的发音也可以标作［yŋ］。
- 口形由合到开、圆唇。
- 简化发音法：先发 i，再发ong，两者相拼发出iong。

教学方法

教学用语

- iong是鼻韵母。i和ong拼读就是iong。（iong is a nasal final. It can be pronounced by spelling i and ong together.）

口形示范

- 示范发音时让学生观察教师的口形，口形由合到开、圆唇。

常见问题及对策

问题 1：有些学生受母语影响，会在iong后面再加一个［g］音。

对策 ▶ 告诉学生去掉后面的［g］音。

问题 2：ing和iong混淆，读“穷”听起来像“晴”。

对策 ▶ 通过拼读法纠正练习，发先ong，再把 i 和ong拼读发出iong。

课堂活动

复韵母我最棒

活动准备 ① 复印活动页5.29，裁剪成卡片，制成29个复韵母卡片。

② 准备1个敞口盒子。

活动步骤 ① 教师利用卡片，带领学生复习29个复韵母，然后把卡片放入盒子里。

② 全班学生依次抽卡片读韵母，读对继续抽卡片，直到有人读错或卡片全部抽完为止。读对1个计1分，如一个学生共读对10张卡片，得10分。

③ 所有学生抽完卡片后，得分最高的学生获得奖励。

④ 先后顺序：教师可先鼓励学生自愿参与比赛。如果没有自愿的学生，教师可让大家推选或任意抽取一个学生参加。上一个学生结束时可以由其指定下一个参与比赛的学生。

⑤ 变换形式：为了降低难度，可以给每个学生三次求助的机会，比如遇到不太确定或不会的，可以求助教师或信任的同学。三次求助机会用完再错时该学生结束比赛。

活动页5.29　复韵母我最棒

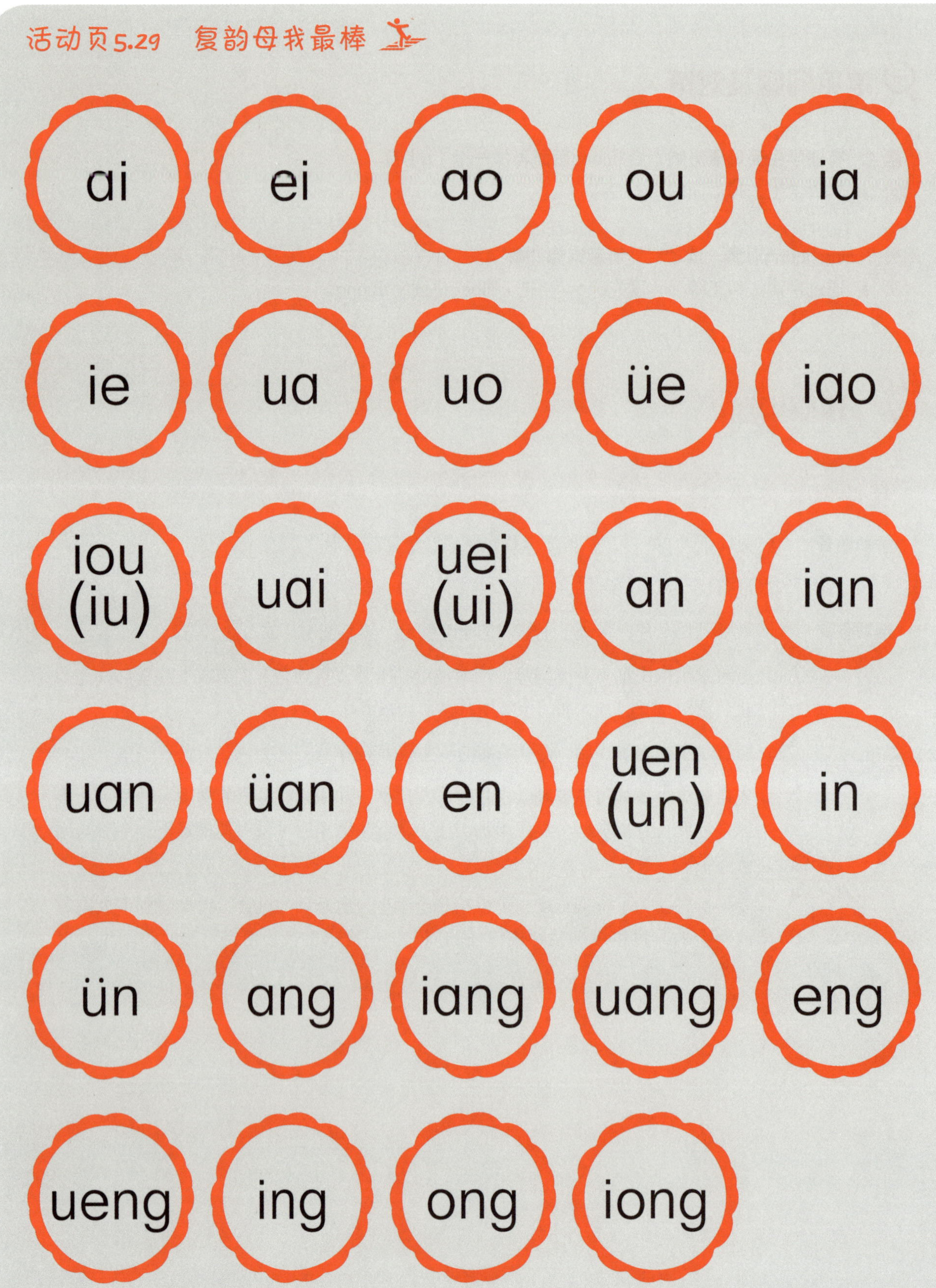

综合听读材料 复韵母 an—iong

1. 韵母辨读。Read the finals comparatively.

an–en	an–ang	en–eng	in–ing	ong–iong	ang–eng
an–ian	an–uan	ian–üan	en–uen	en–üen	uen–üen
in–en	ing–eng	en–eng	eng–ueng	uen–ueng	uan–uang
ang–iang	ang–uang	iang–uang	ian–iang	ing–ong	an–üan

an	ian	uan	üan	en	uen	in	ün
ang	iang	uang	eng	ueng	ing	ong	iong

2. 朗读双音节词语。Read aloud the words with double syllables.

gōngchǎng	工厂	gōngrén	工人	gōngjīn	公斤	gōngyuán	公园
huānyíng	欢迎	jiànmiàn	见面	jiànkāng	健康	jīnnián	今年
jīntiān	今天	jìnxíng	进行	jīngshén	精神	jīngcháng	经常
jīngyàn	经验	kànbìng	看病	kànjiàn	看见	kùnnan	困难
míngnián	明年	míngtiān	明天	nánbian	南边	niánqīng	年轻
nóngcūn	农村	nóngmín	农民	pángbiān	旁边	qiánbian	前边
qīngnián	青年	qíngkuàng	情况	rénmín	人民	rènzhēn	认真
shāngdiàn	商店	shàngbān	上班	shēngyīn	声音	shēngchǎn	生产
tīngjiàn	听见	wánchéng	完成	wánquán	完全	wénzhāng	文章
xiāngxìn	相信	xiāngjiāo	香蕉	xīnnián	新年	xīnwén	新闻
xìnfēng	信封	yínháng	银行	ānjìng	安静	bàntiān	半天
biànchéng	变成	cānguān	参观	chángcháng	常常	chūntiān	春天

cóngqián	从前	dāngrán	当然	diàndēng	电灯	diànyǐng	电影
dōngtiān	冬天	duànliàn	锻炼	fàndiàn	饭店	fāngbiàn	方便
fāngmiàn	方面	fāngxiàng	方向	fángjiān	房间	fenzhōng	分钟
gānjìng	干净	Yīngwén	英文	yuánliàng	原谅	yùndòng	运动
zhēnzhèng	真正	zhōngjiān	中间	Zhōngwén	中文	cànlàn	灿烂
lángān	栏杆	zàntàn	赞叹	gānhàn	干旱	biànliǎn	变脸
xiānyàn	鲜艳	lántiān	蓝天	zhuànqián	赚钱	qiānwàn	千万
zuānyán	钻研	tuányuán	团圆	juānkuǎn	捐款	gēnběn	根本
xuānchuán	宣传	shēnlán	深蓝	shēnshān	深山	wēnshùn	温顺
wēnnuǎn	温暖	hùnluàn	混乱	shāncūn	山村	xīnqín	辛勤
qīnjìn	亲近	xìnxīn	信心	qīnrén	亲人	xìnrèn	信任
jūnyún	均匀	jūnrén	军人	xúnhuán	循环	chūnyùn	春运
zhēnchéng	真诚	chéngrèn	承认	bāngmáng	帮忙	gānggāng	刚刚
nánfāng	南方	bàngwǎn	傍晚	mìnglìng	命令	shànliáng	善良
píngjìng	平静	zhuàngkuàng	状况	zhāngwàng	张望	kuānguǎng	宽广
yángguāng	阳光	huāngzhāng	慌张	qiángzhuàng	强壮	pànwàng	盼望
shàngwǎng	上网	gēngzhèng	更正	mèngxiǎng	梦想	chángzhēng	长征
shēngmìng	生命	xīnqíng	心情	shēngbìng	生病	céngjīng	曾经
yíngyǎng	营养	yīngdāng	应当	fùwēng	富翁	yúwēng	渔翁
gōnggòng	公共	gòngtóng	共同	cóngróng	从容	chénggōng	成功
téngtòng	疼痛	zèngsòng	赠送	cōngmíng	聪明	yīngxióng	英雄
pínqióng	贫穷	Chángchéng	长城	Xiānggǎng	香港	Chángjiāng	长江

3. 双音节词语辨读。Read the words with double syllables comparatively.

qīnxìn	亲信	nánfāng	南方	kōngjiān	空间	Xiāngjiāng	湘江
qìngxìng	庆幸	nányáng	南洋	kōngjiàng	空降	xiāngjiàn	相见
tángláng	螳螂	lánshān	阑珊	zhèngcháng	正常	chénmèn	沉闷
tānlán	贪婪	lànshāng	滥觞	zhēncáng	珍藏	chéngmén	城门
rénshēn	人参	xīnqín	辛勤	dānxīn	担心	qīnmín	亲民
rénshēng	人生	xīnqíng	心情	dāngxīn	当心	qīngmíng	清明
zàofǎn	造反	rénmín	人民	zhēnchéng	真诚	cóngqián	从前
zàofǎng	造访	rénmíng	人名	zhēngchéng	征程	cúnqián	存钱
pínmín	贫民	shāngwáng	伤亡	xiāngrèn	相认	píngfán	平凡
píngmín	平民	shānwán	删完	xiāngràng	相让	píngfáng	平房
shēnmíng	申明	chūshēn	出身	qīnjìn	亲近	qiánlì	潜力
shēngmíng	声明	chūshēng	出生	qīngjìng	清静	quánlì	权力
jīnxīng	金星	dànián	大年				
jīngxīn	精心	dàniáng	大娘				

4. 朗读多音节词语。Read aloud the words with multiple syllables.

tuántuánzhuàn	团团转	kànhuāyǎn	看花眼	pīngpāngqiú	乒乓球
shuànyángròu	涮羊肉	Kūnlúnshān	昆仑山	xiānrénzhǎng	仙人掌
mēngmēngliàng	蒙蒙亮	liàngjīngjīng	亮晶晶	fàngbiānpào	放鞭炮
fāngbiànmiàn	方便面	kuàicāndiàn	快餐店	YuánmíngYuán	圆明园
liàngtángtáng	亮堂堂	huángjīnzhōu	黄金周	báimángmáng	白茫茫
shēnfènzhèng	身份证	pēngpēngtiào	怦怦跳	hóngtōngtōng	红彤彤
chéngniánrén	成年人	zuāntiānyáng	钻天杨	xìngchōngchōng	兴冲冲
mòbānchē	末班车	rèxīncháng	热心肠	yùndòngfú	运动服
hónglǜdēng	红绿灯	rìyòngpǐn	日用品	zìzhùcān	自助餐

bówùguǎn 博物馆	xiàbànchǎng 下半场	pòtiānhuāng 破天荒
bìfēnggǎng 避风港	shìjīnshí 试金石	bàngōngshì 办公室
bōchūshíjiān 播出时间	rèxiàndiànhuà 热线电话	yīshízhùxíng 衣食住行
pēngránxīndòng 怦然心动	tóuyūnmùxuàn 头晕目眩	fēnfēnyángyáng 纷纷扬扬
jīnjīnlèdào 津津乐道	qínqínkěnkěn 勤勤恳恳	xīnxīnxiàngróng 欣欣向荣
qìnrénxīnpí 沁人心脾	QínJìnzhīhǎo 秦晋之好	nángzhōngxiūsè 囊中羞涩
quányízhījì 权宜之计	juānjuānxìliú 涓涓细流	chóngshānjùnlǐng 崇山峻岭
mànshānbiànyě 漫山遍野	mántiānguòhǎi 瞒天过海	xuānbīnduózhǔ 喧宾夺主
fānshānyuèlǐng 翻山越岭	jīnghuāngshīcuò 惊慌失措	lángdāngrùyù 锒铛入狱
déyìyángyáng 得意洋洋	ànránshénshāng 黯然神伤	zhāngdēngjiécǎi 张灯结彩
kuānchǎngmíngliàng 宽敞明亮	wàngchuānqiūshuǐ 望穿秋水	chīxīnwàngxiǎng 痴心妄想
xīngluóqíbù 星罗棋布	língdānmiàoyào 灵丹妙药	cíjiùyíngxīn 辞旧迎新
xióngxióngdàhuǒ 熊熊大火	lìngxíngjìnzhǐ 令行禁止	guāngyàoménméi 光耀门楣

5. 朗读俗语。Read aloud the idiomatic expressions.

1. Rén wú wán rén, jīn wú zú chì. 人无完人，金无足赤。
2. Bàn jīn duì bā liǎng. 半斤对八两。
3. Shēn zài Cáo yíng xīn zài Hàn. 身在曹营心在汉。
4. Rén xīn qí, Tàishān yí. 人心齐，泰山移。
5. Qiánrén zāishù, hòurén chéngliáng. 前人栽树，后人乘凉。
6. Shībài shì chénggōng zhī mǔ. 失败是成功之母。
7. Míngshī chū gāotú. 名师出高徒。
8. Jiānchí jiù shì shènglì. 坚持就是胜利。
9. Shēngmìng zàiyú yùndòng. 生命在于运动。
10. Sānshí nián hé dōng, sānshí nián hé xī. 三十年河东，三十年河西。
11. Shàngshān róngyì xiàshān nán. 上山容易下山难。
12. Tiān wú jué rén zhī lù. 天无绝人之路。
13. Qián pà láng, hòu pà hǔ. 前怕狼，后怕虎。
14. Tīng fēng jiù shì yǔ. 听风就是雨。
15. Rén pà chūmíng zhū pà zhuàng. 人怕出名猪怕壮。

6. 朗读顺口溜。Read aloud the jingles.

Niú Lán, Liú Nán zài pāi qiú, 牛兰、刘南在拍球，
Niú Lán pāi dào liù, Liú Nán pāi dào jiǔ, 牛兰拍到六，刘南拍到九，
Niú Lán hé Liú Nán gòng pāi duōshao qiú? 牛兰和刘南共拍多少球？

Yányan Yuányuan kàn dàyàn, wèishá dàyàn fēi xiàng nán.
岩岩、圆圆看大雁，为啥大雁飞向南。
Yuányuan shuō, yàn ài nánfāng nuǎn. 圆圆说，雁爱南方暖。
Yányan shuō, yàn pà zhèbian hán. 岩岩说，雁怕这边寒。
Yànqún xiàng nán qiān, Yuányuan, Yányan yuàn dàyàn kuài huíhuán.
雁群向南迁，圆圆、岩岩愿大雁快回还。

7. **朗读古诗。**Read aloud the poems.

Yǒng É (Táng) Luò Bīnwáng É, é, é, qū xiàng xiàng tiān gē. Bái máo fú lǜ shuǐ, hóng zhǎng bō qīng bō.	咏鹅 （唐）骆宾王 鹅、鹅、鹅，曲项向天歌。 白毛浮绿水，红掌拨清波。
Chūn Xiǎo (Táng) Mèng Hàorán Chūn mián bù jué xiǎo, chù chù wén tí niǎo. Yè lái fēng yǔ shēng, huā luò zhī duōshǎo.	春晓 （唐）孟浩然 春眠不觉晓，处处闻啼鸟。 夜来风雨声，花落知多少。
Mǐn Nóng (Táng) Lǐ Shēn Chú hé rì dāng wǔ, hàn dī hé xià tǔ. Shéi zhī pán zhōng cān, lì lì jiē xīnkǔ.	悯农 （唐）李绅 锄禾日当午，汗滴禾下土。 谁知盘中餐，粒粒皆辛苦。

测试（一）复韵母 an—iong（1）

1. 听录音，圈出你听到的韵母。Listen to the recording and circle the finals you have heard. 05-29

① an en	② uan uang	③ ing eng	④ ian üan	⑤ ang uang
⑥ in en	⑦ ong iong	⑧ uen ün	⑨ uen ueng	⑩ iang uang

2. 听录音，判断听到的和看到的韵母是否一致。Listen to the recording and decide if the finals you have heard and seen are the same. 05-30

① an	② uen	③ ang	④ ong	⑤ in
⑥ ian	⑦ en	⑧ uan	⑨ iong	⑩ an

3. 听录音，判断每组中听到的两个韵母是否一致。Listen to the recording and decide if the two finals you have heard from each group are the same. 05-31

① ____	② ____	③ ____	④ ____	⑤ ____
⑥ ____	⑦ ____	⑧ ____	⑨ ____	⑩ ____

4. 听录音，根据你听到的顺序排序。Listen to the recording and put them in order according to what you have heard. 05-32

(　) eng	(　) iang	(　) üan	(　) uen	(　) iong	(　) en
(　) ing	(　) ün	(　) in	(　) ong	(　) ian	(　) uan

5. 听录音，写出听到的韵母。Listen to the recording and write down the finals you have heard. 05-33

① ____	② ____	③ ____	④ ____	⑤ ____	⑥ ____
⑦ ____	⑧ ____	⑨ ____	⑩ ____	⑪ ____	⑫ ____

测试（二）　复韵母 an—iong（2）

1. 听录音，圈出你听到的拼音。Listen to the recording and circle the *pinyin* you have heard. 05-34

① mián mán	② luǎn lǎn	③ duàn diàn	④ xuán xián	⑤ yuān wān
⑥ nèn nèi	⑦ chén chán	⑧ hùn hèn	⑨ mín mén	⑩ jūn jīn

2. 听录音，判断听到的和看到的拼音是否一致。Listen to the recording and decide if the *pinyin* you have heard and seen are the same. 05-35

① jīn	② zhuǎn	③ chún	④ rěn	⑤ mèi
⑥ juǎn	⑦ diān	⑧ rǎn	⑨ wǎn	⑩ dàn

3. 听录音，判断每组中听到的两个拼音是否一致。Listen to the recording and decide if the two *pinyin* you have heard from each group are the same. 05-36

① ____	② ____	③ ____	④ ____	⑤ ____
⑥ ____	⑦ ____	⑧ ____	⑨ ____	⑩ ____

4. 听录音，根据你听到的顺序排序。Listen to the recording and put them in order according to what you have heard. 05-37

（　）guǎn	（　）shān	（　）liàn	（　）sūn	（　）xuán
（　）juǎn	（　）fán	（　）jūn	（　）běn	（　）pīn

5. 听录音，填韵母。Listen to the recording and fill in the finals. 05-38

① c______g______	② r______m______	③ d______l______
④ f______d______	⑤ sh______sh______	⑥ x______r______
⑦ j______k______	⑧ x______ch______	⑨ h______l______

测试（三） 复韵母 an—iong（3）

1. 听录音，圈出你听到的拼音。Listen to the recording and circle the *pinyin* you have heard. 05-39

① fāng fān	② qiǎng qiǎn	③ liàng làng	④ chuáng chuán	⑤ zhuāng zhāng
⑥ wǎng yǎng	⑦ mèng mèn	⑧ děng dǎng	⑨ xīng xīn	⑩ xióng xíng

2. 听录音，判断听到的和看到的拼音是否一致。Listen to the recording and decide if the *pinyin* you have heard and seen are the same. 05-40

① liàng	② háng	③ shuāng	④ péng	⑤ jīng
⑥ nóng	⑦ xiōng	⑧ míng	⑨ zhǎng	⑩ chuǎng

3. 听录音，判断每组中听到的两个拼音是否一致。Listen to the recording and decide if the two *pinyin* you have heard from each group are the same. 05-41

① ____	② ____	③ ____	④ ____	⑤ ____
⑥ ____	⑦ ____	⑧ ____	⑨ ____	⑩ ____

4. 听录音，根据你听到的顺序排序。Listen to the recording and put them in order according to what you have heard. 05-42

( ) mìng	( ) huàn	( ) lán	( ) tóng	( ) liáng
( ) guāng	( ) jiǒng	( ) duǎn	( ) cháng	( ) kēng

5. 听录音，填韵母。Listen to the recording and fill in the finals. 05-43

① k______g______	② q______zh______	③ h______zh______
④ n______f______	⑤ ch______zh______	⑥ sh______m______
⑦ c______m______	⑧ d______l______	⑨ p______q______

测试（四） 复韵母 an—iong（4）

1. 听录音，圈出你听到的拼音。Listen to the recording and circle the *pinyin* you have heard. 05-44

❶ zhèngcháng zhēncáng	❷ qīnrén qíngrén	❸ chénmèn chéngmén	❹ dānxīn dāngxīn	❺ zàofǎn zàofǎng
❻ shāngwáng shānwán	❼ jīnxīng jīngxīn	❽ píngfán píngfáng	❾ cóngqián cúnqián	❿ chūshēn chūshēng

2. 听录音，填韵母。Listen to the recording and fill in the finals. 05-45

❶ r______m______	❷ k______j______	❸ ch______g______
❹ q______j______	❺ m______x______	❻ ch______r______
❼ b______l______	❽ sh______sh______	❾ k______g______

3. 看图，写出相应的拼音并朗读出来。Look at the pictures, write down the corresponding *pinyin* and read it aloud.

mén	wénjiàn	gōngrén	táng	shān	qiáng
chuáng	sǎn	chuán	qián	pēnquán	sēnlín

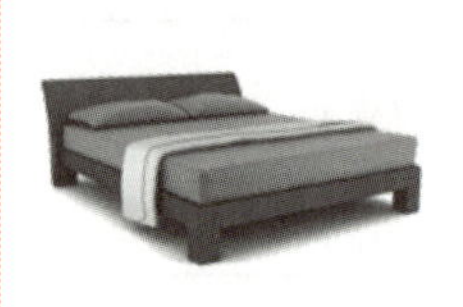

第六章
音节

学习目标→**普通话声韵拼合规律和拼音书写规则**
建议课时→ 1~4 课时
适应层次→入门 / 初级

概说

音节的概念

音节是语音的基本结构单位，是人们能够在听觉上自然感到的最小的语音单位，如“我是中国人（Wǒ shì Zhōngguórén）”这个句子有五个音节。

普通话的音节结构

普通话的音节一般由三个部分组成：声母、韵母和声调。有些比较复杂的音节的韵母包含韵头（也叫介音）、韵腹和韵尾三部分。

其中，声调和韵腹是普通话音节的必备要素，即一个音节可以没有声母、韵头和韵尾，但必须有声调和韵腹。

零声母音节

没有辅音声母的音节叫作零声母音节。以a、o、e、y、w开头的音节，都是零声母音节。y、w并不是声母，只是起隔音作用。

普通话音节和汉字

一般来说，一个汉字的读音就是一个音节。儿化词比较特殊，两个汉字读一个音节，如“花儿”读 huār。关于儿化，请参考第八章。

普通话音节和声调

普通话与没有声调的语言的一个重要区别就是每个音节都有音高特征，即声调。所以每读一个音节都要声调定位准确，吐字清晰。很多外国学生会按照母语的读音习惯在每个词后面加上一个语调，却忽略了每个音节的声调，如“Hànyǔ”读成“hanyu↘”，这是造成“洋腔洋调”的主要原因之一。

本章内容安排

本章主要介绍和普通话音节拼合及音节书写规则有关的一些内容：包括韵母四呼、声韵拼合规律、音节拼读方法、韵母省写规则、标调规则和隔音规则等。

如果教学时间有限，教师可以只把声韵拼合规律、韵母省写规则、标调规则和隔音规则相关内容介绍一下，让学生有所了解，遇到相关现象时能理解、会认读即可。活动和练习可以不做，因为实际交际中让学生去书写拼音的情况毕竟是少数。音节拼读方法也可以简单给学生介绍一下，便于学生自己学习或查字典时会用拼音读出汉字或词语。

在给句子或文章注音时，也有专门的要求和规则，这不是学生需要学习的内容，但对教师却非常重要。有需要的教师可以参考《汉语拼音正词法基本规则》（GBIT16159—2012）。

第1节　韵母四呼

教师知识储备

基本知识

▶ 四呼分类。

四呼是根据韵母开头元音的发音口形分的类，四呼分别是：

（1）开口呼：指的是 i、u、ü以外的单韵母和不以 i、u、ü开头的复韵母。

（2）齐齿呼：指的是单韵母 i 和以 i 开头的复韵母。

（3）合口呼：指的是单韵母u和以u开头的复韵母。

（4）撮口呼：指的是单韵母ü和以ü开头的复韵母。

▶ 两个特殊的韵母。

（1）ong：实际的起始发音是［u］，所以被归为合口呼。

（2）iong：实际的起始发音是［y］，所以被归为撮口呼。

教学关键

▶ 建立起四呼意识，为了解声韵拼合规律做准备。

教学建议

▶ 图表展示（见表6.1），按四呼类别熟练朗读，给学生建立起四呼分类意识。

▶ 介绍四呼概念是为了后边讲解声韵拼合规律，学生如有能力记住四呼的每种韵母更好，如不能也不用强行加重学生负担，有所了解即可。

▶ 为了节省学时，本节也可以忽略不讲。

表6.1 普通话韵母四呼排列表

	开口呼	齐齿呼	合口呼	撮口呼
单元音韵母	-i [ ] [ ]	i	u	ü
	a	ia	ua	
	o		uo	
	e			
	ê	ie		üe
	er			
复元音韵母	ai		uai	
	ei		uei	
	ao	iao		
	ou	iou		
鼻韵母	an	ian	uan	üan
	en	in	uen	ün
	ang	iang	uang	
	eng	ing	ueng	
			ong	iong

第2节　声韵拼合规律

教师知识储备

基本知识

▶ 概说。

汉语普通话一共有10个单韵母、13个复元音韵母、16个鼻韵母和21个声母，并不是所有的声母都能和每一个韵母相拼，换句话说，哪些声母能和哪些韵母相拼是有一定规律的。了解声韵拼合规律，可以更好地学习汉语，避免读出汉语中不存在的音。

▶ 声母角度的拼合规律（见表6.2）。

（1）双唇音b、p、m和舌尖中音d、t可以跟开口呼、齐齿呼、合口呼拼合，不能跟撮口呼拼合。双唇音b、p、m拼合口呼只限于韵母u。

（2）唇齿音f，舌根音g、k、h，舌尖前音z、s、c和舌尖后音zh、ch、sh、r可以跟开口呼、合口呼拼合，不能跟齐齿呼、撮口呼拼合。唇齿音f拼合口呼只限于韵母u。

（3）舌面前音j、q、x同上边四组声母相反，可以跟齐齿呼、撮口呼拼合，不能跟开口呼、合口呼拼合。

（4）舌尖中音n、l跟四呼都可以拼合。

（5）零声母音节在四呼中都有。

表6.2　普通话声韵配合简表

四呼	b p m	f	d t	n l ø	g k h	zh ch sh r	z c s	j q x
开口呼	+	+	+	+	+	+	+	
齐齿呼	+		+	+				+
合口呼	u	u	+	+	+	+	+	
撮口呼				+				+

说明：+表示可以拼合，空白表示不能拼合，ø表示零声母音节。

▶ 一些特殊韵母的拼合规律。

（1）韵母o只能和双唇音b、p、m和唇齿音f拼合，而韵母uo却不能和它们相拼。

韵母	唇音声母 b p m f	非唇音声母
o	+	
uo		+

（2）韵母ong没有零声母音节，韵母ueng只有零声母音节。

（3）韵母er不与任何声母相拼，只有零声母音节。

韵母	辅音声母	零声母
ong	+	
ueng		+
er		+

（4）舌尖前韵母-i［ɿ］只与舌尖前声母z、c、s拼合，舌尖后韵母-i［ʅ］只与舌尖后声母zh、ch、sh、r拼合，并且都没有零声母音节。

韵母	舌尖前声母 z c s	舌尖后声母 zh ch sh r
-i［ɿ］	+	
-i［ʅ］		+

▶ 特别说明。

以上这些只是粗略的规则，四呼类别中的每个韵母具体能拼合的声母情况还会有所不同。另外，普通话有四个声调，但并不是所有的音节都一定包含四个声调。要了解普通话声韵母和声调配合的详细情况，请参看表6.3《普通话音节声韵调配合总表》。

教学关键 ▶ 引导学生认识声母和韵母的拼合是有一定规律的，注意不要把不能拼合的声韵母放在一起，说出汉语中不存在的音节。

教学建议

▶ 图表展示，让学生对声韵拼合规律有所认识，关键是建立起声母和韵母的拼合是有规律的观念，避免发出汉语中并不存在的音节。

▶《普通话韵母四呼排列表》和《普通话声韵配合简表》没有必要要求学生记忆。《普通话音节声韵调配合总表》可以作为手边工具供查阅使用。

▶ 为了节省学时，本节所讲的各类声母与四呼的拼合规律可以不讲，只展示《普通话音节声韵调配合总表》并简单说明一下即可，相关活动和练习可以不做。提醒学生每学习一个新词语都要正确掌握它的拼音和发音，避免说出汉语中不存在的音节。

表6.3　普通话音节声韵调配合总表

	ø	b	p	m	f	d	t	n	l	g	k	h	j	q	x	zh	ch	sh	r	z	c	s
-i（前）																				134	1234	134
-i（后）																1234	1234	1234 0	4			
a	1234 0	1234 0	124	1234 0	1234 0	1234 0	134	1234 0	1234 0	1234	13	1234				1234 0	1234	1234		123	13	134
o	1234	1234 0	1234 0	1234	2				0													
e	1234 0			0		124 0	4 0	24 0	14 0	1234	1234	124				1234 0	134	1234	34	24	4	4
er	234																					
ai	1234	1234 0	1234	234		134	1234	34	24 0	134	134	1234				1234	1234	134		134	1234	14
ei		134 0	124	234	1234	13	1	34	1234 0	3	1	1				4		2		2	4	
ao	1234	1234	1234	1234		1234	1234	1234	1234	134	134	1234				1234	1234	1234	234	1234	1234	134
ou	1234		123	123	3	134	1234	4	1234 0	134	134	1234				1234	1234	1234	24	134	4	134
an	134	134	124	1234	1234	134	1234	1234	234	134	134	1234				134	1234	134	23	1234 0	1234	134

（续表）

	ø	b	p	m	f	d	t	n	l	g	k	h	j	q	x	zh	ch	sh	r	z	c	s
en	14	134	124	124 0	1234	4		4		1234	34	234				134	1234 0	1234	234	34	12	1
ang	124	134	1234	123	1234	134	1234	1234	1234	134	124	124				134	1234	134 0	1234	134	12	134
eng	1	1234	1234	1234	1234	134	12	2	1234	134	1	124				134	1234	1234	12	14	124	1
i	1234	1234	1234	1234		1234	1234	1234	1234 0				1234	1234	1234							
ia	1234 0					3			3				1234	1234	124							
ie	1234	1234	134	14		12	134	124	134 0				1234 0	1234	1234							
iao	1234	134	1234	1234		134	1234	34	1234				1234	1234	1234							
iou	1234			4		1		1234	1234				134	123	134							
ian	1234	134	1234	234		134	1234	1234	234				134	1234	1234							
in	1234	14	1234	23				2	1234				134	1234	1234							
iang	1234							24	234				134	1234	1234							

（续表）

	ø	b	p	m	f	d	t	n	l	g	k	h	j	q	x	zh	ch	sh	r	z	c	s
ing	1234	134	12	234		134	1234	234	234				134	1234	1234							
u	1234	1234	1234	234	1234	1234	1234	234	1234 0	134	134	1234				1234	1234	1234	234	123	124	124
ua	1234 0									134	134	124				13	1	134	2			
uo	134					1234	1234	24	1234 0	1234	4	1234				12	14	14	24	1234	1234	13
uai	134									134	34	24				134	1234	134				
uei	1234					14	1234			134	1234	1234				14	12	234	234	134	134	1234
uan	1234					134	1234	3	234	134	13	1234				134	1234	14	23	134	124	14
uen	1234					134	1234	2	1234	34	134	124				13	123	34	24	134	1234	13
uang	1234									134	1234	1234				134	1234	13				
ong						134	1234	24	1234	134	134	1234				134	1234		23	134	12	1234
ueng	134																					

（续表）

	ø	b	p	m	f	d	t	n	l	g	k	h	j	q	x	zh	ch	sh	r	z	c	s
ü	1234							34	234				1234	1234 0	1234 0							
üe	134							4	4				1234	124	1234							
üan	1234												134	1234	1234							
ün	1234												14	12	124							
iong	1234												13	2	124							

说明：1. 空格表示普通话中无对应音节。

2. ø表示零声母音节。

3. 数字1、2、3、4 分别表示第一声、第二声、第三声和第四声，0表示轻声。

4. 单韵母ê只用于“欸”的读音，且不常用，故本表未单独列出。

第3节　音节拼读方法

教师知识储备

基本知识

▶ 声韵母拼读方法。

（1）两拼法：用声母和韵母两个部分进行拼读，如：ch—ong—chóng（虫）、x—iong—xiōng（凶）。

（2）三拼法：用声母、韵头和韵身三部分进行连读，这种方法只适用于有韵头的音节，如：x—i—a—xià（下）、sh—u—ai—shuāi（摔）。

（3）声介合拼法：先把声母和韵头合成一个部分，然后跟韵身进行拼读，这种方法也只适用于有韵头的音节，如：gu—o—guó（国）、ji—ao—jiào（叫）。

（4）直呼法：直接读出拼音的读音，如看到guó这个音节直接呼读出guó。

▶ 声调拼读方法。

（1）声母和韵母拼读出来以后再加上声调，如：g—uo—guó（国）、j—iao—jiào（叫）。

（2）韵母直接带上声调和声母一起拼出，如：ch—óng—chóng（虫）、x—i—à—xià（下）。

（3）用直呼法直接读出音节的声韵调。

▶ 应用直呼法整体认读的音节。

（1）韵母比较特殊，为了避免单教单发韵母而整体认读，如：zhi、chi、shi、ri、zi、ci、si。

（2）依据特殊的拼写规则形成的音节，如：yi、wu、yu、ye、yue、yuan、yun、yin、ying等。

▶ 音节拼读注意事项。

（1）对于有韵头的音节，教学中可优先用三拼法，这样可以让学生完整地注意到韵头和韵身，避免丢失韵头。

（2）拼读时重点在韵母的主要元音即韵腹上，韵腹一定要读清楚。

（3）声母和韵母拼读时要一气呵成，气流不能中断，否则可能把一个音节读成两个音节，如：七（qī）不能读成七一（qīyī）、先（xiān）不能读成西安（Xī'ān）。

教学关键

▶ 入门引导时有韵头的音节优先用三拼法，无韵头的用两拼法。

▶ 熟练认读整体认读音节。

教学建议

▶ 通过具体例子简单介绍，让学生领会。

▶ 给学生介绍拼读方法，只是为了方便学生自己学习或查字典时能够正确根据拼音读出汉字或词语。在课堂教学中，一般情况下没有必要每个音节都读出拼读过程，学习生词时直接读出读音即可。学生对某个音节呼读有误时可以读出具体拼读过程予以引导纠正。

第4节 韵母省写规则

教师知识储备

基本知识

- 韵母iou前面加声母构成音节时，要省写为iu，如：diū（丢）。
- 韵母uei前面加声母构成音节时，要省写为ui，如：chuī（吹）。
- 韵母uen前面加声母构成音节时，要省写为un，如：sūn（孙）。
- 含有ü的韵母在和j、q、x声母相拼时，要省去上面的两点，如：qù（去）。而声母n、l既能跟撮口呼相拼，又能跟合口呼相拼，如果省略两点，会发生混淆，因此不能省略，如lǜ（绿）—lù（路）。
- 声调符号标在i上时，i上的点要省去，如：dī（低）、xìng（姓）。

教学关键

- iou—iu，uei—ui，uen—un。
- ü在j、q、x后要省略两点，但注意不要误读为u。
- i上标声调时要去掉小点。

教学建议

- 可以直接给学生一一讲解韵母省写规则，然后通过例子加深认识。
- 也可以先列举每条规则所涉及的相关例子，让学生观察、讨论并发现它们的特点，最后教师做总结。
- 韵母iou、uei、uen在音节中省写后，可能使学生“望符生音”导致发音错误，教师可以告诉学生：写成iu、ui、un的韵母，实际上读音是iou、uei、uen。
- ü上两点在音节中省略后，也可能使学生“望符生音”导致发音错误，教师可以告诉学生：声母j、q、x后面的u永远不能读作[u]，而应当读作[y]。

第5节　标调规则

教师知识储备

基本知识

- 由单韵母构成的音节，声调符号要标在单韵母上面，如：mā（妈）。
- 由复韵母构成的音节，声调符号标在韵腹上。不同韵腹的标调顺序是ɑ→o→e，即有ɑ时就标在ɑ上，没有ɑ时找o，没有o时找e，如：biǎo（表）、shēn（深）、luò（落）。
- 在iu、ui这两个韵母中，声调符号标在后面一个字母上，如：duì（对）、jiǔ（酒）。
- 《标调顺口溜》可以帮助记忆标调位置。

教学关键

- 单韵母音节就标在该单韵母上。
- 复韵母标调顺序：ɑ→o→e。
- i、u并排标在后。

教学建议

- 一一举例讲解说明，结合《标调顺口溜》总结练习。

标调顺口溜

ɑ、o、e、i、u、ü，
兄弟六个ɑ当家，
没有ɑ时o或e，
没有o、e标i、u，
i、u并排标在后，
i上标调点省略。

第6节 隔音规则

教师知识储备

基本知识

- 隔音规则主要适用于零声母音节。
- 隔音符号 ' 的使用。

  ɑ、o、e开头的音节连在其他音节后面时，为了防止音节界限发生混淆，要用隔音符号' 隔开，如jī'è（饥饿）—jiè（借）。
- y、w的使用。

  （1）以 i 开头的韵母，若 i 后有别的元音，i 改为y，如：iɑo—yɑo（要）；若 i 后无别的元音，i 前加y，如：in—yin（阴）。

  （2）以u开头的韵母，若u后有别的元音，u改为w，如：uen—wen（温）；若u后无别的元音，u前加w，如：u—wu（五）。

  （3）以ü开头的韵母，不论ü后有无别的元音，一律在ü前加y，这时ü上两点要省去，如：ü—yu（雨）、üe—yue（月）。

教学关键

- ɑ、o、e开头的音节在其他音节后用' 隔开。
- i 开头的韵母，后有元音时 i 改y，后无元音时前加y。
- u开头的韵母，后有元音时u改w，后无元音时前加w。
- ü开头的韵母一律加y，ü上两点要省去。

教学建议

- 可以直接给学生一一讲解隔音规则，然后通过例子加深认识。
- 也可以先列举每条规则所涉及的相关例子，让学生观察、讨论并发现它们的特点，最后教师做总结。
- y、w的使用关键看是加还是改。
- 对于隔音符号的使用，多做分读和连读的对比练习，强调读有隔音符号的词语时要音节分明、吐字清晰。

测试（一）　音节（1）

1. 把你听到的韵母填到相应的类别中。Put the finals you have heard in the corresponding categories. 06-01

开口呼												
齐齿呼												
合口呼												
撮口呼												

2. 根据声韵拼合规律判断普通话中是否存在下列音节。According to the spelling rules of initials and finals, decide if there are the following syllables in *putonghua*.

① fuáng　② xuā　③ shěi　④ luǎn　⑤ bóu
⑥ jūn　⑦ zèi　⑧ rǎn　⑨ lià　⑩ hǔn

3. 找出下列拼音的拼写错误，并改正过来。Find the spelling mistakes among the following *pinyin*, and then correct them.

① kuèi_____　② suēn_____　③ xǘn_____　④ jiǒu_____　⑤ qǜ_____
⑥ üén_____　⑦ xìu_____　⑧ iaō_____　⑨ ū_____　⑩ hùo_____

4. 听录音，圈出你听到的拼音。Listen to the recording and circle the *pinyin* you have heard. 06-02

① shàng'è / shāngē　② qí'àn / qiàn　③ pí'ǎo / piáo　④ shū'àn / shuàn　⑤ jī'áng / jiāng
⑥ Xī'ān / xiān　⑦ tú'àn / tuán　⑧ kù'ài / kuài　⑨ dàng'àn / dāngàn　⑩ jī'è / jiè

测试（二）　音节（2）

1. 根据声韵拼合规律把能和f、k、j、ch、r、s相拼的韵母填在它们的后面。According to the spelling rules of initials and finals, fill in the finals that can work with f, k, j, ch, r, s after them.

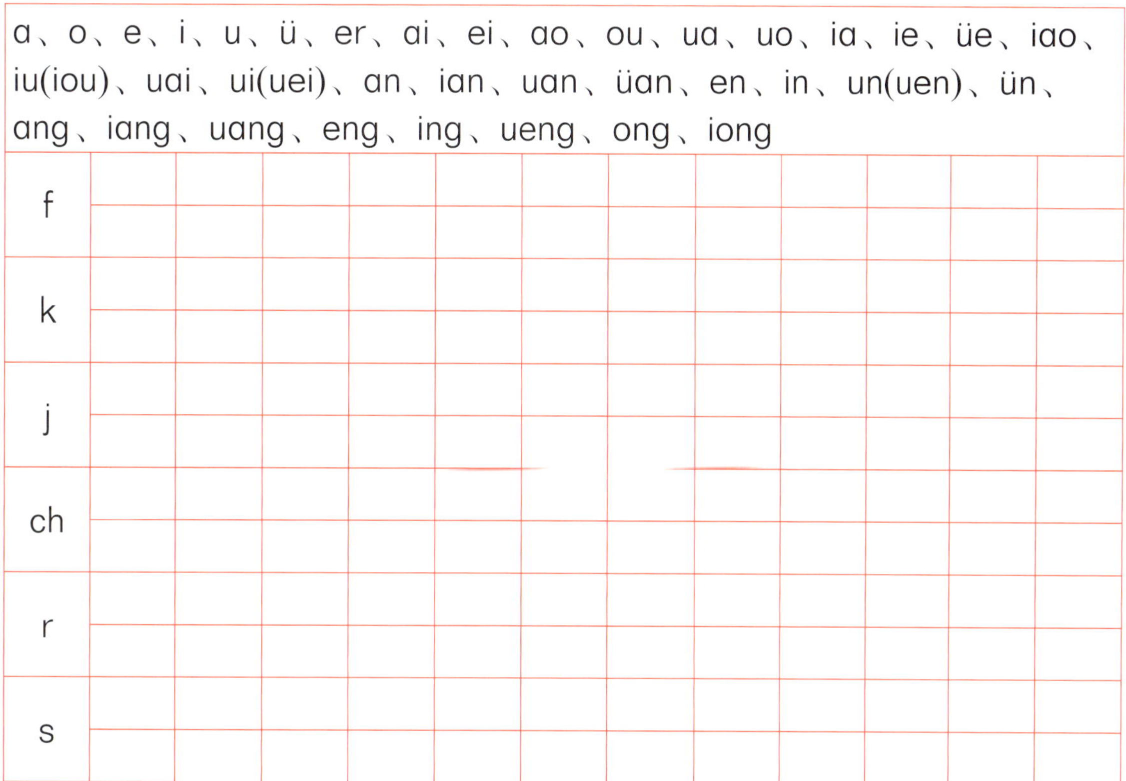

a、o、e、i、u、ü、er、ai、ei、ao、ou、ua、uo、ia、ie、üe、iao、iu(iou)、uai、ui(uei)、an、ian、uan、üan、en、in、un(uen)、ün、ang、iang、uang、eng、ing、ueng、ong、iong

f												
k												
j												
ch												
r												
s												

2. 听录音，标声调，注意声调位置。Listen to the recording and mark the tones. Pay attention to the location of tones. 06-03

① hui 会　② miao 妙　③ zei 贼　④ juan 捐　⑤ kou 口
⑥ chuang 床　⑦ cuo 错　⑧ qiu 球　⑨ zong 总　⑩ dun 顿

3. 听录音，写拼音，注意拼写规则。Listen to the recording and write down the *pinyin*. Pay attention to the spelling rules. 06-04

① ________ 提案　② ________ 优秀　③ ________ 喷泉　④ ________ 英雄　⑤ ________ 运动
⑥ ________ 文学　⑦ ________ 汉语　⑧ ________ 绿茶　⑨ ________ 愿望　⑩ ________ 排球

第七章

连读变调

学习目标→普通话常见变调和连调模式
建议课时→2~6课时
适应层次→初级／中高级

概说

连读变调

一般来说，普通话的每一个音节都有固定的声调。但是在语流中，由于受前后音节协同发音的影响，音节原来的声调可能会发生变化，这种情况叫连读变调。

普通话常见变调情况

1〉三声变调
2〉“一”的变调
3〉“不”的变调
4〉形容词重叠的变调

连读变调与语音面貌

有的学生在念单个音节时没有问题，而在读词语或是句子时常常会有“洋腔洋调”，这是因为没有把握好连调模式，像是一个字一个字“蹦”出来的，所以听起来不自然。

普通话的词语以双音节词为主，多音节词往往可以分成单音节和双音节的搭配形式，因此，练习好双音节词语的连调模式对于改善学生的语音面貌有着重要的作用。

本章主要内容

1〉三声变调
2〉“一”的变调
3〉“不”的变调
4〉双音节连调
5〉多音节连调
6〉形容词重叠的变调

教学安排及建议

1〉三声及“一”“不”的变调

这些变调现象在词汇学习及语流表达中经常遇到，对语音面貌的影响比较大，因此教学中应该有意识地提醒学生多加练习。

2〉双音节、多音节连调模式

教学中可视学时及学生的具体情况灵活安排。学时充足时，可以安排专项练习；学时不足时，可以只在学生有明显发音问题时提醒其练习。

3〉形容词重叠的变调

作为教师的知识储备，遇到相应词语时提醒学生注意即可。

第1节 三声变调

教师知识储备

基本知识

- 三声的本调。
- 三声的音值是［214］，单念或出现在词句末尾时，一般不发生变调。三声虽然是一个降升调，但在普通话的实际语流中，除了强调或夸张时，三声单念或在词句末尾常常表现为一个低平调，其上升的部分并没有完全升上去，音值一般在［211］。
- 三声的变调。
  （1）变为二声：两个三声相连时，第一个三声变成二声，如：美［35］好。
  （2）变为半三声：三声在非三声即一声、二声和四声前面时，变为半三声，调值由［214］变为［21］，即只读出三声下降的部分，如：北［21］边。
- 三个三声的变调。
  三个三声相连时，可以根据词语内部或句子的语法结构分成不同的形式，然后按上述规则变调。
  （1）2+1形式一般读为：二声+二声+三声，如：展［35］览［35］馆［211］。
  （2）1+2形式一般读为：半三声+二声+三声，如：小［21］老［35］虎［211］。
  （3）1+1+1形式可分成2+1读，也可分成1+2读，如：我买伞，可读成“我［35］买［35］伞［211］”，也可读成“我［21］买［35］伞［211］”。
- 多个三声的变调。
  三个以上的三声相连时，根据语法的结构和意义以词为单位按两个三声或三个三声变调，如：我想买把好雨伞，可分为“我［35］想［211］/买［35］把［211］/好［21］雨［35］伞［211］”。
- 三声在轻声前面的变调。
  参看第九章“轻声”的第4节“三声+轻声”。
- 三声的标调。
  除了特别的语音汇总练习材料，给词语标音时，三声一般标原调，不标变调。
  三声变调规律汇总见表7.1。

教学关键

- 发好半三声，应该是只读三声中下降的部分。要和四声区别，避免起调过高，发音太重，听起来像四声。
- 熟悉规则，加强语感，形成习惯。

教学建议

- 先说明规则，然后结合听读材料做大量的听辨感知和发音练习。
- 为帮学生形象地了解半三声，可用符号（ˇ）表示只读下降的部分。

表7.1 三声变调规律表

出现情况		实际读音	例子
单念、出现在词句末尾		本调［214］（实际读［211］）	好［214］/［211］ 花草［214］/［211］ 这花真美［214］/［211］！
双音节词	三声［214］+三声［214］	二声［35］+三声［211］	领［35］导［211］
	三声［214］+一声［55］	半三声［21］+一声［55］	北［21］边［55］
	三声［214］+二声［35］	半三声［21］+二声［35］	水［21］平［35］
	三声［214］+四声［51］	半三声［21］+四声［51］	比［21］赛［51］
三个三声	2+1形式	二声［35］+二声［35］+三声［211］	导［35］演［35］组［211］
	1+2形式	半三声［21］+二声［35］+三声［211］	小［21］老［35］虎［211］
	1+1+1形式	二声［35］+二声［35］+三声［211］或者 半三声［21］+二声［35］+三声［211］	我［35］买［35］伞［211］。 我［21］买［35］伞［211］。
多个三声		根据语法结构和意义分成多个两字词或三字词，按上述规则变调。	我［35］想［211］/买［35］把［211］/好［21］雨［35］伞［211］。
三声在轻声前面的变调，见表9.1。			

第2节 "一"的变调

教师知识储备

基本知识 ▶ "一"读本调。

"一"的本调是第一声［55］。"一"在下列情况下读本调：

（1）单念时，如：一［55］、二、三。

（2）出现在词句末尾时，如：万一［55］、唯一［55］。

（3）表示序数时，如：第一［55］次、一［55］年级。

▶ "一"读二声。

"一"在四声音节前面时，一律变成二声，如：一［35］共、一［35］次。

▶ "一"读四声。

"一"在非四声，即一声、二声和三声前面时，变成四声，如：一［51］边、一［51］年、一本［51］书。

▶ "一"读轻声。

"一"嵌在相同的动词中间读轻声，如：看一（yi）看、听一（yi）听。

▶ "一"的标调。

给词语标音时，"一"一般标实际该读的声调，即有变调情况时就直接标变调。

"一"的变调规律汇总见表7.2。

教学关键 ▶ 熟悉"一"分别读为一声、二声、四声和轻声的变调规则，加强语感，形成习惯。

教学建议

▶ 可先说明规则，然后结合听读材料做大量的听辨感知和发音练习。

▶ 也可以先呈现不同类别的听读材料，让学生发现其中的规律，然后再示范读音，让学生总结变调规律。如先给出一些"一"用在四声前面的词，让学生观察其中的规律，学生会发现"一"后面的音节都是四声，然后教师朗读示范或用录音示范，让学生听辨其中"一"的实际声调。

表7.2　“一”的变调规律表

出现情况	实际读音	例子
单念、出现在词句末尾、表示序数	yī	（yī）、二、三 万一（yī） 第一（yī）次 一（yī）年级
“一”+四声［51］	yí	一（yí）共
“一”+一声［55］	yì	一（yì）边
“一”+二声［35］		一（yì）年
“一”+三声［214］		一（yì）本书
动词+“一”+动词	yi	看一（yi）看

课堂活动

听“一”拍手

活动准备　教师准备一些包含“一”的词语。

活动步骤　① 教师随机说出含有“一”的词语，学生根据所听到的“一”的声调拍手，如果词语中的“一”是一声，拍一次手，二声拍两次，四声拍四次，轻声不拍手。

② 可以全班集体拍手，也可以单个学生轮流拍，拍错的学生再朗读一遍这个词语。

第3节 “不”的变调

教师知识储备

基本知识

▶ “不”读本调。

“不”的本调是第四声［51］。“不”在下列情况下读本调：

（1）单念时，如：不［51］，我就在这儿。

（2）出现在词句末尾时，如：我就不［51］。

（3）出现在非四声音节即一声、二声和三声前面时，如：不［51］说、不［51］疼、不［51］好。

▶ “不”读二声。

“不”在四声音节前面时，一律变成二声，如：不［35］怕、不［35］去。

▶ “不”读轻声。

（1）“不”嵌在相同的动词中间读轻声，如：看不（bu）看、吃不（bu）吃。

（2）“不”在动词和补语之间时读轻声，如：听不（bu）懂、做不（bu）完。

▶ “不”的标调。

和“一”相同，给词语标音时，“不”一般标实际该读的声调，即有变调情况时就直接标变调。

“不”的变调规律汇总见表7.3。

教学关键 ▶ “不”在四声前读二声，相同动词中间、动补之间读轻声，其他读四声。

教学建议

▶ 可先说明规则，然后结合听读材料做大量的听辨感知和发音练习。

▶ 也可以先呈现不同类别的听读材料，让学生发现其中的规律，然后再示范读音，让学生总结变调规律。如先给出一些“不”用在四声前面的词，让学生观察其中的规律，学生会发现“不”后面的音节都是四声，然后教师朗读示范或用录音示范，让学生听辨其中“不”的实际声调。

表7.3　“不”的变调规律表

<table>
<tr><th>出现情况</th><th>实际读音</th><th>例子</th></tr>
<tr><td>单念、出现在词句末尾</td><td rowspan="4">bù</td><td>不（bù）
偏不（bù）
我就不（bù）！</td></tr>
<tr><td>“不”+一声［55］</td><td>不（bù）说</td></tr>
<tr><td>“不”+二声［35］</td><td>不（bù）疼</td></tr>
<tr><td>“不”+三声［214］</td><td>不（bù）好</td></tr>
<tr><td>“不”+四声［51］</td><td>bú</td><td>不（bú）怕</td></tr>
<tr><td>动词+“不”+动词
动词+“不”+补语</td><td>bu</td><td>看不（bu）看
听不（bu）懂</td></tr>
</table>

课堂活动

听“不”说调

活动准备　教师准备一些包含“不”的词语。

活动步骤

① 教师随机说出含有“不”的词语，学生一起说出其中“不”的声调，如听到二声说“二”，听到四声说“四”，听到轻声说“零”。

② 说错的学生再朗读一遍这个词语。

第4节 双音节连调

教师知识储备

基本知识 ▶ 连调模式。

普通话四种声调一共有16种双音节连调模式，其中“三声+三声”模式中，第一个三声要变成二声，和“二声+三声”模式相同。所以实际上共有15种，详见表7.4：

表7.4　双音节词连调模式

前字	后字			
	一声	二声	三声	四声
一声	一一	一二	一三	一四
二声	二一	二二	二三	二四
三声（变调）	三一（半三声+一声）	三二（半三声+二声）	三三（二三）	三四（半三声+四声）
四声	四一	四二	四三	四四

▶ 连调示意图。

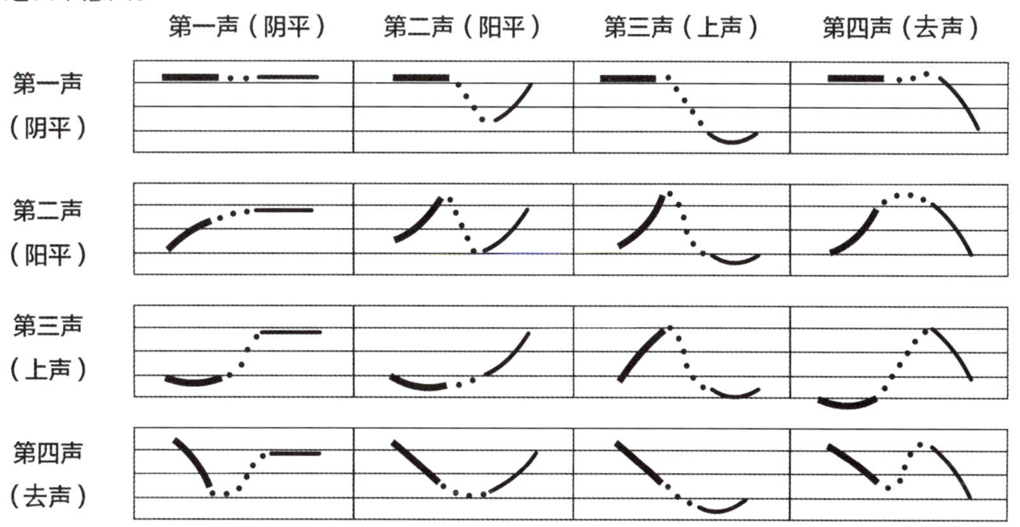

图7.1　双音节词连读调型

▶ 连调读音。

在连调中，除了三声变调外，其他声调与其本调单念时也有所不同，比较明显的有[1]：

（1）四声不论在前在后，末尾都不会降到最低，但起点总是最高，要高于一声、二声的最高点。

（2）二声在一声或四声这样的高起调前面时，比单念时略低。

（3）从在语流中的实际运用来看，三声用在后字时，整体音高并没有完全实现为［214］的调值，实际常读作调值为［211］的低平调，读为［212］或［213］都是可以被准确感知的。

教学关键 ▶ 熟悉15种连调模式的音高规律，形成自动化的模式。

教学建议

- ▶ 每种连调模式找一两个有代表性的词反复诵读，达到熟能生巧的程度。
- ▶ 代表性词语起着像“ā—á—ǎ—à”那样的定调作用，开始练习时可以用这些已经熟练的音高模式去比照类推，朗读该模式中的其他词语。
- ▶ 多读多练，形成习惯，建立语感。
- ▶ 如果学生没有明显的“蹦字”现象，本节可以不专门讲练。对于有问题的学生，可采取个别辅导的方式。
- ▶ 在以后的词汇教学中，教师可以把每节的双音节生词都按照这15种连调模式排列，让学生练习朗读，以培养语感。朗读也可作为课下活动留给学生自己完成。

课堂活动

听词画调

活动准备 教师准备各种连调模式的词语。

活动步骤 ① 教师随机说词语，学生用手势画出该词的连调模式。如教师读“最近”，学生连画两个四声的调号。

② 可以集体画调号，也可以学生单个轮流来，听辨声调有误的学生再朗读一遍这个词语。

1 参看曹文：《现代汉语语音答问》，北京大学出版社，2010年。

第5节 多音节连调

教师知识储备

基本知识

- 三音节连调。

  三音节连调时，一般第三个音节保持原来声调的调值，第一、第二字的变化和双音节连读时第一字的变化基本相同，语速较快时，第二字可变为第一字和第三字的过渡音调[1]。

- 四音节连调。

  四音节连调一般都可以分成2+2的形式，因此可以看成是双音节连调的扩展形式，一般都可以按照双音节连调的模式类推朗读，如：酸甜/苦辣、自食/其力。

教学关键

- 养成习惯，培养语感。

教学建议

- 结合具体词语多做听辨感知练习。
- 在学生有比较明显的“洋腔洋调”时专门点拨读练，否则可以不专门讲练。

---

1 参看曹文：《现代汉语语音答问》，北京大学出版社，2010年。

第6节　形容词重叠变调

教师知识储备

基本知识

▶ AA格式。

第二个音节如果儿化，要变成一声，如："好好儿"读作 hǎohāor。第二个音节如果不儿化，可以读原调，也可以变为一声，如："慢慢"可读作 mànmàn，也可读作 mànmān。

▶ ABB格式。

重叠的BB部分可以变为一声，也可以不变，如："绿油油"可以读为 lǜyōuyōu，也可以不变调读作 lǜyóuyóu。

▶ AABB格式。

第二字读轻声，后两个字变为一声，如："慢慢腾腾"读作 mànmantēngtēng、"痛痛快快"读作 tòngtongkuāikuāi。

需要注意的是，这类常常变调的形容词要么重叠前第二个字往往读作轻声词，如：痛快—痛痛快快、舒服—舒舒服服；要么一般没有不重叠的AB形式，如："慢慢腾腾"一般不说"慢腾"。重叠前不是轻声的词语一般不用变调，如：高兴，重叠后还常读作 gāogāoxìngxìng，但在快读时第二个字可以变成轻声，即 gāogaoxìngxìng。

▶ A里AB格式。

A里AB格式中，"里"常读轻声。如：糊·里糊涂、啰·里啰嗦、小·里小气。

教学关键

▶ 注意AA儿和轻声AB重叠后的AABB的变调。

教学建议

▶ 本节内容主要是给教师做参考的，语音教学中可以不专门作为一课来教，只在遇到相应的需要变调的词时提醒学生练习即可。

▶ 应主要关注"AA儿"和轻声AB重叠后的AABB的变调，其他的重叠形式可以不变调，而A里AB格式的词外国学生一般很少遇到。

综合听读材料 连读变调

1. 朗读三音节和四音节词语。Read aloud the words with three or four syllables.

diànyǐngyuàn 电影院	gǎnxìngqù 感兴趣	hǎoyóngyì 好容易	jiǎngxuéjīn 奖学金
fántǐzì 繁体字	rèshuǐpíng 热水瓶	tǐyùchǎng 体育场	yǔmáoqiú 羽毛球
yuèlǎnshì 阅览室	pǔtōnghuà 普通话	zhǐnánzhēn 指南针	bǎifēnbǐ 百分比
jiǎntǐzì 简体字	xǐyīfěn 洗衣粉	lǚxíngshè 旅行社	zhǔnkǎozhèng 准考证
gǎnshímáo 赶时髦	zǐwàixiàn 紫外线	yǐnshuǐjī 饮水机	shuìlǎnjiào 睡懒觉
èrshǒuchē 二手车	zhōngdiǎngōng 钟点工	xǐmiànnǎi 洗面奶	shǐfāchē 始发车
búyàojǐn 不要紧	bùdébù 不得不	bùdéliǎo 不得了	bùgǎndāng 不敢当
bùyídìng 不一定	bújiàndé 不见得	bùdéyǐ 不得已	búzhìyú 不至于
bùdǎjǐn 不打紧	búdàodé 不道德	bùjǐngqì 不景气	bùjiǎndān 不简单
búxiànghuà 不像话	yìkǒuqì 一口气	yìfāngmiàn 一方面	yíxìliè 一系列
qiānfāng bǎijì 千方百计	wúkě nàihé 无可奈何	xìnggāo cǎiliè 兴高采烈	yílù píng'ān 一路平安
zìshǐ zhìzhōng 自始至终	zǒng'ér yánzhī 总而言之	bùcí érbié 不辞而别	búzhèng zhīfēng 不正之风
bùxiāng shàngxià 不相上下	céngchū bùqióng 层出不穷	cóngróng búpò 从容不迫	shǐzhōng rúyī 始终如一
yìdāo liǎngduàn 一刀两断	yìláo yǒngyì 一劳永逸	yìmáo bùbá 一毛不拔	yìwén bùzhí 一文不值
yìshēng bùxiǎng 一声不响	yìyán bùfā 一言不发	bùchū suǒliào 不出所料	bùjū xiǎojié 不拘小节
bùjū yìgé 不拘一格	bùkān yìjī 不堪一击	bùkě lǐyù 不可理喻	bùkě yíshì 不可一世

2. **对比朗读。** Read aloud comparatively.

① Nǐ hěn bàng. 你很棒。
Nǐ hěn pàng. 你很胖。

② Wǒ mǎi liǎng bāo yān. 我买两包烟。
Wǒ mǎi liǎng bāo yán. 我买两包盐。

③ Wǒ xiǎng wèn nǐ. 我想问你。
Wǒ xiǎng wěn nǐ. 我想吻你。

④ Wǒ qù mǎi guō. 我去买锅。
Wǒ qù mǎi guā. 我去买瓜。

⑤ Zhè tāng hěn xiān. 这汤很鲜。
Zhè tāng hěn xián. 这汤很咸。

⑥ Tā ài chīcù. 她爱吃醋。
Tā ài chīsù. 她爱吃素。

⑦ Wǒ bú ài tīng míngē. 我不爱听民歌。
Wǒ bú ài tīng mínggē. 我不爱听名歌。

⑧ Wǒ yào mǎi fángzi. 我要买房子。
Wǒ yào mài fángzi. 我要卖房子。

⑨ Tā zhèngzài zāihuā. 他正在栽花。
Tā zhèngzài zhāihuā. 他正在摘花。

⑩ Nǐmen yǒu táng ma? 你们有糖吗？
Nǐmen yǒu tāng ma? 你们有汤吗？

⑪ Tā shǒu shang yǒu ge zì. 他手上有个字。
Tā shǒu shang yǒu ge cì. 他手上有个刺。

⑫ Chén lǎoshī jiù zài qiánbian. 陈老师就在前边。
Chéng lǎoshī jiù zài qiángbiān. 程老师就在墙边。

⑬ Huà shang shì yì tiáo dà jīnyú. 画上是一条大金鱼。
Huà shang shì yì tiáo dà jīngyú. 画上是一条大鲸鱼。

⑭ Zhèlǐ shì chǎnfáng, nín bù néng jìn. 这里是产房，您不能进。
Zhèlǐ shì chǎngfáng, nín bù néng jìn. 这里是厂房，您不能进。

3. **朗读俗语。**Read aloud the idiomatic expressions.

1. Bù qiú yǒu gōng, dàn qiú wú guò. 不求有功，但求无过。
2. Quán bù lí shǒu, qǔ bù lí kǒu. 拳不离手，曲不离口。
3. Yí kè bù fán èr zhǔ. 一客不烦二主。
4. Yí wèn sān bù zhī. 一问三不知。
5. Bǎi wén bù rú yí jiàn. 百闻不如一见。
6. Bù gǎn yuè léichí yí bù. 不敢越雷池一步。
7. Bùguǎn sān qī èrshíyī. 不管三七二十一。
8. Bīng dòng sān chǐ fēi yí rì zhī hán. 冰冻三尺非一日之寒。
9. Bù jīng yí shì, bù zhǎng yí zhì. 不经一事，不长一智。
10. Bú pà yí wàn, jiù pà wànyī. 不怕一万，就怕万一。
11. Mó dāo bú wù kǎn chái gōng. 磨刀不误砍柴工。
12. Hǎohàn bù tí dāngnián yǒng. 好汉不提当年勇。
13. Nǎ hú bù kāi tí nǎ hú. 哪壶不开提哪壶。

4. **朗读周有光的韵母诗和声母诗。**Read aloud the poem of finals and the poem of initials by Zhou Youguang.

韵母诗

Bǔ Yú	捕鱼
Rén yuǎn jiāng kōng yè,	人远江空夜，
làng huá yì zhōu qīng.	浪滑一舟轻。
Ér yǒng ê yō diào,	儿咏欸唷调，
lǔ hè ǎi ā shēng.	橹和嗳啊声。
Wǎng zhào bō xīn yuè,	网罩波心月，
gān chuān shuǐ miàn yún.	竿穿水面云。
Yú xiā liú wèng nèi,	鱼虾留瓮内，
kuài huó sì shí chūn.	快活四时春。

声母诗

Cǎi Sāng
Chūn rì qǐ měi zǎo,
cǎi sāng jīng tí niǎo.
Fēng guò pū bí xiāng,
huā kāi luò, zhī duōshǎo.

采桑
春日起每早，
采桑惊啼鸟。
风过扑鼻香，
花开落，知多少。

5. **朗读绕口令。** Read aloud the tongue twisters.

Huáng Huá yǒu liǎng duǒ huáng huā, Fāng Hóng yǒu liǎng duǒ hóng huā.
黄华有两朵黄花，方红有两朵红花。

Huáng Huá yào hóng huā, Fāng Hóng yào huáng huā.
黄华要红花，方红要黄花。

Huáng Huá sòng gěi Fāng Hóng yì duǒ huáng huā,
黄华送给方红一朵黄花，

Fāng Hóng sòng gěi Huáng Huá yì duǒ hóng huā.
方红送给黄华一朵红花。

Nánbian liǎng duì lánqiú yùndòngyuán,
南边两队篮球运动员，

chuān lán qiúyī de shì nán yùndòngyuán,
穿蓝球衣的是男运动员，

chuān lǜ qiúyī de shì nǚ yùndòngyuán.
穿绿球衣的是女运动员。

Nán nǚ yùndòngyuán dōu lái liàn tóulán,
男女运动员都来练投篮，

bú pà lèi, bú pà nán, nǔlì liàn tóulán.
不怕累，不怕难，努力练投篮。

Shān zhōng yì zhī hǔ, hái yǒu yì zhī tù.
山中一只虎，还有一只兔。

Lǎohǔ xiǎng chī tù, xiǎotù pà lǎohǔ.
老虎想吃兔，小兔怕老虎。

Lǎohǔ zhuī xiǎotù, xiǎotù xià hǔ dù.
老虎追小兔，小兔下虎肚。

Bābǎi biāobīng bèn běi pō, pàobīng bìngpái běibian pǎo.
八百标兵奔北坡，炮兵并排北边跑。

Pàobīng pà bǎ biāobīng pèng, biāobīng pà pèng pàobīng pào.
炮兵怕把标兵碰，标兵怕碰炮兵炮。

6. **朗读古诗。** Read aloud the poems.

Jìng Yè Sī 静夜思
(Táng) Lǐ Bái （唐）李白
Chuáng qián míng yuè guāng, yí shì dì shang shuāng. 床前明月光，疑是地上霜。
Jǔ tóu wàng míng yuè, dī tóu sī gùxiāng. 举头望明月，低头思故乡。

Yè Sù Shān Sì 夜宿山寺
(Táng) Lǐ Bái （唐）李白
Wēi lóu gāo bǎi chǐ, shǒu kě zhāi xīng chén. 危楼高百尺，手可摘星辰。
Bù gǎn gāo shēng yǔ, kǒng jīng tiānshang rén. 不敢高声语，恐惊天上人。

Yǒng Liǔ 咏柳
(Táng) Hè Zhīzhāng （唐）贺知章
Bì yù zhuāng chéng yí shù gāo, 碧玉妆成一树高，
wàn tiáo chuí xià lǜ sī tāo. 万条垂下绿丝绦。
Bù zhī xì yè shéi cái chū, 不知细叶谁裁出，
èr yuè chūn fēng sì jiǎndāo. 二月春风似剪刀。

Yóuyuán Bù Zhí 游园不值
(Sòng) Yè Shàowēng （宋）叶绍翁
Yīng lián jī chǐ yìn cāng tái, 应怜屐齿印苍苔，
xiǎo kòu cháifēi jiǔ bù kāi. 小扣柴扉久不开。
Chūnsè mǎn yuán guān bú zhù, 春色满园关不住，
yì zhī hóngxìng chū qiáng lái. 一枝红杏出墙来。

测试　连读变调

1. 听录音，圈出你听到的拼音。Listen to the recording and circle the *pinyin* you have heard. 07-01

① zhǎnlǎn zhànlán	② guǎnlǐ guànlì	③ xǐliǎn xǐliàn	④ xiǎozǔ xiǎozhù	⑤ jiǔdiàn jiùdiàn
⑥ jǐngchá jīngchà	⑦ bǎoguǎn bàoguǎn	⑧ bǐsài bìsè	⑨ dǎsuàn dàsuàn	⑩ cǎiqǔ cáiqù

2. 听录音，给下列词语注音，注意“一”的声调。Listen to the recording and write down the *pinyin* for the following words. Pay attention to the tones of “一”. 07-02

① ______ 一天	② ______ 一月	③ ______ 初一	④ ______ 一口	⑤ ______ 一下
⑥ ______ 一起	⑦ ______ 一半	⑧ ______ 一边	⑨ ______ 第一	⑩ ______ 一本

3. 听录音，给下列词语注音，注意“不”的声调。Listen to the recording and write down the *pinyin* for the following words. Pay attention to the tones of “不”. 07-03

① ______ 不是	② ______ 不好	③ ______ 不说	④ ______ 不吃	⑤ ______ 不要
⑥ ______ 不跑	⑦ ______ 不忙	⑧ ______ 不走	⑨ ______ 偏不	⑩ ______ 不行

4. 听录音，标声调，“一”“不”标变调。Listen to the recording and write down the tones. Write down the tone sandhi of “一” and “不”. 07-04

① Wo renwei ta bu shi yi wei hao yisheng.
我认为他不是一位好医生。

② Wo ai paobu, yi tian dei rao caoping pao shi ji quan,
我爱跑步，一天得绕草坪跑十几圈，
bu pao jiu hen nan shou.
不跑就很难受。

③ Lili yuan shang cao, yi sui yi ku rong.
离离原上草，一岁一枯荣。
Ye huo shao bu jin, chunfeng chui you sheng.
野火烧不尽，春风吹又生。

第八章

儿化

学习目标→儿化韵和儿化词
建议课时→ 2~4 课时
适应层次→初级 / 中高级

概说

语流音变

在语流中，相邻的音节在连读时，其中的某些音素或声调有时会发生变化，这种变化常称为“语流音变”，或叫“连读音变”。

第七章讲的连读变调就是语流音变的一种，除此之外，普通话中常见的音变现象还有儿化、轻声、“啊”的音变等。

本书安排

儿化和轻声跟词汇和语法有密切关系，具有区别词义和词性等作用，内容比较独立，本书在本章和第九章分别介绍。“啊”音变后的实际读音也是轻声，因此本书把其和轻声放在一章讲解。本章介绍普通话的各种儿化韵和特定的儿化词及其作用。

儿化韵概说

1〉普通话中的“儿”。

普通话里有两个“儿”字：一个自成音节，有具体的意义，如“女儿、婴儿、幼儿”；另一个是没有独立意义的后缀，不能自成音节，如“头儿、眼儿”。

2〉儿化。

儿化是一种特殊的音变现象，它发生在后缀“儿”和它前面的韵母之间。“儿”和前面的韵母结合并使这个韵母带上一种卷舌音色，这就是儿化。卷舌化了的韵母叫作“儿化韵”。比如，普通话读“画儿”的时候，“儿”不是一个独立的音节，只表示在读到“画”这个音节的末尾时，随即加上一个卷舌动作，使韵母带上卷舌“儿”的音色。

但要注意的是，并不是所有词尾的“儿”都要儿化，书面语和诗歌中的“儿”通常不能儿化，如“花儿红，鸟儿叫”“小小鱼儿水中游”等。儿化具有较重的口语色彩，在正式、庄重的场合一般不用。普通话韵母除了单韵母ê和er之外都可以儿化。韵母er本身就是卷舌的韵母，不能算作儿化。

儿化是汉语中一种特殊的音变现象，在中国有地域上的差别，南方一般不说儿化词，而在北方，尤其是北京，儿化词则比较普遍。

3〉儿化音节注音。

给儿化音节注音时，只需在其前字音节之后加上“r”即可，如“画儿huàr”。

4〉儿化音节书写。

儿化音节的“儿”字在书写时有时写出来，有时不写出来，这方面目前没有统一的标准。但在国际汉语教学中，我们建议把儿化词语中“儿”字写出来，在注音时也要标出来，以便于学生学习。

5〉儿化韵读音。

在读儿化韵时，从韵母到舌尖上翘的整个过程不能有停顿，要一口气读出来，不能发成两个音节。

第1节 单韵母儿化韵

教师知识储备

基本知识

- 单韵母ɑ、o、e、u构成的音节，儿化时韵母直接卷舌。
- 单韵母 i、ü构成的音节，儿化时要在 i 或ü后面加央元音并卷舌。
- 单韵母-i［ɿ］、-i［ʅ］构成的音节，即zhi、chi、shi、ri、zi、ci、si，儿化时要把韵母变读成er，原来的韵母不再发音。

教学关键

- ɑ［A］、o［o］、e［ɤ］、u［u］—ɑr［Ar］、or［or］、er［ɤr］、ur［ur］。
- i［i］、ü［y］—ir［iər］、ür［yər］。
- -i［ɿ］、-i［ʅ］—ir［ər］、ir［ər］。

教学建议

- ɑ、o、e、u音节儿化时先找好舌位和口形，然后舌尖上卷发出音。
- i、ü音节儿化时，先发一个轻短的i、ü，然后迅速降低舌位滑动到央元音位置并卷舌。
- zhi、chi、shi、ri、zi、ci、si儿化时声母直接和er相拼。

第2节 复元音韵母儿化韵

教师知识储备

基本知识

- 韵尾是 i 的，丢掉韵尾，韵腹加上卷舌动作，包括：ɑi、uɑi、ei、uei。
- 韵母末尾是ɑ、o、u、ê的，韵母直接卷舌，包括：iɑ、uɑ、uo、ɑo、iɑo、ou、iou、ie、üe。

教学关键 ▶ 韵尾是 i 时，丢掉韵尾，韵腹卷舌。
▶ 其他韵母末尾的复元音韵母直接卷舌。

教学建议

▶ 韵尾是 i 的复韵母，发音时韵腹加上卷舌动作，韵尾 i 丢掉不发出音。
▶ 其他韵母末尾的复韵母在滑动到最后一个元音时加上卷舌动作发出音。
▶ 要注意发音过程是连续的，是在发韵腹或韵尾的同时加上卷舌动作，不能在发出韵腹或韵尾后再加上卷舌动作发音，这样听起来是两个音节。

第3节 前鼻音韵母儿化韵

教师知识储备

基本知识 ▶ in和ün两个前鼻音韵母，儿化时要丢掉韵尾，加上央元音并卷舌。
▶ 其他前鼻音韵母，丢掉韵尾，韵腹直接加上卷舌动作，包括：an、ian、uan、üan、en、uen。

教学关键 ▶ in［in］、ün［yn］—ier［iər］、üer［yər］。
▶ 其他前鼻音韵母，丢掉韵尾，韵腹卷舌。

教学建议

▶ in和ün构成的音节，和 i、ü儿化过程相同，先发一个轻短的 i、ü，然后迅速降低舌位滑动到央元音位置并卷舌。
▶ 其他前鼻音韵母，发音时韵腹直接加上卷舌动作，n韵尾丢掉不发出音。
▶ 本节所学的前鼻音韵母儿化韵中，除了ian和üan，其他的都和相应的单元音或复元音韵母的儿化韵相同，即an—ai、uan—uai、en—ei、uen—uei、in—i、ün—ü儿化后发音是相同的，所以这些儿化韵的发音都是前边两节练过的。

第4节　后鼻音韵母儿化韵

教师知识储备

基本知识

▶ 韵母ing构成的音节，儿化时要丢掉韵尾ng，加上央元音鼻化并卷舌。

▶ 其他后鼻音韵母，丢掉韵尾，韵腹鼻化并卷舌，包括：ang、iang、uang、eng、ueng、ong、iong。

教学关键

▶ ing［iəŋ］—ingr［iə̃r］。

▶ 其他后鼻音韵母，丢掉韵尾，韵腹鼻化并卷舌。

教学建议

▶ 鼻化音发音时口腔和鼻腔同时共鸣，把手放在鼻翼，可以感觉到里边有气流的振动。可用此方法让学生体会后鼻音韵母儿化韵的发音。

▶ 韵母ing构成的音节，先发一个轻短的 i，然后迅速降低舌位滑动到央元音位置并卷舌，要注意口腔和鼻腔同时共鸣。可以和in构成的音节对比，手放在鼻翼，ing儿化时能感觉到鼻子里气流的振动，in儿化时没有此感觉。

▶ 其他后鼻音韵母，发音时韵腹直接加上卷舌动作并鼻化，ng韵尾丢掉不发出音，也可把手放在鼻翼感受气流的振动，以此和前鼻音韵母儿化韵相区别。

第5节

教师知识储备

基本知识

▶ 必读儿化。

有些词儿化后有区别词性和词义的作用，可以说，这些词儿化后已经变成另一个独立的词了，因此，在使用这些儿化后的词性和词义时，就必须儿化。具体来说：

（1）儿化后和原词词性不同，如：尖（形容词）—尖儿（名词）、个（量词）—个儿（名词）。

（2）儿化后和原词词义不同，如：眼（眼睛）—眼儿（小孔）、头（脑袋）—头儿（领导）。

- 经常儿化。

因儿化后会带上特殊的感情色彩，所以经常儿化的词，一般不用非儿化形式。

儿化后带上亲切、喜爱或轻松等感情色彩，常用于口语中，如：玩—玩儿、女孩—女孩儿、聊天—聊天儿。

- 儿化词的教学处理。

词语是否儿化并没有统一的规律，它跟具体的词语紧密相关，所以可以把它作为一种特殊的词汇现象，和具体的词语结合起来逐个学习。

教学关键

- 树立起儿化意识，认识到儿化与否在词性、词义和感情色彩上会有不同，进而可能影响交际，所以该儿化的词语一定要儿化。

教学建议

- 结合具体例子加深学生对儿化的认识。
- 把儿化和词汇、语法教学结合起来，逐个学习、逐个掌握。

课堂活动

追捕“儿化”

活动准备　教师准备一些儿化词语及相对应的非儿化词。

活动步骤

① 教师随机说出一个词语，学生听辨是否含有儿化音，有儿化音的拍手，无儿化音的不拍手。

② 可以全班集体听辨，也可学生单个轮流听辨，听辨错误的学生再朗读一遍这个词语。

综合听读材料 儿化

1. **朗读句子。** Read aloud the sentences.

1. Zhè piān kèwén yǒudiǎnr nán. 这篇课文有点儿难。
2. Wǒ xiǎng hé nǐ yíkuàir qù. 我想和你一块儿去。
3. Nǐ de zhè běn xiǎoshuōr wǒ xiǎng kàn yíxiàr. 你的这本小说儿我想看一下儿。
4. Wǒ hěn xǐhuan hé Zhōngguórén liáotiānr. 我很喜欢和中国人聊天儿。
5. Yǒukòngr de shíhou dào wǒ jiā lái wánr ba. 有空儿的时候到我家来玩儿吧。
6. Zhè xiǎoháir xiǎoshǒur zhēn kě'ài. 这小孩儿小手儿真可爱。
7. Nǐ nǚ'ér gèr kě zhēn gāo. 你女儿个儿可真高。
8. Wǒ gěi nǐ dàile liǎng gēnr xīn xiédàir. 我给你带了两根儿新鞋带儿。
9. Wǒ bú tài xǐhuan chī dòuyár. 我不太喜欢吃豆芽儿。
10. Wǒmen qù kāfēiguǎnr zuò yíhuìr ba. 我们去咖啡馆儿坐一会儿吧。

2. **朗读儿歌。** Read aloud the nursery rhymes.

Pāi Shǒu Gē

Nǐ pāi yī, wǒ pāi yī, yí ge xiǎoháir zuò fēijī.
Nǐ pāi èr, wǒ pāi èr, liǎng ge xiǎoháir shū xiǎobiànr.
Nǐ pāi sān, wǒ pāi sān, sān ge xiǎoháir qù páshān.
Nǐ pāi sì, wǒ pāi sì, sì ge xiǎoháir xué xiězì.
Nǐ pāi wǔ, wǒ pāi wǔ, wǔ ge xiǎoháir xué tiàowǔ.
Nǐ pāi liù, wǒ pāi liù, liù ge xiǎoháir chī shíliu.
Nǐ pāi qī, wǒ pāi qī, qī ge xiǎoháir xià tiàoqí.
Nǐ pāi bā, wǒ pāi bā, bā ge xiǎoháir chī xīguā.
Nǐ pāi jiǔ, wǒ pāi jiǔ, jiǔ ge xiǎoháir shǒu lā shǒu.
Nǐ pāi shí, wǒ pāi shí, kàn shéi cóng yī shǔ dào shí.

拍手歌

你拍一，我拍一，一个小孩儿坐飞机。
你拍二，我拍二，两个小孩儿梳小辫儿。
你拍三，我拍三，三个小孩儿去爬山。
你拍四，我拍四，四个小孩儿学写字。
你拍五，我拍五，五个小孩儿学跳舞。
你拍六，我拍六，六个小孩儿吃石榴。
你拍七，我拍七，七个小孩儿下跳棋。
你拍八，我拍八，八个小孩儿吃西瓜。
你拍九，我拍九，九个小孩儿手拉手。
你拍十，我拍十，看谁从一数到十。

3. **对比朗读。** Read aloud comparatively.

1. Chē yào wǎndiǎn, nǐ kěyǐ wǎndiǎnr lái jiē wǒ.
   车要晚点，你可以晚点儿来接我。
2. Míngtiān bù néng chídào, nǐ yào zǎodiǎnr qǐlái chī zǎodiǎn.
   明天不能迟到，你要早点儿起来吃早点。
3. Zhēnyǎnr tài xiǎo, wǒ yǎn dōu kàn bu jiàn.
   针眼儿太小，我眼都看不见。
4. Wǒ xiǎng qǐng nǐ jiāo wǒ nǚ'ér huàhuàr.
   我想请你教我女儿画画儿。
5. Hē wán bié wàng bǎ gàir gàishang.
   喝完别忘把盖儿盖上。
6. Yí kuài qián zhǐnéng mǎi yì xiǎo kuàir dàngāo.
   一块钱只能买一小块儿蛋糕。
7. Zhège jiémù zhēn méi jìn.
   这个节目真没劲。
   Wǒ bù shūfu, húnshēn méi jìnr.
   我不舒服，浑身没劲儿。
8. Yǒu nǐ de xìn.
   有你的信。

Yǒu xìnr wǒ mǎshàng gàosu nǐ.
有信儿我马上告诉你。

⑨ Xiàwǔ yī diǎn wǒ zhèngzài xǐ tóu ne.
下午一点我正在洗头呢。
Wǒmen de tóur yìdiǎnr yě bù yōumò.
我们的头儿一点儿也不幽默。

⑩ Tīngle nǐ de jiànyì, shēngyi mǎshàng jiù huǒ le.
听了你的建议，生意马上就火了。
Nǐ kuài huíqù ba, nǐ bàba yǐjīng huǒr le.
你快回去吧，你爸爸已经火儿了。

⑪ Zhè jiā fàndiàn yǐjīng méiyǒu kòng zuòwèi le.
这家饭店已经没有空座位了。
Wǒ jīntiān méi kòngr.
我今天没空儿。

⑫ Bié wàngle xiàwǔ yī diǎn kāi huì.
别忘了下午一点开会。
Nǐ de chē ràng wǒ kāi huìr ba.
你的车让我开会儿吧。

4. **朗读俗语。** Read aloud the idiomatic expressions.

① Yì bǎi bāshí dù dà zhuǎnwānr. 一百八十度大转弯儿。

② Yì zhāor bú shèn, mǎn pán jiē shū. 一着儿不慎，满盘皆输。

③ Bā zì méi yì piěr. 八字没一撇儿。

④ Bàn jīn duì bā liǎng, zhēnjiānr duì màimáng. 半斤对八两，针尖儿对麦芒。

⑤ Qiāng dǎ chūtóu niǎor. 枪打出头鸟儿。

⑥ Chǒu xífur zǒng děi jiàn gōngpó. 丑媳妇儿总得见公婆。

⑦ Yì tiáo hútòngr zǒu dào dǐ. 一条胡同儿走到底。

⑧ Yì rén chàng hóngliǎnr, yì rén chàng báiliǎnr. 一人唱红脸儿，一人唱白脸儿。

⑨ Guòle zhè cūnr, kě méi zhè diànr. 过了这村儿，可没这店儿。

⑩ Guì rén duō wàng shìr. 贵人多忘事儿。

5. **朗读绕口令。** Read aloud the tongue twisters.

1. Chī pútao bù tǔ pútao pír, bù chī pútao dào tǔ pútao pír.
   吃葡萄不吐葡萄皮儿，不吃葡萄倒吐葡萄皮儿。

2. Jìn ménr dào bēi shuǐ, hē liǎng kǒur yùnyun qìr.
   进门儿倒杯水，喝两口儿运运气儿，

   Ná qǐ xiǎo chàngběnr, yìqǐ chàng yì qǔr.
   拿起小唱本儿，一起唱一曲儿。

3. Xiǎo gērliǎ, hóng liǎndànr, pànghūhū, yíkuàir wánr.
   小哥儿俩，红脸蛋儿，胖乎乎，一块儿玩儿。

   Xiǎo gērliǎ, yí ge bānr, yí lù shàngxué chàng zhe gēr.
   小哥儿俩，一个班儿，一路上学唱着歌儿。

   Xué zàojùr, yí chuànrchuànr, chàng xiǎoqǔr, yí duànrduànr,
   学造句儿，一串儿串儿，唱小曲儿，一段儿段儿，

   Xué huàhuàr, bù tānwánr.
   学画画儿，不贪玩儿。

   Huà xiǎomāor, zuān yuánquānr; huà xiǎojīr, chī xiǎomǐr.
   画小猫儿，钻圆圈儿；画小鸡儿，吃小米儿。

   Xiǎo gērliǎ, yì gǔ jìnr, nǔlì xuéxí bù fēnxīn.
   小哥儿俩，一股劲儿，努力学习不分心。

   Zhè yí duìr, xiǎo gērliǎ, zhēn shì fùmǔ hǎo bǎobèir.
   这一对儿，小哥儿俩，真是父母好宝贝儿。

④ Chū dōngménr, guò dà qiáo, dà qiáo xiàmian yí shù zǎor.
出东门儿，过大桥，大桥下面一树枣儿。

Ná qǐ zhúgānr qù dǎ zǎor, qīng zǎor duō, hóng zǎor shǎo.
拿起竹竿儿去打枣儿，青枣儿多，红枣儿少。

Yí ge zǎor, liǎng ge zǎor, sān ge zǎor, sì ge zǎor, wǔ ge zǎor,
一个枣儿，两个枣儿，三个枣儿，四个枣儿，五个枣儿，

liù ge zǎor, qī ge zǎor, bā ge zǎor, jiǔ ge zǎor, shí ge zǎor;
六个枣儿，七个枣儿，八个枣儿，九个枣儿，十个枣儿；

Jiǔ ge zǎor, bā ge zǎor, qī ge zǎor, liù ge zǎor, wǔ ge zǎor,
九个枣儿，八个枣儿，七个枣儿，六个枣儿，五个枣儿，

sì ge zǎor, sān ge zǎor, liǎng ge zǎor, yí ge zǎor.
四个枣儿，三个枣儿，两个枣儿，一个枣儿。

Zhè shì yí ge ràokǒulìngr, yì kǒu qìr shuō wán cái suàn hǎo.
这是一个绕口令儿，一口气儿说完才算好。

测试 儿化

1. 听录音，判断你听到的是不是儿化音。Listen to the recording and decide if what you have heard are retroflexion. 08-01

① ______	② ______	③ ______	④ ______	⑤ ______
⑥ ______	⑦ ______	⑧ ______	⑨ ______	⑩ ______

2. 听录音，圈出你听到的拼音。Listen to the recording and circle the *pinyin* you have heard. 08-02

① nánmén nánménr	② wǎndiǎn wǎndiǎnr	③ huǒguōr gànhuór	④ xiédài xiédàir	⑤ cháguǎnr liùwānr
⑥ xiěxìn shāoxìnr	⑦ xiǎoyǎnr xiǎoyár	⑧ liándài liǎndànr	⑨ méijìn méijìnr	⑩ yānjuǎnr yuánquānr

3. 听录音，根据你听到的顺序排序。Listen to the recording and put them in order according to what you have heard. 08-03

( )méishìr 没事儿	( )xiǎoháir 小孩儿	( )dàhuǒr 大伙儿	( )chàdiǎnr 差点儿	( )liáotiānr 聊天儿
( )lǎotóur 老头儿	( )yíxiàr 一下儿	( )yíhuìr 一会儿	( )hǎowánr 好玩儿	( )yàoshuǐr 药水儿

4. 听录音，标声调，“一”“不”标变调。Listen to the recording and write down the tones. Write down the tone sandhi of “一” and “不”. 08-04

① Bie wang gai pinggair.
别忘盖瓶盖儿。

② Ta song gei wo yi zhang shuqianr.
他送给我一张书签儿。

③ Wo bu xiang qu na zhong changhe.
我不想去那种场合。

④ Ni yao youkongr jiu lai wo jia wanr.
你要有空儿就来我家玩儿。

⑤ Wo xiang qing Xiao Wang gei wo mai yi genr xin yuganr.
我想请小王给我买一根儿新鱼竿儿。

第九章

轻声

学习目标→学习轻声读音、语法轻声及常见的轻声词

建议课时→ 2~6 课时

适应层次→初级 / 中高级

概说

轻声

轻声指的是在一定情况下读得又轻又短的音。有的音节本身就是轻声音节，如“吗、么、吧”等；有的音节原本有声调，但失去了原来的声调而变成了轻声。

轻声的标调

轻声字在注音时只标声母和韵母，不标声调，如“桌子”中的“子zi”。

本章内容

本章主要介绍轻声读音、语法轻声及常见的轻声词。语气词“啊”的音变也是轻声读音，因此也放在本章讲解。

第1节 轻声读音

教师知识储备

基本知识

- 轻声音长。

轻声音长变短，大约要缩短二分之一，这是轻声比较突出的特点。

- 轻声音强。

轻声音强变弱。

- 轻声音高。

轻声不是一个独立的声调，本身没有固定的音高。在语流中，它的音高因受前字声调的影响而不固定。一般来说：

（1）在三声后读半高调，约4度[1]；

（2）在二声后读中调，约3度；

（3）在一声后读半低调，约2度；

（4）在四声后音高最低，约1度。

- 轻声音色。

轻声音节在音色上也会有一些变化，常见的有：

（1）韵腹变得含混，一般央化，韵腹为ɑ时尤其明显。如：

妈·妈［mᴀ→mə］　　棉·花［xuᴀ→xuə］

麻·烦［fan→fən］　　哥·哥［kɤ→kə］

（2）擦音或塞擦音声母后面带有同其发音部位相近的单元音时，常常丢失该元音。如：

东·西［ɕi→ɕ］　　豆·腐［fu→f］　　杯·子［tsɿ→ts］

意·思［sɿ→s］　　钥·匙［ʂ̩ →ʂ̩］

（3）前响复元音韵母常常变成单元音。如：

木·头［t’əu→t’ɔ］　　妹·妹［mei→mə］

眉·毛［mɑu→mɔ］　　出·来［lai→lɛ］

（4）有的轻声音节的声母会轻微浊化。如：

我·的［tɤ→də］　　好·吧［pᴀ→bᴀ］

三·个［kɤ→gə］　　听·着［tʂə→dʐ̩ə］

1　实际上，三声在轻声前面要么读半三声，要么读二声，这里说的三声其实是指半三声，参看本章第4节“三声+轻声”。

教学关键
- 关键是把握又轻又短。
- 在三声、二声、一声和四声后音高依次降低。

教学建议

- 练习时关键要把握“又轻又短”。
- 注意和一声、四声相区别，一声是高平调，四声是全降调，两者都起调高，轻声起调低；轻声音程也没有一声和四声长，应轻而短。
- 练习轻声音高时，可以把轻声前面的音节尽量发得完整、充分，然后往下降，顺势带出轻声。
- 为了不增加学生的负担，轻声音节音色的变化不用专门总结讲解，教师了解相关现象之后可以在需要的时候给学生适当的点拨。

课堂活动

听音说音

活动步骤

① 教师随机说出一声、四声或轻声的音节，请学生听辨。听到一声伸一个手指，听到四声伸四个手指，听到轻声拇指和食指做个圆圈。可让学生按顺序轮流听辨，做错的学生再朗读一遍这个音节以加强感知。

② 教师随机把一些音节写在黑板上，只写声母和韵母，不用写声调。然后教师一手指其中的一个音节，一手按上述方式做出一声、四声或轻声的手势，请学生发音。发错的学生再朗读一遍这个音节。

③ 也可学生轮流发音，发音正确的学生到讲台上选一个音节并给出声调手势，让下一个同学发音。

第2节 规律轻声

教师知识储备

基本知识 ▶ 固定的轻声音节。

现代汉语中有些字本身就只读轻声。

（1）助词“的、地、得、着、了、过”等，如“你·的”“认真·地”“写·得好”“走·着”“吃·了”“去·过”。

（2）语气词“吧、吗、嘛、啊、呢”等，如“睡·吧”“看·吗”“高兴·嘛”“是·啊”“你·呢”。

（3）表示群体的“们”，如“你·们”“我·们”“咱·们”。

（4）构词后缀“么”，如“这·么”“那·么”“什·么”“怎·么”“多·么”。

▶ 有规律的轻声音变。

除了固定的轻声音节，还有一些字，本身不是轻声，因其在词句中的特殊位置，常常被读作轻声。比如，“看”本身是四声，在其重叠式“看看”中，第二个“看”要读轻声。这类轻声词往往有较强的规律性。总的来说，有下列一些情况：

（1）构词语素“子、头、儿”，如“杯·子”“孩·子”“石·头”“后·头”“孙·儿”等。要注意的是，有的词中，“子、头”表示具体的意义，此时不能读轻声，如“男子”“女子”“原子”“窝头”。

（2）叠音词的第二个音节，如“妈·妈”“弟·弟”“星·星”。

（3）动词重叠形式中后边的字，如“看·看”“等·等”“了·解了·解”“研·究研·究”。

（4）动词和形容词重叠形式中间的“一、不”及动词与补语之间的“不”，如“看·一看”“看·不看”“好·不好”“听·不懂”。

（5）量词“个”，如“这·个”“五·个”，有时也可不读轻声。

（6）出现在名词后表示方位的“上、下、里”、出现在动词后表示趋向的词也常常轻读，如“山·上”“床·下”“房间·里”“出·去”“进·来”“跑·过·去”“说·出·来”“哭·起·来”。但是这类词相对比较自由，有时也可不读轻声。

教学关键 ▶ 了解特定的构词或语法成分变读轻声的规律，增强语音流利度。

教学建议

▶ 这些轻声规律不必在语音教学阶段一次性介绍给学生，可以结合相应词汇和语法分散介绍和学习，到一定阶段视情况需要再复习总结。

第3节 特殊轻声词

教师知识储备

基本知识 ▶ 无区别意义的惯读轻声词。

普通话中有一些词，虽然组成这个词的每个字都有固定的声调，但第二字常常读作轻声，如“舒·服”“漂·亮”。这些词的读音是语音长期演变的结果，虽然不读轻声并不影响对意义的理解，但是如果把“舒·服”读成“舒服［35］”、把“漂·亮”读成“漂亮［51］”，就会让人听起来感觉生硬、不自然。

▶ 有区别意义的必读轻声词。

还有一类轻声词，它们相对应的非轻声形式是另一个词，也就是说，轻声有区别词义和词性的作用，比如，大意（dàyì）是名词，表示主要的意思，而大意（dàyi）是形容词，意思是不细心、不认真。这类词在使用时要读准声调，否则会影响对意义的理解。

教学关键 ▶ 熟练朗读惯读和必读轻声词，提高语音自然度和流利度。

教学建议

▶ 和词汇教学结合起来分散进行，注意必读轻声词与不读轻声时的对比，到一定阶段视情况需要复习总结。

第4节 三声+轻声

教师知识储备

基本知识 ▶ 三声+非三声本调变成的轻声。

如果三声后的轻声音节其本来的声调是非三声（包括只有轻声读音的助词等特殊的轻声

词），该三声变成半三声。如“眼·睛、晚·上、早·上、你·的、好·吗”。但是，有一个特殊的词“主意”，从规律上讲，“主”应该读半三声，可实际常常读作二声“zhúyi”。

▶ 三声+三声本调变成的轻声。

（1）如果是特定或有规律的轻声词（也就是说，在该词中其轻声资格比较稳定），那么前面的三声变成半三声，如“姐·姐、有·的、马·虎”。也可把这类词称为必读轻声词。这类也有一个特殊的词，“法子”，从规律上讲，“法”应该读半三声，可实际中常读作二声“fázi”。

（2）如果轻声资格不稳定（即读不读轻声都可以），三声通常变成二声，如“小·姐、想·法、哪·里”。可以把这类词称为可读轻声词。

（3）如果是声调为三声的单音节动词重叠形式VV，那么第二个音节读轻声，第一个音节读二声，如“想·想”，第一个“想”读二声，第二个“想”读轻声。

三声在轻声音节前的变调规律汇总见表9.1。

表9.1　三声在轻声前面的变调规律表

<table>
<tr><th colspan="2">出现情况</th><th>实际读音</th><th>例子</th></tr>
<tr><td colspan="2" rowspan="2">在原调为非三声的轻声音节（包含只有轻声读音的助词等特殊的轻声词）前面</td><td>半三声［21］</td><td>眼［21］·睛
晚［21］·上
你［21］·的
好［21］·吗</td></tr>
<tr><td>二声</td><td>主［35］·意</td></tr>
<tr><td rowspan="4">在原调为三声的轻声音节前</td><td rowspan="2">必读轻声（轻声资格稳定）</td><td>半三声［21］</td><td>姐［21］·姐
有［21］·的
马［21］·虎</td></tr>
<tr><td>二声</td><td>法［35］·子</td></tr>
<tr><td>可读轻声（轻声资格不稳定）</td><td>二声</td><td>小［35］·姐
想［35］·法
哪［35］·里</td></tr>
<tr><td>三声单音节动词重叠形式</td><td>二声</td><td>等［35］·等
讲［35］·讲
想［35］·想</td></tr>
</table>

教学关键 ▶ 大部分“三声+轻声”词中，三声都是读半三声。

▶ 只有在轻声音节原调为三声且其轻声资格不太稳定时，其前三声才读二声。

教学建议

- 结合具体例子分类进行感知练习，形成语感。
- 把那些二声变读二声的“三声+轻声”组合成的词语作为特例，特别提醒学生熟读熟记。

第5节　“啊”的音变

教师知识储备

基本知识

- “啊”的音变情况及写法变化（见表9.2）。

“啊”是一个语气词，在语流中往往受前字最后一个音素的影响而发生音变，主要有：

（1）“啊”在ɑ、o、e、i、ü、ê后面读音变成“yɑ”，也可写作“呀”。如：马呀、我呀、过呀、饿呀、鸡呀、鱼呀、写呀，其中o只限于为单韵母或复韵母uo的情况。

（2）“啊”在u、ou、ɑo、iɑo的后面读音变成“wɑ”，也可写作“哇”，如：哭哇、手哇、好哇、要哇。

（3）“啊”在n后面读音变成“nɑ”，也可写作也可“哪”，如：难哪、新哪、玩哪。

（4）“啊”在ng后面读音变成“ngɑ”，写作“啊”，如：忙啊、想啊、穷啊。

（5）“啊”在音节zhi、chi、shi、ri和er后面读音变成“［ʐA］”，写作“啊”，如：纸啊、吃啊、是啊、日啊、儿啊。

（6）“啊”在音节zi、ci、si后面读音变成“［zA］”，写作“啊”，如：字啊、词啊、死啊。

- “啊”的声调。

不管“啊”变为哪一种声韵组合，变为哪一种写法，都读作轻声。

表9.2 “啊”的音变规律表

连读情况	实际读音	写法	例子
ɑ、o（单韵母、uo）、e、i、ü、ê+啊	yɑ	呀	马呀、我呀、过呀、饿呀、鸡呀、鱼呀、写呀
u、ou、ɑo、iɑo+啊	wɑ	哇	哭哇、手哇、好哇、要哇
n+啊	nɑ	哪	难哪、新哪、玩哪
ng+啊	ngɑ	啊	忙啊、想啊、穷啊
zhi、chi、shi、ri、er+啊	[ʐA]	啊	纸啊、吃啊、是啊、日啊、儿啊
zi、ci、si+啊	[zA]	啊	字啊、词啊、死啊

教学关键 ▶ 理解音变规律，主要是受前音影响增加一个音（呀、哇）或和前面的音连读（哪、啊）。

教学建议

- 先说明规则，然后结合具体例子感知朗读。
- “啊”的前三种音变可以从具体的字上来区分，在书面材料中也写为不同的字，至少在国际汉语教学中应该提倡这么做，可使学习者见字知音，不用思考音变，减少负担。这样，只需提醒学习者注意后三种音变现象即可。
- 为了节约学时，“啊”的音变也可以不集中教，只在学习中遇到时分散提醒解释即可。
- “啊”的使用常常和感叹语气连在一起，朗读时要用特别的语调，也可以和下一章的句调练习结合起来进行。

综合听读材料 轻声

1. **词语辨读。**Read the words comparatively.

méimao—měimào 眉毛—美貌	zhèli—zhélǐ 这里—哲理	shūfu—shùfù 舒服—束缚	cāngying—cāngyīng 苍蝇—苍鹰
dāla—dǎlà 耷拉—打蜡	fúqi—fūqī 福气—夫妻	jìhao—jǐhào 记号—几号	jiàohuan—jiāohuàn 叫唤—交换
lìhai—lìhài 厉害—利害	lìji—lìjí 痢疾—立即	méiren—méirén 媒人—没人	rènshi—rénshì 认识—人事
xiàohua—xiàohuā 笑话—校花	xífu—xīfú 媳妇—西服	yuānwang—yuànwàng 冤枉—愿望	zhuàngyuan—zhuāngyuán 状元—庄园

2. **朗读俗语。**Read aloud the idiomatic expressions.

1. Bànlù shā chū ge Chéng Yǎojīn. 半路杀出个程咬金。
2. Chén gǔzi, làn zhīma. 陈谷子，烂芝麻。
3. Dǎzhe dēnglong zhǎo bu zháo. 打着灯笼找不着。
4. Duǒ de liǎo chūyī, duǒ bu liǎo shíwǔ. 躲得了初一，躲不了十五。
5. Húlu li mài de shénme yào. 葫芦里卖的什么药。
6. Jīdàn li tiāo gǔtou. 鸡蛋里挑骨头。
7. Méiyǒu guò bu qù de Huǒyànshān. 没有过不去的火焰山。
8. Dǎzhǒng liǎn chōng pàngzi. 打肿脸充胖子。
9. Zhànzhe shuōhuà bù yāoténg. 站着说话不腰疼。

3. **朗读句子。** Read aloud the sentences.

1. Zhè jiā fànguǎnr de Zhōngguó cài hěn dìdao.
   这家饭馆儿的中国菜很地道。
2. Míngtiān nǐ qù bu qù shān shang kàn rìchū?
   明天你去不去山上看日出?
3. Wǒ yéye dǎ tàijíquán dǎ de tèbié hǎo.
   我爷爷打太极拳打得特别好。
4. Zhège wèntí yǒudiǎnr nán, nǐ ràng wǒ hǎohāor xiǎng yi xiǎng.
   这个问题有点儿难，你让我好好儿想一想。
5. Yǒu shénme kùnnan nǐ jiù gàosu wǒ, wǒ yídìng xiǎng bànfǎ bāng nǐ.
   有什么困难你就告诉我，我一定想办法帮你。
6. Jiějie shuō tā yǒudiǎnr bù shūfu, bù gēn wǒmen yìqǐ qù le.
   姐姐说她有点儿不舒服，不跟我们一起去了。
7. Nǐ bùnéng zhěngtiān zài fángjiānli kàn diànshì, yīnggāi duō chūqu zǒuzou.
   你不能整天在房间里看电视，应该多出去走走。
8. Wǒ juéde zhège jiàgé bù zěnme piányi, wǒ bù xiǎng mǎi le.
   我觉得这个价格不怎么便宜，我不想买了。

4. **先朗读，然后两人一组问一问，指一指。** Read the words and sentences first, and then work in pairs to ask and point.

读		问	答
tóufa	头发	头发头发在哪里（zài nǎli）?	头发头发在这里（zài zhèli）。
méimao	眉毛	眉毛眉毛在哪里?	眉毛眉毛在这里。
yǎnjing	眼睛	眼睛眼睛在哪里?	眼睛眼睛在这里。
bízi	鼻子	鼻子鼻子在哪里?	鼻子鼻子在这里。
zuǐba	嘴巴	嘴巴嘴巴在哪里?	嘴巴嘴巴在这里。
ěrduo	耳朵	耳朵耳朵在哪里?	耳朵耳朵在这里。

（续表）

读		问	答
bózi	脖子	脖子脖子在哪里？	脖子脖子在这里。
gēbo	胳膊	胳膊胳膊在哪里？	胳膊胳膊在这里。
zhǐjia	指甲	指甲指甲在哪里？	指甲指甲在这里。

5. **朗读顺口溜和儿歌。** Read aloud the jingles and the nursery rhymes.

① Yī èr sān, sān èr yī, yī èr sān sì wǔ liù qī.
一二三、三二一，一二三四五六七。

Qī ge háizi lái zhāi guǒr, qī ge lánzi shǒu zhōng tí.
七个孩子来摘果儿，七个篮子手中提。

Qī ge guǒzi qī ge yàngr, píngguǒ, xiāngjiāo, júzi, shìzi, lǐzi, lìzi, lí.
七个果子七个样儿，苹果、香蕉、橘子、柿子、李子、栗子、梨。

② Bàba de bàba jiào yéye, bàba de māma jiào nǎinai.
爸爸的爸爸叫爷爷，爸爸的妈妈叫奶奶。

Bàba de gēge jiào bóbo, bàba de dìdi jiào shūshu, bàba de jiěmèi jiào gūgu.
爸爸的哥哥叫伯伯，爸爸的弟弟叫叔叔，爸爸的姐妹叫姑姑。

Māba de bàba jiào lǎoye, māma de māma jiào lǎolao.
妈妈的爸爸叫姥爷，妈妈的妈妈叫姥姥。

Māba de xiōngdì jiào jiùjiu, māma de jiěmèi jiào āyí.
妈妈的兄弟叫舅舅，妈妈的姐妹叫阿姨。

6. **朗读绕口令。** Read aloud the tongue twisters.

❶ Biǎndan kuān, bǎndèng cháng,
扁担宽、板凳长，
biǎndan xiǎng bǎng zài bǎndèng shang.
扁担想绑在板凳上。
Bǎndèng bú ràng biǎndan bǎng zài bǎndèng shang,
板凳不让扁担绑在板凳上，
biǎndan piān yào bǎng zài bǎndèng shang,
扁担偏要绑在板凳上，
bǎndèng piānpiān bú ràng biǎndan bǎng zài nà bǎndèng shang.
板凳偏偏不让扁担绑在那板凳上。

❷ Gēge dìdi pō qián zuò, 哥哥弟弟坡前坐，
pō shang wòzhe yì zhī é, 坡上卧着一只鹅，
pō xià liúzhe yì tiáo hé. 坡下流着一条河。
Gēge shuō: "kuānkuān de hé." 哥哥说："宽宽的河。"
Dìdi shuō: "báibái de é." 弟弟说："白白的鹅。"
É yào guò hé, hé yào dù é. 鹅要过河，河要渡鹅。
Bù zhī shì nà é guò hé, 不知是那鹅过河，
háishi hé dù é. 还是河渡鹅。

❸ Yǒu ge xiǎoháir jiào Xiǎo Dù, 有个小孩儿叫小杜，
shàng jiē dǎ cù yòu mǎi bù. 上街打醋又买布。
Mǎile bù, dǎle cù, 买了布，打了醋，
huítóu kànjiàn yīng zhuā tù. 回头看见鹰抓兔。
Fàngxia bù, gēxia cù, 放下布，搁下醋，
shàngqián qù zhuī yīng hé tù. 上前去追鹰和兔。
Fēile yīng, pǎole tù, 飞了鹰，跑了兔，
sǎle cù, shīle bù. 洒了醋，湿了布。

④ Zuǐ shuō tuǐ, tuǐ shuō zuǐ. 嘴说腿，腿说嘴。
Zuǐ shuō tuǐ: “ài pǎo tuǐ.” 嘴说腿：“爱跑腿。”
Tuǐ shuō zuǐ: “ài mài zuǐ.” 腿说嘴：“爱卖嘴。”
Guāng dòng zuǐ, bú dòng tuǐ, 光动嘴，不动腿，
guāng dòng tuǐ, bú dòng zuǐ, 光动腿，不动嘴，
bùrú bù zhǎng tuǐ hé zuǐ. 不如不长腿和嘴。

测试 轻声

1. 听录音，圈出你听到的拼音。Listen to the recording and circle the *pinyin* you have heard. 09-01

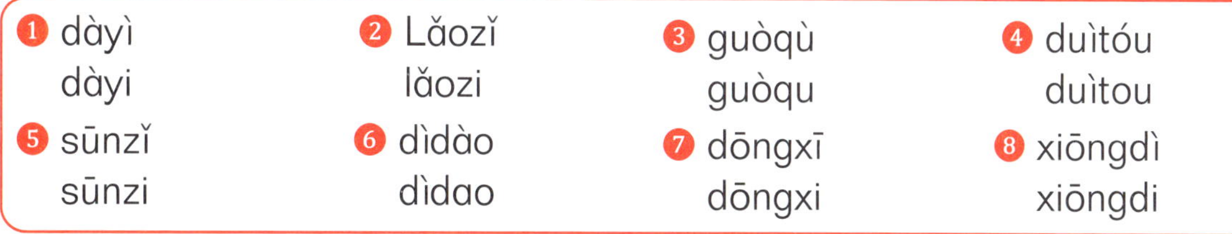

① dàyì dàyi	② Lǎozǐ lǎozi	③ guòqù guòqu	④ duìtóu duìtou
⑤ sūnzǐ sūnzi	⑥ dìdào dìdao	⑦ dōngxī dōngxi	⑧ xiōngdì xiōngdi

2. 听录音，根据你听到的顺序给图片排序。Listen to the recording and put the pictures in order according to what you have heard. 09-02

3. 听录音，写拼音，注意轻声。Listen to the recording and write down the *pinyin*. Pay attention to the neutral tones. 09-03

① ______ 便宜	② ______ 认识	③ ______ 跳哇	④ ______ 咳嗽	⑤ ______ 袜子
⑥ ______ 吃啊	⑦ ______ 关系	⑧ ______ 收拾	⑨ ______ 先生	⑩ ______ 地方

第十章

语调

学习目标 ➔跟语调有关的重音、停延、句调和语气等的表达

建议课时 ➔ 4~8 课时

适应层次 ➔初级 / 中高级

概说

语调

人们在说话或朗读时，为了更准确地表达意思和感情，有时会说得重一些，有时会停下来慢一些，有时音调逐渐升高，有时会有意降低音调，这些语音的轻重、快慢和高低等的变化就是我们常说的语调。

语调的构成因素比较复杂，但主要表现在重音、停延、句调等方面。

重音

重音指的是词句中念得比较重、听起来特别清晰的音。重音一般可以分为词重音和语句重音，语句重音又可分为规律重音和逻辑重音。

停延

停延是指说话或朗读时，语句之间、段落之间所出现的间歇和延长。间歇就是常说的停顿，延长是指间歇左侧音节的韵腹的发音被拉长。

停延一般可以分为句法停延和逻辑停延。句法停延是指根据句法结构特点而做出的停延，又可分为句际停延和句内停延。

句调及其与声调的关系

句调是指整句话音高升降的变化，一般可以分为四种：高升调、低降调、平直调和曲折调。

句调和声调都是音高的变化形式，但声调只是一个字或音节的音高变化，因此又叫“字调”。声调在句中因受语调的影响也会有一些细微变化，而句子末尾的句调也会受到不同声调的影响。

本章内容

本章主要包括：句中声调即声调的调域变化、重音读音、规律重音、逻辑重音、句际停延、句内停延、逻辑停延、句调、句调与字调、句调与句类等。

关于词重音

本书未专门介绍词重音，主要有这样的考虑：词重音在汉语中的表现不是太明显，也没有区别意义的作用。词语的朗读，关键在于模仿，过多的理论讲解反而会让学生迷惑。本书在每章几乎都安排了双音节及多音节词语的朗读练习，这些大量的模仿练习对于形成学生的语感大有裨益。因此，为了不增加教学负担，本书不专门设置词重音章节。

但是，汉语中有些音节读轻声却有区别意义的作用，这一点在教学中要特别注意。

第1节 句中声调

教师知识储备

基本知识 ▶ 调型保持不变。

声调的调型在句子中是不能随意改变的。例如："他叫张问？↗"不能因为疑问句用升调而读成"他叫张文？↗"这种错误在于把本是高降调的"问"读成了中升调的"文"，改变了调型，也就是说，把一种声调读成了另一种声调。母语是非声调语言的学习者常常因为母语的负迁移作用而在读类似句子中的声调时改变了调型，这也是造成"洋腔洋调"的一个原因。

▶ 调域可能改变。

在句子中，声调的调域可能会因为语调的轻重、停延和升降而发生变化，包括扩展或压缩、延长或缩短、升高或降低等情况。参看图10.1[1]：

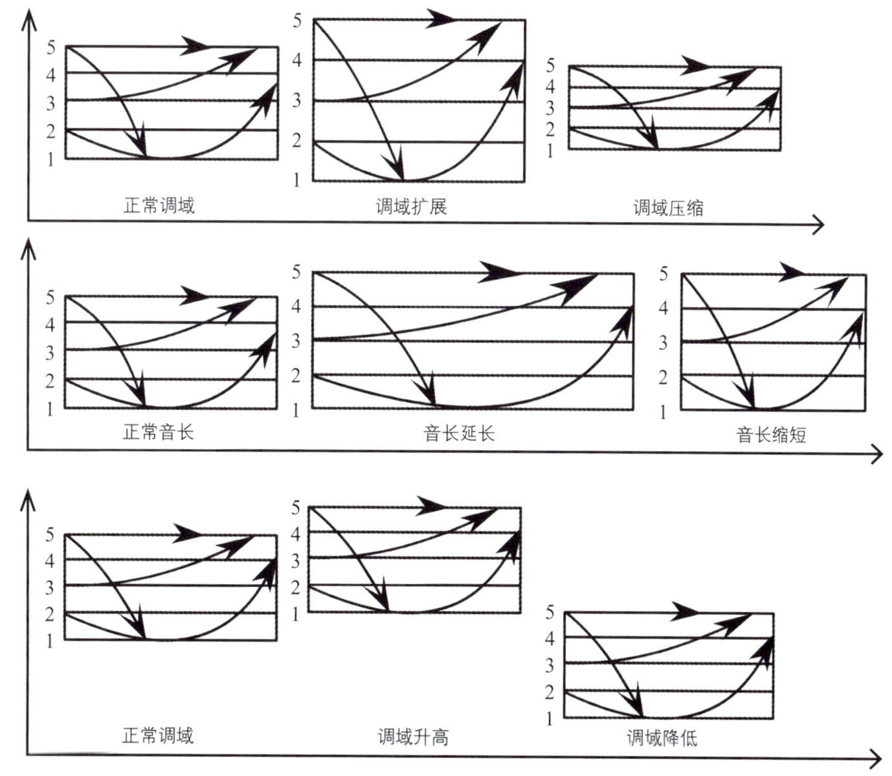

图10.1　声调调域变化图

1　该图参考金晓达、刘广徽《汉语普通话语音图解课本（CD-ROM）》。

教学关键

- 掌握汉语普通话四个基本声调的调型。
- 体会把握不同语调下调域的改变。

教学建议

- 用高、中、低三种音高分别朗读相同的声调，体会调域的细微变化。
- 教学中一定要强调保持调型不变，避免因受语调特别是句调升降的影响而改变调型从而造成“洋腔洋调”。
- 初级阶段以比较简单的词句为主进行练习，尽早让学生形成语感，中高级阶段继续巩固以达到自动化。

第2节 重音读音

教师知识储备

基本知识

- 重音发音。

  重音通常在形式上表现为具有相对较长的音长和较完整的调型。比较起来，重音一般音高更高、音强更强、音长更长，有时还会有不同的音色和停延。发音时，重音一般要提高音高、多用力以加大音强、加长音长。
- 重音符号。

  重音可以用符号' 表示。
- 语流中的重音。

  在语流中，重音听起来要比其他音节突出。当句中重音不是单音节词而是双音节或三音节词时，往往需要采取扩大调域的读法。简单地说就是使人感到高音更高、低音更低，以达到突显的目的。也有学者指出，汉语句重音在形式上往往具有“重音+轻化”的特点，即前边的音节作为重音加重时，其后的音节常常降低高音点即起调较低或压缩调域即音高跨度变小。比如，第一声音节加重时，其后的一声常常只读为正常调域的［43］[1]。

1 参看曹文：《现代汉语语音问答》，北京大学出版社，2010年。

▶ 对外国学生的重音教学。

外国学生在重音的听觉感知上和中国人往往有所不同，因此他们在朗读或说话时即使在重音方面特别努力，也可能会因为定错了重音而造成理解困难。因此，感知并确定要重读的音对外国学生的学习来说也很重要。练习时，教师可以先引导学生根据规律确定重音，再听录音具体感知，然后再自己朗读进行对比。

第3节 规律重音

教师知识储备

基本知识

▶ 规律重音。

在一般的中性语境中，句中的信息焦点要重读，而信息焦点往往有一定规律，被称为“规律重音”。这类重音通常与特定的语法成分有关系，因此也叫“语法重音”。

▶ 常见的规律重音。

规律重音即句子的信息焦点常常是句中特定的语法成分，或是有某种特定表意作用的成分。具体有：

（1）主要谓词，如：①春天' 到了！②今天' 星期一。

（2）承载主要信息的宾语，如：他在看' 电视。

（3）主要谓词前表示性状和程度的状语，如：你们要' 努力学习汉语。

（4）主要谓词后表示状态或程度的补语，如：他的汉语说得' 非常好。

（5）起主要说明作用的定语，如：我喜欢' 热情' 开朗的人。

（6）表示疑问和指示的代词，如：①她参加了' 什么活动？②事情的经过是' 这样的。

（7）作为重要说明对象的数词，如：我学了' 两年汉语了。

（8）对比成分，如：①她喜欢' 红色，不喜欢' 黑色。②' 他去，' 我不去。

（9）表示夸张、奇特等的成分，如：①这件事比' 登天都难。②天热得能晒化' 电线。

▶ 常见的不重读的词。

一些特定的词类，在句子中一般不重读，主要有：介词，单音节连词，量词，助词，表示否定、虚指的疑问代词，如：①这个菜不怎么好吃。②我们去哪儿转转吧。

▶ 重读与词义的不同。

有一些词，在句中使用时有轻读的情况，也有重读的情况，但是两者意义差别很大，主要是一些副词。下表是一些例子：

<table>
<tr><th>例词</th><th colspan="2">重读意义和例子</th><th colspan="2">轻读意义和例子</th></tr>
<tr><td rowspan="3">就</td><td>立刻</td><td>别着急，我就来了。</td><td>连续</td><td>我吃了饭就去找你。</td></tr>
<tr><td>仍然</td><td>我说了那么多遍，他就不听。</td><td rowspan="2">缓和语气</td><td rowspan="2">这本书就放你那儿吧。</td></tr>
<tr><td>只有</td><td>就我自己没去过。</td></tr>
<tr><td rowspan="2">都</td><td>总括</td><td>雨太大，我们衣服都淋湿了。</td><td>加强语气</td><td>雨太大，衣服都淋湿了。</td></tr>
<tr><td>全部</td><td>我们都二十岁了。</td><td>已经</td><td>我都二十岁了。</td></tr>
<tr><td>再</td><td>重复</td><td>请你再说一遍。</td><td>先后</td><td>我想吃完饭再写作业。</td></tr>
<tr><td>又</td><td>重复</td><td>这个电影我又看了一遍。</td><td>先后</td><td>我吃完饭，又吃了两个苹果。</td></tr>
<tr><td rowspan="2">还</td><td>继续</td><td>让你关了，你怎么还看呢？</td><td rowspan="2">加强语气</td><td rowspan="2">你还会说汉语呢？</td></tr>
<tr><td>更</td><td>这件比那件还贵呢。</td></tr>
</table>

教学关键

▶ 句重音可以是主要谓语动词、宾语、状语、补语、定语、疑问代词、指示代词、数词等，或是对比、夸张、表示奇特等成分。

▶ 关键是找出句子的信息焦点，信息焦点的确定应和上下文及具体的语境联系起来。

教学建议

▶ 结合具体例句进行朗读感知练习。

▶ 在平时的语法和句子教学中帮助学生树立重音意识，随时提醒并练习。

▶ 初级阶段结合简单的句子进行引导体会，尽早形成语感；中高级阶段可以集中总结，上升为主动的理性认识。

▶ 常见的确定重音的规律可以集中告诉学生并引导学生体会理解。

▶ 重读和轻读时意义有别的词语应和相应的单个词语的教学结合起来，到高级阶段有必要时再集中总结。

第4节 逻辑重音

教师知识储备

基本知识 ▶ 逻辑重音。

逻辑重音指的是在具体的语境中为了表达某种特殊含义而强调重读的词语，因此也可叫"强调重音"。和语法重音不同，逻辑重音没有规律，哪些词语需要突出或强调，要依据上下文、说话人的要求或情感的发展来确定。

▶ 逻辑重音与意义表达。

一句话中的每个词都有可能读为重音，同一句话由于逻辑重音的不同会表达出不同的意思。如：

①你为' 什么批评他？（问原因）

②你为什么批评' 他？（问对象）

在具体的交际活动中，因为逻辑重音承载着意义表达的重点，常常是说话人想特别强调的部分，所以逻辑重音比规律重音更为重要。

▶ 逻辑重音的教学。

在对外国学生的教学中，如果受课时所限或为了减轻教学负担，在学生没有特别明显的"洋腔洋调"的情况下，规律重音可以不特别教学，但逻辑重音一定要专门指点练习。

教学关键 ▶ 引导学生树立这样的意识：朗读或说话时要注意根据具体语境确定恰当的逻辑重音，从而正确地传情达意。

教学建议

▶ 初级阶段结合简单的对话教学进行引导，形成语感，在随后的对话或语段朗读中不断提醒强化。

▶ 听读法：同一个句子按不同的逻辑重音朗读，让学生体会其不同的意义。

▶ 问答法：针对同一个句子提出不同的问题，让学生用相应的逻辑重音来回答。

第5节 句际停延

教师知识储备

基本知识

- 句际停延及读法。

  句际停延指的是句子与句子之间或小句与小句之间的停延。在读法上，句际停延主要靠间歇也就是停顿来实现。

- 标点符号与停延。

  句际停延在书面上主要靠标点符号来体现。不同标点符号表示的停延时间不同，一般来说，根据不同的标点符号采取不同的停延，就能使说话抑扬有度、层次分明。

  （1）句中顿号（、）停延时间最短，逗号（，）较长，分号（；）又比逗号长。

  （2）句末的句号（。）、问号（？）、感叹号（！）等表示的停延比分号长，章节段落之间的停延要更长一些。

  （3）冒号（：）是一种比较灵活的标点符号，它表示的停延一般比分号稍长，比句号稍短。

  顿号（、）< 逗号（，）< 分号（；）< 冒号（：）< 句号（。）/ 问号（？）/ 感叹号（！）

  （4）省略号（……）和破折号（——）也表示一定的停延，其停延时间的长短往往和意义表达有密切关系。

教学关键

- 引导学生树立这样的意识：朗读时要注意不同标点符号的停延，写作时要根据不同的表意需要使用不同的标点符号。

教学建议

- 初级阶段结合简单的句子进行练习，并在随后的朗读和会话练习中不断强化以形成自动的语感。
- 总结时先简单介绍常见标点符号的名称及作用，然后结合具体例子进行感知练习。
- 多听读、多模仿、多练习，形成语感。

第6节 句内停延

教师知识储备

基本知识

▶ 句内停延。

句内停延是指人们在说较长的句子时，出于自身生理换气或便于对方理解的需要而做出的停延。

▶ 句内停延的表示符号。

句内停延可以用符号“/”表示。

▶ 句内停延与语法结构。

句内停延通常取决于一定的语法关系，停延一定要在意思相对完整的主语、谓语、宾语、定语、状语、补语等处进行。但这并不是说，不同的句子成分之间一定要停延，句子成分之间的停延一般发生在某个较长的句子成分之前或之后。

句内停延是韵律、表意或生理换气等的需要，但要注意的是，停延一定要服从于语法结构或语意表达，一定不可以在不能停延的地方停延（就是所谓的读“破句”），否则会让人听着感觉生硬，而且也影响对意义的理解。如：“她喜欢普通人的生活”不能读成“她喜欢普通/人的生活”。有时停延不当还会造成误会。举个例子，一个男的跟女同事说：“我很喜欢你（到这里停延了，女同事一下子就脸红了）唱的歌（原来喜欢的是歌不是人）。”有时人们会故意用这种方式制造幽默的效果。例如，一个女孩儿跟男同事说：“我喜欢你/写的文章。”

▶ 句内停延的读法。

在读法上，句内停延主要靠停延处的间歇及其前一音节韵腹的延长来实现。要注意运用音断气不断的发声方法，否则听起来像是在蹦字，让人感觉生硬、不自然。

▶ 句内停延与语速。

语速也是影响句内停延的一个因素。一般来说，语速慢时停延多，语速快时停延少。在一个句子中，除非有特别多的并列成分，否则停延最好不要超过三个。停延太多会给人语言不流畅的感觉。

▶ 常见的不能停延的位置。

词句中也有一些不能停延的位置，在这些地方停延就会读“破句”。

（1）词、成语、惯用语的内部，如：老师、办公室、不好意思、不怎么样、实事求是、东道主。

（2）简单趋向补语、结果补语、可能补语前，如：进来、写完作业、看得懂、吃不完。

（3）正反疑问句“正”的部分只是一个字时，其间不能停顿，如：好不好、吃不吃得完、学不学得会、写没写作业。

（4）轻声音节前，如需停延，只能在其后，如：小王的/书、慢慢地/说、站着/说话、买了/衣服、吃过/饺子。

（5）并列短语中连词后不能停延，如需停延，只能在其前，如：两位老师/和十个学生、职业教育/与人生规划。

教学关键
- 句子较长时应确定停延的位置。
- 掌握停延的读法：前一音节韵腹延长、音断气不断。
- 避免读“破句”。

教学建议

- 初级阶段遇到需要句内停延的句子可初步引导练习，中高级阶段可集中总结，帮助学生上升为主动的理性认识，在自己的朗读和交流中熟练运用。
- 结合具体例子让学生领会如何确定停延位置。
- 结合具体例子让学生领会语速与停延的关系。
- 不能停延的位置视情况可以集中主动介绍给学生，也可不专门讲解，只在学生出现类似错误时点拨说明。

第7节　逻辑停延

教师知识储备

基本知识
- 逻辑停延。

  有时一句话停延的地方不同，往往会表达出不同的意思，这种停延可以称为“逻辑停延”或“强调停延”。如“我怕他说不下去了”。如果在“怕”的后面停延，意思是“我担心他说不下去了”；如果在“他”的后面停延，意思是“我看见他害怕，我说不下去了”。
- 逻辑停延的表达。

  和逻辑重音一样，是否需要设置逻辑停延也要根据具体的语境和表意需要来确定。因为具有表意作用，说话或朗读时，不管在什么语速下，逻辑停延都一定要表现出来，否则可能会引起误解。

教学关键
- 了解逻辑停延的特点，表达时注意逻辑停延，避免因此造成歧义。

教学建议

- 通过传统笑话（参看语音训练营第1题）让学生理解逻辑停延的重要性。
- 结合具体句子感知练习。
- 初级阶段遇到有关逻辑停延的句子可初步引导练习，中高级阶段可集中总结，帮助学生上升为主动的理性认识，在自己的朗读和交流中熟练运用。

第8节 句调

教师知识储备

基本知识

- 句调分类。

  句调一般分为高升调、低降调、平直调和曲折调四种形式。
- 句调与语气。

  （1）高升调的句子由平往高升，句子末尾有明显的上扬，整句话呈现出逐渐上升的趋势，可以用“↗”表示。高升调常用来表达疑问、反问、惊异、号召等。

  （2）低降调的句子由平到降，句末有明显的下降，整句话呈现出逐渐下降的趋势，可以用“↘”表示。低降调常用来表达感叹、请求、肯定等。

  （3）平直调的句子全句始终保持同样的音高，没有明显的高低升降的变化，用“→”表示。平直调常用来表达叙述、严肃、冷淡、呼唤等。

  （4）曲折调的句子高低起伏，变化较多。有时先升后降，有时先降后升，或者只体现在句中某一两个音节上，将其拖长声音，加以变化，常用来表达含蓄、讽刺、意在言外等。
- 句调与感情及情境。

  高升调、低降调、平直调和曲折调主要是就音高的升降来说的。但同样的句调，在表达不同的感情时也会有所不同。如悲哀时会比心平气和时低一些，兴奋或发怒时会变高，呼喊远方的人或喊口号时会更高更强，说悄悄话时会低些弱些。因此，在朗读中要结合具体语境体会不同的感情，这样才能进行准确恰当的表达。

教学关键

- 主要把握好平、升、降三种形式，曲折调是有升有降。

教学建议

- 结合具体句子在理解意义的基础上感知听读。
- 初级阶段先结合简单的句子练习，形成语感，可参考本章第10节，从简单的句子和常见的句类练起，随后在对话和朗读教学中不断强调学生的句调意识，提高句调的准确性及表达能力。
- 可以带学生看一些电影、话剧等，找出里边语调信息比较丰富的语句，让学生体会并反复模仿。

第9节　句调与字调

教师知识储备

基本知识

- 句调与句尾字调。

  句调和声调都是音高的变化形式，但声调只是一个字或音节的音高变化，因此又叫“字调”。句尾字调受句调的影响会有一些细微变化，而句调也会受到不同句尾字调的影响。
- 上升句调与句尾字调。

  （1）如果字调也是上升的，即二声或三声，句尾上升就比较自然，如：他姓杨？她姓马？

  （2）如果字调是平的，即一声，句尾上升就稍弱一些，如：他姓张？

  （3）如果字调是降的，即四声，句尾上升会更弱，如：他姓赵？
- 下降句调与句尾字调。

  （1）如果字调是降调，即四声，句尾下降就比较自然，如：他姓赵。

  （2）如果字调是平的，即一声，句尾下降就稍弱一些，如：他姓张。

  （3）如果字调是升的，即二声或三声，句尾下降就更弱，如：他姓杨，她姓马。
- 声调调域与调型。

  在句子中，声调的调域可能受语调等的影响而发生一定的变化，但调型必须保持不变，否则很容易产生“洋腔洋调”。

教学关键

- 体会并练习句调走势和句尾字调走势不一致时的情况。

教学建议

- 结合具体例子做不同句调和字调的对比练习。
- 通过句尾语气词的有无来体会句调和句尾字调的关系，注意在没有语气词的句子中，避免用句调代替句尾字调。
- 在初级或中级阶段可用比较简单的句子引导练习，让学生树立这种意识，在随后的会话和朗读中不断提醒，增强学生的语感。

第10节  句调与句类

教师知识储备

基本知识

- 四种句子种类。

  根据句子的语气类别，可以把句子分为四大类：陈述句、疑问句、祈使句、感叹句。
- 陈述句的句调。

  陈述句一般读降调。如：

  我是中国人。↘

  我喜欢吃中国菜。↘

  今天是晴天。↘
- 疑问句的句调。

  （1）是非问句一般读升调，但是疑问句尾的“吧”有推测作用，常常不是真的提问，而是想得到确认，所以常常读降调。如：

  你是中国人？↗

  你不喜欢吃中国菜？↗

  明天会下雨吗？↗

  你是中国人吧？↘

  （2）选择问句，前一部分读升调，后一部分读降调，句中供选择的部分重读。如：

  你'明天去↗还是'后天去？↘

  他是'韩国人↗还是'日本人？↘

（3）正反问句全句读降调，肯定部分重读，否定部分轻读，正反重叠部分语速一般较快。如：

你'会不会说汉语？↘

他今天'来不来？↘

（4）特指问句全句句调逐渐下降，疑问代词常常重读。如：

你叫'什么名字？↘

苹果'多少钱一斤？↘

（5）无疑而问的反问句

反问句是想通过疑问来表达自己的真正意思，一般有突出强调的作用，常常读升调。如：

难道'你知道？↗

那怎么能'一样呢？↗

▶ 祈使句的句调。

（1）语气委婉的祈使句，全句声音较低，前面的小句句尾句调略有上升，全句结束缓慢下降。如：

请出示您的证件。↘

明天一定别迟到哇。↘

我没听明白，↗请您再说一遍。↘

今天太晚了，↗你明天再来吧。↘

（2）语气强硬，表示命令或禁止时，全句声音较高，句末调子急促下降。如:

安静点儿！↘

停车！↘

▶ 感叹句的句调。

感叹句一般表达较为复杂的感情，常常用曲调，先升后降，或先降后升。如：

明天没有考试，↘太好啦！↗

你怎么↗这么不听话呢！↘

教学关键

▶ 一般情况下，大部分句子都是读降调。是非问句、选择问句、反问句及祈使句的前半句或要表达比较高亢欢快的情绪时，常常读升调。

▶ 结合语境体会不同句类的句调。

教学建议

▶ 初级阶段遇到相应的句类，教师可进行相应的朗读指导，尽早让学生形成语感。中高级阶段应集中总结，让学生上升为理性认识，提高自己的表达和交流能力。

▶ 让学生多听读、多模仿，增强语感。

综合听读材料 语调

1. **听读句子，注意语气词的不同读法。** Listen and read the sentences. Pay attention to the different ways of reading the modal words. 10-01

啊	1. 一定要记住，啊，你可别忘了。 2. 啊？你说什么？我没听见。 3. 啊？这是真的吗？ 4. 啊，你放心吧，我知道了。 5. 啊！这里的风景真美！
噢/哦	1. 噢，我知道了。 2. 哦，他真的会来吗？ 3. 哦，原来是这样。 4. 哦，我明白了。
哎/唉	5. 哎，在这儿呢。 6. 哎，事情并不是你想的那样。 7. 唉，我刚买的手机丢了。
嗯	8. 嗯，我听你的。 9. 嗯，我怎么不知道呢？ 10. 嗯，我觉得这样做不好。 11. 嗯，好的，就这样。

2. **听读句子，体会不同的语调及其表达的意义焦点。** Listen and read the sentences. Experience the different intonations and the focuses of the meaning they have expressed. 10-02

❶ 比' 赛。
参加比' 赛。
哥哥参加比' 赛。
星期一哥哥参加比' 赛。

❷ ' 哥哥参加。
星期一' 哥哥参加。
星期一' 哥哥参加比赛。

❸ 星期' 一。
星期' 一哥哥参加。
星期' 一哥哥参加比赛。

❹ 比' 赛？
参加比' 赛？
哥哥参加比' 赛？
星期一哥哥参加比' 赛？

❺ ' 哥哥参加？
星期一' 哥哥参加？
星期一' 哥哥参加比赛？

❻ 星期' 一？
星期' 一哥哥参加？
星期' 一哥哥参加比赛？

3. **听读古诗词。** Listen and read the poems. 10-03

Yóuzǐ Yín (Táng) Mèng Jiāo Címǔ shǒu zhōng xiàn, yóuzǐ shēn shang yī. Lín xíng mìmì féng, yì kǒng chíchí guī. Shéi yán cùn cǎo xīn, bào dé sān chūn huī.	**游子吟** （唐）孟郊 慈母手中线，游子身上衣。 临行密密缝，意恐迟迟归。 谁言寸草心，报得三春晖。
Xiāngsī (Táng) Wáng Wéi Hóngdòu shēng nánguó, chūn lái fā jǐ zhī. Yuàn jūn duō cǎixié, cǐ wù zuì xiāngsī.	**相思** （唐）王维 红豆生南国， 春来发几枝。 愿君多采撷， 此物最相思。
Shuǐ Diào Gē Tóu · Míngyuè Jǐ Shí Yǒu (Sòng) Sū Shì Míngyuè jǐ shí yǒu, bǎ jiǔ wèn qīngtiān. Bù zhī tiānshang gōngquè, jīn xī shì hé nián. Wǒ yù chéng fēng guīqù, yòu kǒng qiónglóu yùyǔ, gāochù bú shèng hán. Qǐ wǔ nòng qīng yǐng, hé sì zài rénjiān. Zhuǎn zhūgé, dī qǐhù, zhào wú mián. Bù yīng yǒu hèn, hé shì cháng xiàng bié shí yuán. Rén yǒu bēihuān-líhé, yuè yǒu yīn qíng yuán quē, cǐ shì gǔ nán quán. Dànyuàn rén chángjiǔ, qiān lǐ gòng chánjuān.	**水调歌头·明月几时有** （宋）苏轼 明月几时有， 把酒问青天。 不知天上宫阙， 今夕是何年。 我欲乘风归去， 又恐琼楼玉宇， 高处不胜寒。 起舞弄清影， 何似在人间。 转朱阁， 低绮户， 照无眠。 不应有恨， 何事长向别时圆。 人有悲欢离合， 月有阴晴圆缺， 此事古难全。 但愿人长久， 千里共婵娟。

4. **听读对话，模仿语调。** Listen and read the dialogue and imitate the intonations. 10-04

1 A：你最近好吗？
B：还可以，你呢？

2 A：他是学生吗？
B：是，他是学生。

3 A：你是美国人吧？
B：对，我是美国人。

4 A：他是谁？
B：他是王老师。

5 A：谁是刘老师？
B：我是。

6 红　红：小东哥！
小　东：哟，红红，是你呀。你也来买书？
红　红：我来买故事书。呀，小东哥，你买的都是英语书哇。
小　东：对。红红，你一个人来的吗？
红　红：不是，我和爸爸一起来的。他在那儿。爸爸！爸爸！
红红爸：哎，来啦，来啦！
小　东：张叔叔！
红红爸：哟，是小东呀。好久没见了。买书哇？
小　东：我来买些英语学习资料。
红红爸：学习还是那么努力。对了，今年大学几年级了？
小　东：三年级，还有一年就毕业了。
红红爸：真快呀！你爸爸妈妈都挺好的吧？
小　东：挺好的，他们常说起您哪。叔叔，学校五点有个活动，我该走了。有时间您和阿姨带上红红去我们家玩儿吧。
红红爸：好，一定去。
小　东：那张叔叔再见！再见，红红！
红　红：小东哥，再见。

5. **听读儿歌。**Listen and read the nursery rhymes. 10-05

Xiǎo Báitù	**小白兔**
Xiǎo báitù, bái yòu bái,	小白兔，白又白，
liǎng zhī ěrduo shù qǐlái,	两只耳朵竖起来，
ài chī luóbo hé qīngcài,	爱吃萝卜和青菜，
bèngbèng tiàotiào zhēn kě'ài.	蹦蹦跳跳真可爱。
Dà Gōngjī	**大公鸡**
Dà gōngjī, yǒu lǐmào,	大公鸡，有礼貌，
jiànle tàiyáng jiù wènhǎo.	见了太阳就问好。
Tàiyáng gōnggong mīmī xiào,	太阳公公咪咪笑，
jiǎng tā yì dǐng dà hóng mào.	奖它一顶大红帽。
Dàishǔ	**袋鼠**
Dàishǔ māma zhēn qíguài,	袋鼠妈妈真奇怪，
dù shang guà ge pí kǒudai.	肚上挂个皮口袋。
Bù zhuāng luóbo hé qīngcài,	不装萝卜和青菜，
lǐbian zhuāngzhe xiǎo guāiguai.	里边装着小乖乖。
Xiǎo Mìfēng	**小蜜蜂**
Xiǎo mìfēng, wēng wēng wēng.	小蜜蜂，嗡嗡嗡。
Huācóng zhōng, máng zuògōng.	花丛中，忙做工。
Niàng hǎo mì táng hǎo guòdōng.	酿好蜜糖好过冬。
Xiǎo Kēdǒu	**小蝌蚪**
Xiǎo kēdǒu, cháng wěiba,	小蝌蚪，长尾巴，
yóu lái yóu qù zhǎo māma.	游来游去找妈妈。
Māma, māma, nǐ zài nǎr?	妈妈，妈妈，你在哪儿？
Lái la, lái la, wǒ lái la!	来啦，来啦，我来啦！
Láile yì zhī dà qīngwā.	来了一只大青蛙。

6. **听读现代诗。**Listen and read the modern poem. 10-06

Miàn Cháo Dàhǎi, Chūn Nuǎn Huā Kāi
面朝大海，春暖花开

Hǎizǐ
海子

Cóng míngtiān qǐ, zuò ge xìngfú de rén,
从明天起，做个幸福的人，

wèimǎ, pīchái, zhōuyóu shìjiè.
喂马、劈柴、周游世界。

Cóng míngtiān qǐ, guānxīn liángshi hé shūcài.
从明天起，关心粮食和蔬菜。

Wǒ yǒu yì suǒ fángzi, miàn cháo dàhǎi, chūn nuǎn huā kāi.
我有一所房子，面朝大海，春暖花开。

Cóng míngtiān qǐ, hé měi yí ge qīnrén tōngxìn,
从明天起，和每一个亲人通信，

gàosu tāmen wǒ de xìngfú.
告诉他们我的幸福。

Nà xìngfú de shǎndiàn gàosu wǒ de,
那幸福的闪电告诉我的，

wǒ jiāng gàosu měi yí ge rén.
我将告诉每一个人。

Gěi měi yì tiáo hé, měi yí zuò shān qǔ ge wēnnuǎn de míngzi.
给每一条河、每一座山取个温暖的名字。

Mòshēngrén, wǒ yě wèi nǐ zhùfú:
陌生人，我也为你祝福：

yuàn nǐ yǒu yí ge cànlàn de qiánchéng,
愿你有一个灿烂的前程，

yuàn nǐ yǒuqíngrén zhōng chéng juànshǔ,
愿你有情人终成眷属，

yuàn nǐ zài chénshì huòdé xìngfú.
愿你在尘世获得幸福。

Ér wǒ zhǐ yuàn miàn cháo dàhǎi, chūn nuǎn huā kāi!
而我只愿面朝大海，春暖花开！

7. **先朗读词和短语，再朗读语段，注意声调、轻声和停延。** Read aloud the words and phrases, and then read aloud the paragraphs. Pay attention to the tones, the neutral tones and the pauses.

北京 Běijīng	中国 Zhōngguó	语文 yǔwén	意思 yìsi	北方 běifāng	京城 jīngchéng	公元 gōngyuán
朝代 cháodài	国都 guódū	成立 chénglì	成为 chéngwéi	首都 shǒudū	现在 xiànzài	全国 quánguó
政治 zhèngzhì	文化 wénhuà	中心 zhōngxīn				

1272年 yī èr qī èr nián　　1911年 yī jiǔ yī yī nián　　1949年 yī jiǔ sì jiǔ nián

元、明、清 Yuán, Míng, Qīng　　新中国 xīn Zhōngguó

中国语文 Zhōngguó yǔwén　　至1911年 zhì yī jiǔ yī yī nián　　三个朝代 sān ge cháodài

北方的京城 běifāng de jīngchéng

在中国语文中 zài Zhōngguó yǔwén zhōng　　从公元1272年 cóng gōngyuán yī èr qī èr nián

新中国的首都 xīn Zhōngguó de shǒudū

三个朝代的国都 sān ge cháodài de guódū　　中华人民共和国 Zhōnghuá Rénmín Gònghéguó

政治和文化中心 zhèngzhì hé wénhuà zhōngxīn

北京，在中国语文中的意思是“北方的京城”。从公元1272年至1911年，北京是元、明、清三个朝代的国都。1949年，中华人民共和国成立，北京成为新中国的首都。现在，北京是全国政治和文化中心。

Běijīng, zài Zhōngguó yǔwén zhōng de yìsi shì “běifāng de jīngchéng”. Cóng gōngyuán yī èr qī èr nián zhì yī jiǔ yī yī nián, Běijīng shì Yuán, Míng, Qīng sān ge cháodài de guódū. Yī jiǔ sì jiǔ nián, Zhōnghuá Rénmín Gònghéguó chénglì, Běijīng chéngwéi xīn Zhōngguó de shǒudū. Xiànzài, Běijīng shì quánguó zhèngzhì hé wénhuà zhōngxīn.

8. **语篇朗诵。**Read aloud the passage.

Zhēnzhū Niǎo (Jiéxuǎn)
珍珠鸟（节选）

Féng Jìcái
冯骥才

Zhēn hǎo! Péngyou sòng wǒ yí duì zhēnzhū niǎo. Fàng zài yí ge jiǎnyì
真好！朋友送我一对珍珠鸟。放在一个简易
de zhútiáo biānchéng de lóngzi li, lóng nèi hái yǒu yì juǎn gāncǎo, nà shì
的竹条编成的笼子里，笼内还有一卷干草，那是
xiǎoniǎo shūshì yòu wēnnuǎn de cháo.
小鸟舒适又温暖的巢。

Yǒu rén shuō, zhè shì yì zhǒng pà rén de niǎo.
有人说，这是一种怕人的鸟。

Wǒ bǎ tā guà zài chuāng qián, nàr hái yǒu yì pén yìcháng màoshèng
我把它挂在窗前，那儿还有一盆异常茂盛
de Fǎguó diàolán. Wǒ biàn yòng diàolán chángcháng de, chuànshēngzhe
的法国吊兰。我便用吊兰长长的、串生着
xiǎo lǜyè de chuímàn ménggài zài niǎolóng shang, tāmen jiù xiàng duǒjìn
小绿叶的垂蔓蒙盖在鸟笼上，它们就像躲进
shēnyōu de cónglín yíyàng ānquán; cóng zhōng chuánchū de dí'ér bān
深幽的丛林一样安全；从中传出的笛儿般
yòu xì yòu liàng de jiàoshēng, yě jiù géwài qīngsōng zìzai le.
又细又亮的叫声，也就格外轻松自在了。

Yángguāng cóng chuāng wài shèrù, tòuguò zhèlǐ, diàolán nàxiē wúshù
阳光从窗外射入，透过这里，吊兰那些无数
zhǐjiazhuàng de xiǎoyè, yíbàn chéngle hēiyǐng, yíbàn bèi zhàotòu,
指甲状的小叶，一半成了黑影，一半被照透，
rútóng bìyù; bānbān bóbó, shēngyì cōnglóng. Xiáoniǎo de yǐngzi jiù zài
如同碧玉；斑斑驳驳，生意葱茏。小鸟的影子就在
zhè zhōngjiān yǐnyuē shǎndòng, kàn bu wánzhěng, yǒushí lián lóngzi yě
这中间隐约闪动，看不完整，有时连笼子也
kàn bu chū, què jiàn tāmen kě'ài de xiānhóng xiǎozuǐr cóng lǜyè zhōng
看不出，却见它们可爱的鲜红小嘴儿从绿叶中
shēn chūlai.
伸出来。

Wǒ hěn shǎo bākāi yèmàn qiáo tāmen, tāmen biàn jiànjiàn gǎn
我很少扒开叶蔓瞧它们，它们便渐渐敢
shēnchū xiǎo nǎodai chǒuchou wǒ. Wǒmen jiù zhèyàng yìdiǎndiǎn shúxi le.
伸出小脑袋瞅瞅我。我们就这样一点点熟悉了。

测试　语调

1. 听录音，用' 标出你听到的重音词语。Listen to the recording and mark the stressed words you have heard with ' .　10-07

① 我 二 十 号 走 。
② 我 二 十 号 走 。
③ 我 知 道 他 会 这 样 做 的 。
④ 我 知 道 他 会 这 样 做 的 。
⑤ 我 知 道 他 会 这 样 做 的 。
⑥ 我 知 道 他 会 这 样 做 的 。

2. 听录音，根据问题用' 标出应该重读的词语。Listen to the recording and mark the words that need to be stressed with ' according to the questions.　10-08

① 我 会 说 汉 语 。
② 这 是 玛 丽 的 书 。
③ 我 已 经 听 说 了 。
④ 刘 经 理 下 星 期 去 上 海 。
⑤ 我 告 诉 张 老 师 和 李 老 师 了 。

3. 听录音，用/标出你听到的停延位置。Listen to the recording and mark the pausing positions you have heard with /.　10-09

① 老 师 同 学 们 都 到 了 。
② 老 师 同 学 们 都 到 了 。
③ 他 弄 伤 了 小 王 的 狗 。
④ 这 是 弄 伤 了 小 王 的 狗 。
⑤ 他 是 我 和 大 卫 的 朋 友 。
⑥ 我 和 大 卫 的 朋 友 一 起 去 的 。

4. **听录音，根据句调选出你听到的句子。** Listen to the recording and choose the sentences you have heard according to the intonations. 10-10

1. 他是中国人。
   他是中国人？
2. 爸爸回来了？
   爸爸回来了。
3. 今天星期五。
   今天星期五？
4. 他不喜欢吃苹果。
   他不喜欢吃苹果？
5. 这是张老师的办公室。
   这是张老师的办公室？

5. **朗诵会：每个同学选一篇自己喜欢的汉语作品，并有感情地朗诵出来，注意声韵调和语调，最后大家一起评选出一个朗诵明星。** Reading Aloud Contest: Each student chooses a Chinese composition that he/she likes and reads it aloud with emotions. Pay attention to the initials, finals, tones and intonations. Vote out a superstar at the end of the contest.

附录1　声调课堂教学示例

本节介绍对零起点学习者的第一节语音课，教学顺序为第一声→第四声→第二声→第三声。下面以实录的方式记录教师的课堂教学过程，重点关注教学环节的设计和教师教学语言的运用。

导入

板书

师：我们——学习——声调——（语速要慢，一个词一个词地说）

声——调——（板书后再强调一遍，语速慢）

第一声教学

板书

ā

（有条件时可以用挂图或视频课件代替）

师：我——读——（边说边做手势：先指着自己胸口，然后指着自己的嘴）

你们——听——（边说边做手势：先指着学生们，然后指着自己的耳朵）

ā —— ā —— ā ——

你们——跟——我——读——（边说边做手势：先指着学生们，然后指着自己的嘴，可用学生母语或媒介语翻译辅助教学）

师：ā ——

生：ā ——

师：ā ——

生：ā ——

……

师：（齐读几遍后，走到一个学生面前）请——你——读——（边说边做手势：先指着该学生，然后指着自己的嘴，可用学生母语或媒介语翻译辅助教学）

生1：ā ——

师：（走到另一个学生面前，做出请他/她读的手势）

生2：ā ——

（教师依次示意每个学生读）

生3：á ——（有学生有偏误，读的像二声）

师：不是á（读时用手画出上扬的手势，然后摇头或摆手），不对，你听（指着耳朵），ā ——（读时用手画一个一声的平直的手势，读后用手势示意该学生跟着读）

生3：ā ——

师：ā ——

生3：ā ——

（多巩固几次，直到该学生基本读对，然后示意下一个学生读）

生4：ā ——（可能读成［44］、［33］或［34］，调值不够高）

师：不是ā（用手在五线谱上3度或4度处指出相应的调值，然后摇头或摆手），不对，你听（指着耳朵），ā——（读时用手在5度线上画调型，读后用手势示意该学生跟着读）

生4：ā ——（读得还不够高）

师：你们——听——（边说边做手势：先指着学生们，然后指着自己的耳朵）

1—2—3—4—5，5—5—（唱音阶：do—ri—mi—fa—so，so—so—），

ā——（让学生跟读）

生4：ā ——

（多巩固几次，直到基本读对，然后示意下一个学生读，依次读下去，直到每个学生都读一遍）

师：你们——跟——我——读——（边说边做手势：先指着学生们，然后指着自己的嘴，可用学生母语或媒介语翻译辅助教学）

ā ——（教师再领读几遍巩固巩固）

生：ā ——

教师给学生展示如下练习，可写在一张大纸上，然后贴在黑板上或墙上，也可以用PPT展示，这样便于教师指示要练习的内容，学生可以直观地看到。

1. ā—āā—āāā—āāāā
2. āāā—āāā—āā—āā—āāā
3. āāā—āāāāā—āāā—āā—āāāāā
4. āāā—āāā—āāāā—āāāāā—āā—āā—āāā—āāāāā
5. āāā—āāā—āāāā—āāāā—āāā—āāā—āā—āā—āāā

师：你们——听——（边说边做手势：先指着学生们，然后指着自己的耳朵）

（指着练习1）ā ——

你们——读——（边说边做手势：先指着学生们，然后指着自己的嘴）

生：ā——
师：āā——
生：āā——
师：āāā——
生：āāā——
师：āāāā——
生：āāāā——

学生齐读、轮读交替进行，每题依次练习，发生偏误时教师应适当纠正。对读得比较好的学生，教师可以用眼神、手势如竖起大拇指或说“good”等给予表扬和鼓励。

第四声教学

学生做完第一声练习以后，开始学习第四声。

板书

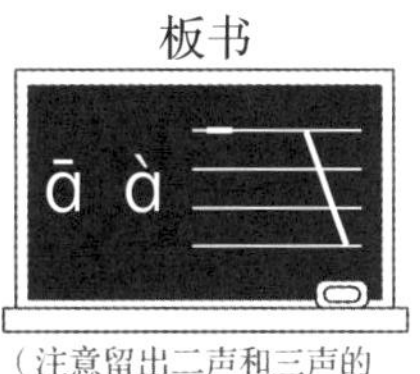

（注意留出二声和三声的位置）

师：ā——（边读边指着黑板上的ā），一声——（语速慢，边说边用手画出一声的调型）

师：à——（边说边板书）

四——声——（语速慢，边说边用手画出四声的调型）

师：我——读——（边说边做手势：先指着自己胸口，然后指着自己的嘴）

你们——听——（边说边做手势：先指着学生们，然后指着自己的耳朵）

à——à——à——

你们——跟——我——读——（边说边做手势：先指着学生们，然后指着自己的嘴，可用学生母语或媒介语翻译辅助教学）

à——

生：à——

其他内容和ā的教学方法类似，通过齐读、轮读或分组读等形式，让每个学生都练习到，并注意及时纠正明显的偏误。

由于是刚开始学，教师要尽量简化教学语言，并逐渐使教学语言或教学步骤程式化，同时多借助态势语，以便于学生理解，从而确保把时间和精力放在教学目标上。

第二声、第三声教学类同（略）

复习巩固

1. 互动活动

四个声调都学完以后，通过互动活动复习巩固。

师：（拿出四张卡片，分别写着ā、á、ǎ、à。出示ā，自己张大嘴但不出声，用手指着学生们，示意他们读。）

生：ā——

用以上的方法先按第一、四、二、三声的顺序练一遍，然后再按第一、二、三、四声的顺序练一遍，然后再打乱顺序随机练习。接下来，教师为每个学生发四张卡片，分别写着ā、á、ǎ、à。

师：à——（读后把自己手里的卡片à举出来，然后指着学生们，示意他们也举出卡片à）

ā——（做出疑问的表情，并用手势示意学生们举出相应的卡片，如果有学生还不明白，教师可以走下去，把其中一个学生的卡片举出来，让其他学生模仿）

按此方法反复练习，次数由教师视情况而定。然后教师请一个学生站在讲台上，教师面向这个学生站在讲台与其他同学之间。

师：（面对讲台上的学生，出示ǎ，自己张大嘴但不出声，用手指着该学生，示意他读。）

生：ǎ。

讲台上的学生发音后，教师转过头做出举卡片的手势，示意其他学生举起听到的音的卡片。然后教师出示自己手中刚才给讲台上学生看的卡片和大家的对比，如果完全一致，鼓掌通过。如果有不一样的，教师请讲台上的学生再读一遍，如果是他读得不正确，教师要及时纠正，并请他跟读正确的发音，然后再请其他学生举卡片。对于举错的学生，教师可走到其跟前，读出他举的卡片上的音，如ā，然后再读ǎ，让其对比体会，也可让他跟读或大家一起跟读。

活动按此程序进行，可以适时变换在讲台上的学生，也可以选一个学生担任教师刚才的角色，选择并出示目标音。教师控制活动的节奏和时间。活动结束后，示意学生回座位，并用微笑或鼓掌表示感谢，也可用汉语说“谢谢”，再用学生母语或媒介语翻译一下。

2. 综合练习

上面的活动结束后，教师出示下面的听读材料，也可以提前复印并发给每个学生一份，也可写在黑板上或用PPT展示。

1. ā—ā—ā—ā
2. à—à—à—à
3. á—á—á—á
4. ǎ—ǎ—ǎ—ǎ
5. ā—à—á—ǎ ā—à—á—ǎ ā—à—á—ǎ
6. āā—āá—āǎ—āà
7. àā—àá—àǎ—àà
8. áā—áá—áǎ—áà
9. ā—á—ǎ—à ā—á—ǎ—à ā—á—ǎ—à
10. āāā—ààà—ááá—ǎǎǎ—āāā—ááá—ǎǎǎ—ààà

师：你们—— 听——（边说边做手势：先指着学生们，然后指着自己的耳朵）

（指着练习1）ā—ā—ā—ā

你们——读——（边说边做手势：先指着学生们，然后指着自己的嘴）

生：ā—ā—ā—ā

教师依次领读，最好边读边指着相应的内容，根据需要灵活决定朗读的遍数。然后学生齐读、轮读、分组读，每题依次练习，发生偏误时教师应适当纠正，并注意表扬和鼓励。

测试1

听读材料练完以后，教师出示如下测试，可以复印发给学生，但最好同时用PPT展示或打印在一张大纸上并贴在黑板上。

一、听录音，圈出你听到的拼音。

1. āá　2. àá　3. áǎ　4. àǎ　5. āà
6. āǎ　7. áà　8. ǎà　9. áā　10. ǎá

二、听录音，判断听到的和看到的是否一致。

1. ā　2. ǎ　3. á　4. à　5. á
6. ǎ　7. à　8. ā　9. á　10. ǎ

三、听录音，用手势表示出你听到的声调。

四、听录音，判断每组中听到的两个声调是否一致。

1. ____　2. ____　3. ____　4. ____　5. ____
6. ____　7. ____　8. ____　9. ____　10. ____

测试复印页请从本书“测试”版块中查找。本书“录音文本及参考答案”部分有测试的录音文本及答案。

师：测——试——（指着测试1，语速慢，可用学生母语或媒介语翻译）

师：（指着第一题的1）ā——（读后举出ā的卡片，示意学生们也举出ā的卡片，然后在展示的测试题中ā上画圈表示答案，目的是起示范作用，告诉学生怎么做测验）

随后一题一题地做，让学生举卡片出示答案，可以所有学生一起举，也可以用手示意某个学生单独举。教师可以自己读，第一题全部做完以后再完整读一遍，让学生再听一遍。

师：（指着第二题的1） ā——（读后画√，表示一致，可以在展示的测试题上画，也可以用手势画）

师：（指着第二题的2）á——（读后画×，表示不一致，可以在展示的测试题上画，也可以用手势画）

随后一题一题地做，可以让学生用手势画√或×表示答案，本题最好让学生单个回答，便于反馈纠正。第二题全部做完以后，教师再完整读一遍，让学生再听一遍。

师：（指着第三题的1）ā——（读后用手势画出调型符号）

随后一题一题地做，可以让学生单个轮流用手势回答。第三题全部做完以后，教师再完整读一遍或再放一遍录音，让学生再听一遍。

师：（指着第四题的1）ā——ā——（读后画√，可以在展示的测验题上画，也可以用手势画）

随后一题一题地做，让学生依次回答，用手势画√或×表示答案。第四题全部做完以后教师再完整读一遍或再放一遍录音，让学生再听一遍。

对于测试1，教师一题一题带着学生做，主要起示范作用，让学生知道怎样完成测试题。

测试2

测试1做完以后，教师发给学生测试2的活页。

师：你们——自己（用手指着学生们）做——（用手做出写字的手势，语速慢，可以用学生母语或媒介语翻译）

随后开始放录音，学生答题，教师巡视检查，对学生的问题给予必要的指导。学生做完以后，同桌互相交换测验活页，然后教师再播放一遍录音，边听边给出正确答案，让学生互相批改，教师巡视抽查，对全部做对的学生给予鼓励和表扬。根据实际需要和教学时间，测验也可以作为作业让学生课下完成。

总结

师：我们——学习了——声调——（语速慢，边说边指着板书“声调”）

声——调——

ā—à—á—ǎ（边读边指出板书的相应的音）

ā—— 一声（边说边指着板书的相应的音，用手势模仿出调型符号）

á——二声

ǎ——三声

à——四声

你们——读——（边说边做手势：先指着学生们，然后指着自己的嘴）

生：ā—à—á—ǎ，ā—á—ǎ—à（教师按顺序指相应的音让学生读）

师：一声（用手画出一声的调型符号，然后示意学生读）

生：ā——

师：二声（用手画出二声的调型符号，然后示意学生读）

生：á——

师：三声（用手画出三声的调型符号，然后示意学生读）

生：ǎ——

师：四声（用手画出四声的调型符号，然后示意学生读）

生：à——

师：很好——（用赞许的表情伸出大拇指，可用学生母语或媒介语翻译）

我们——下课（休息）——（语速慢，多说两遍，配翻译）

附录2　录音文本及参考答案

第二章　声调

P25 测试　声调（1）

1. 听录音，圈出你听到的拼音。

录音文本及答案：

①ā　②à　③á　④ǎ　⑤à

⑥ǎ　⑦á　⑧ǎ　⑨ā　⑩á

2. 听录音，判断听到的和看到的拼音是否一致。

录音文本：

①ā　②á　③ā　④à　⑤ǎ

⑥à　⑦á　⑧ā　⑨á　⑩ǎ

答案：

①√　②×　③×　④√　⑤×

⑥×　⑦×　⑧√　⑨√　⑩√

3. 听录音，用手势表示出你听到的声调。

录音文本：

①ā　②á　③ǎ　④à　⑤ǎ

⑥á　⑦à　⑧ā　⑨á　⑩ǎ

4. 听录音，判断每组中听到的两个声调是否一致。

录音文本：

①ā-ā　②á-á　③ā-á　④á-à　⑤à-à

⑥à-á　⑦á-ǎ　⑧ā-ǎ　⑨á-ā　⑩ǎ-ǎ

答案：

①√　②√　③×　④×　⑤√

⑥×　⑦×　⑧×　⑨×　⑩√

P26 测试　声调（2）

1. 听录音，说出你听到的是第几声。

录音文本：

①ā　②à　③á　④ǎ　⑤ǎ

⑥á　⑦à　⑧ā　⑨ǎ　⑩á

2. 听录音，按顺序写出你听到的声调，用声调符号“ˉ ˊ ˇ ˋ”表示。

录音文本及答案：

①ā　②ǎ　③á　④à　⑤à

⑥á　⑦ǎ　⑧ā　⑨á　⑩ǎ

3. 听录音，写下每组中不同的声调。

录音文本：

①ā-á-ā　②á-á-à　③ā-á-á

④ǎ-à-à　⑤á-ǎ-ǎ

答案：

①ˊ　②ˋ　③ˉ　④ˇ　⑤ˊ

4. 听录音，写出每组的声调顺序。

录音文本及答案：

①ǎ-ā-á-à　②ā-á-ǎ-à　③ā-à-á-ǎ

④à-ā-á-ǎ　⑤á-ā-à-ǎ　⑥ā-ǎ-á-à

第三章　单韵母

P42 测试　单韵母（1）

1. 听录音，圈出听到的韵母。

录音文本及答案：

①e　②o　③a　④u

⑤i　⑥ü　⑦e　⑧er

2. 听录音，判断听到的和看到的韵母是否一致。

录音文本：

①a　②u　③e　④i　⑤ü

⑥e　⑦ü　⑧er　⑨i　⑩e

答案：

①×　②√　③×　④×　⑤×

⑥×　⑦√　⑧√　⑨√　⑩×

3. 听录音，判断每组中听到的两个韵母是否一致。

录音文本：

①a-e　②o-o　③i-ü　④e-er　⑤ü-ü

⑥ü-u　⑦o-e　⑧ü-o　⑨e-e　⑩er-er

答案：

①×　②√　③×　④×　⑤√

⑥×　⑦×　⑧×　⑨√　⑩√

4. 听录音，用手势表示出你听到的声调。

录音文本：

①ā　②é　③ěr　④ǒ　⑤ú

⑥ū　⑦ǐ　⑧èr　⑨ú　⑩è

P43 测试　单韵母（2）

1. 听录音，圈出你听到的韵母。

录音文本及答案：

①á　②è　③ǐ　④ō　⑤ú

⑥ě　⑦ǘ　⑧èr　⑨ǔ　⑩ó

2. 听录音，判断每组中听到的两个韵母是否一致。

录音文本：

①ā-à　②à-è　③ǐ-ǚ　④é-ér　⑤ù-ǜ

⑥ǔ-ù　⑦ē-ō　⑧ěr-ěr　⑨í-ú　⑩ǒ-ǒ

答案：

①×　②×　③×　④×　⑤√

⑥×　⑦×　⑧√　⑨×　⑩√

3. 听录音，根据你听到的顺序排序。

录音文本：

① e　② o　③ ü　④ u　⑤ er

⑥ a　⑦ i

答案：

6　2　1　7　4　3　5

4. 听录音，按顺序写出你听到的声调，用声调符号“ˉ ˊ ˇ ˋ”表示。

录音文本及答案：

① ā　② ǔ　③ ù　④ ě　⑤ èr

⑥ ī　⑦ ó　⑧ ǜ　⑨ ū　⑩ ěr

P44 测试　单韵母（3）

1. 听录音，根据你听到的顺序排序。

录音文本：

① ú　② ǎ　③ ǖ　④ ē　⑤ ì

⑥ ér　⑦ ò　⑧ ǘ　⑨ ù　⑩ èr

答案：

8　4　1　6　9　10　2　5　7　3

2. 听录音，写出你听到的韵母。

录音文本及答案：

① o　② ü　③ u　④ e　⑤ a

⑥ er　⑦ i

3. 听录音，写出每组中不同的韵母。

录音文本：

① éé ě　② ǎàà　③ ǖǚù　④ īīí　⑤ ǒǒó

⑥ èrèrér　⑦ ūūù　⑧ ǘǘǚ

答案：

① ě　② ǎ　③ ù　④ ī　⑤ ó

⑥ ér　⑦ ù　⑧ ǚ

4. 听录音，补全拼音，并说出其意义。

录音文本及答案：

① yī　② wǒ　③ yú　④ wù　⑤ yǐ

⑥ wò　⑦ yǔ　⑧ wū

第四章　声母

P52 课堂练习 p

听录音，圈出你听到的拼音。

录音文本及答案：

① pí　② bǔ　③ pò　④ pá　⑤ bǒ

⑥ pú　⑦ pǐ　⑧ pó　⑨ pībó

P54 课堂练习 m

圈出声母是m的拼音并大声朗读。

答案：

① mǐ　④ mó　⑤ mù　⑧ mǎ

⑩ mí　⑪ mǒ

P60 课堂练习 d

听录音，判断听到的和看到的拼音是否一致。

录音文本：

① dá　② dú　③ dì　④ dē　⑤ dù

⑥ dǎ　⑦ dī　⑧ dàdì　⑨ díyì　⑩ dǎbǎ

答案：

① ×　② √　③ ×　④ ×　⑤ √

⑥ √　⑦ ×　⑧ √　⑨ ×　⑩ ×

P62 课堂练习 t

听录音，按听到的顺序填序号。

录音文本：

① tǎ　② tè　③ dā　④ tǔ　⑤ dù

⑥ túdì　⑦ tèdì　⑧ tǐ　⑨ tū　⑩ túdú

答案：

6　9　3　1　8　2　10　7　4　5

P66 课堂练习 l

听录音，写出声母。

录音文本及答案：

① lǔ　② ná　③ nǐ　④ lì　⑤ lī

⑥ nù　⑦ lú　⑧ lā　⑨ nǔ　⑩ nà

⑪ ní　⑫ lè　⑬ nǎ　⑭ lù　⑮ lí

P68 课堂练习 g

听录音，按听到的顺序填序号。

录音文本：

① gē　② dǎ　③ dé　④ gé　⑤ gǔ

⑥ dā　⑦ dù　⑧ gá　⑨ gù　⑩ gū

⑪ gā　⑫ dē　⑬ dá　⑭ gà　⑮ gǎ

答案：

1　13　5　6　4　14　3　8

2　15　9　7　10　12　11

P72 课堂练习 h

听录音，圈出你听到的拼音。

录音文本及答案：

① hū　② kè　③ hǔ　④ fú　⑤ kǎ
⑥ hā　⑦ há　⑧ fá　⑨ kū　⑩ hē

P75 测试 声母b—h（1）

1. 听录音，圈出你听到的声母。

录音文本及答案：

① p　② d　③ l　④ g　⑤ b
⑥ k　⑦ f　⑧ h　⑨ g　⑩ t

2. 听录音，判断听到的和看到的声母是否一致。

录音文本：

① b　② h　③ f　④ n　⑤ k
⑥ h　⑦ t　⑧ l　⑨ t　⑩ g

答案：

① √　② ×　③ ×　④ √　⑤ ×
⑥ √　⑦ ×　⑧ ×　⑨ √　⑩ ×

3. 听录音，判断每组中听到的两个声母是否一致。

录音文本：

① p-p　② f-h　③ n-n　④ k-g　⑤ b-p
⑥ k-h　⑦ d-g　⑧ l-n　⑨ m-f　⑩ t-t

答案：

① √　② ×　③ √　④ ×　⑤ ×
⑥ ×　⑦ ×　⑧ ×　⑨ ×　⑩ √

4. 听录音，根据你听到的顺序排序。

录音文本：

① p　② t　③ h　④ f　⑤ k
⑥ g　⑦ d　⑧ b　⑨ l　⑩ n
⑪ m

答案：

8　1　11　4　7　2　10　9　6　5　3

5. 听录音，写出你听到的声母。

录音文本及答案：

① f　② h　③ k　④ t　⑤ g
⑥ l　⑦ n　⑧ d　⑨ b　⑩ m
⑪ p

P76 测试 声母b—h（2）

1. 听录音，圈出你听到的拼音。

录音文本及答案：

① bǔ　② pó　③ dī　④ tì　⑤ nù
⑥ lǚ　⑦ gù　⑧ ké　⑨ fú　⑩ hā

2. 听录音，判断听到的和看到的拼音是否一致。

录音文本：

① kǔ　② hú　③ gē　④ dǔ　⑤ lǐ
⑥ nǎ　⑦ tī　⑧ bí　⑨ fā　⑩ pì

答案：

① √　② ×　③ ×　④ ×　⑤ √
⑥ √　⑦ ×　⑧ √　⑨ √　⑩ √

3. 听录音，判断每组中听到的两个拼音是否一致。

录音文本：

① pō-pó　② fú-pú　③ dǐ-bǐ
④ tǎ-tǎ　⑤ nà-nù　⑥ gè-gè
⑦ hù-fù　⑧ ké-ké　⑨ lí-ní
⑩ nǎ-mǎ

答案：

① ×　② ×　③ ×　④ √　⑤ ×
⑥ √　⑦ ×　⑧ √　⑨ ×　⑩ ×

4. 听录音，根据你听到的顺序排序。

录音文本：

① kè　② gā　③ pì　④ nú　⑤ tù
⑥ fǎ　⑦ hǎ　⑧ bǒ　⑨ mò　⑩ dé
⑪ lù

答案：

8　3　9　6　10　5　4　11　2　1　7

5. 听录音，填声母。

录音文本及答案：

① pífū　② fúlì　③ tìbǔ　④ límǐ
⑤ lùdì　⑥ gébì　⑦ kèkǔ　⑧ bókè
⑨ héfǎ　⑩ kèhù　⑪ lìkè　⑫ mílù

P77 测试 声母b—h（3）

1. 听录音，圈出你听到的拼音。

录音文本及答案：

① mùlù　② túdì　③ lìfǎ　④ gēbì
⑤ hémǎ　⑥ hégǔ　⑦ gēwǔ　⑧ pògé

2. 听录音，写出你听到的拼音。

录音文本及答案：

① tè　② dǎ　③ kè　④ fá　⑤ pū
⑥ bǐ　⑦ gē　⑧ lú　⑨ nú　⑩ hǔ
⑪ mō

3. 看图，写出相应的拼音并朗读出来。

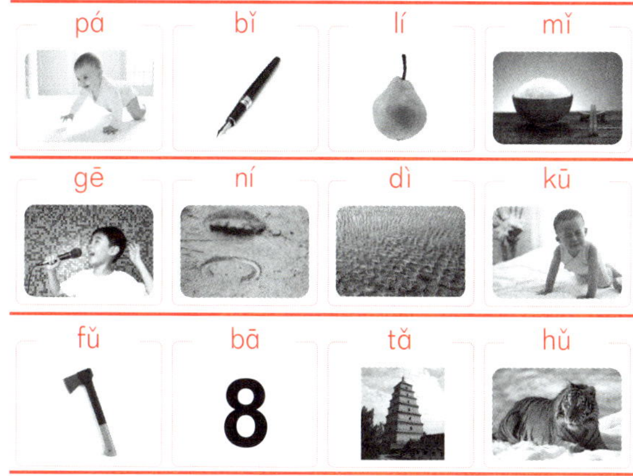

P79 课堂练习 x

听录音，判断听到的和看到的拼音是否一致。

录音文本：

① xī ② xū ③ xì ④ xǔ ⑤ xù

⑥ xífù ⑦ húxū ⑧ hùxī ⑨ xīnù ⑩ fùxí

答案：

① √ ② × ③ √ ④ × ⑤ √

⑥ × ⑦ √ ⑧ × ⑨ × ⑩ √

P81 课堂练习 j

听录音，圈出你听到的拼音。

录音文本及答案：

① jī ② jǔ ③ xū ④ jì ⑤ xù

⑥ jǐ ⑦ jū ⑧ xǐ ⑨ jí

P86 课堂练习 zh

1. 听拼音，按听到的顺序填序号。

录音文本：

① zhīzhū ② jīzhì ③ zhìzhǐ

④ jūzhù ⑤ zhìxù ⑥ zhùzhǐ

⑦ fùzhì ⑧ zhīzhù ⑨ zhìxī

⑩ zhīqǔ

答案：

2 8 5 3 9 1 4 7 6 10

2. 听录音，填声母。

录音文本及答案：

① zhū ② jī ③ qù

④ zhà ⑤ xú ⑥ gēzhě

⑦ qūzhí ⑧ zhìqì ⑨ zhājì

⑩ fǔzhù

P88 课堂练习 ch

听拼音，圈出你听到的拼音。

录音文本及答案：

① chǐ ② zhá ③ chè

④ qǐ ⑤ chú ⑥ chà

⑦ zhù ⑧ qù ⑨ chē

P90 课堂练习 sh

听拼音，填声母。

录音文本及答案：

① shū ② chē ③ shì

④ zhù ⑤ chī ⑥ shíxí

⑦ chúshī ⑧ shèqū ⑨ jìshù

⑩ shēchǐ

P95 课堂练习 s

听拼音，将声母和韵母连线。

录音文本：

① sī ② sū ③ xì ④ shà ⑤ shé

⑥ shì ⑦ sǎ ⑧ sù ⑨ sà ⑩ xī

答案：

① s ② s ③ x ④ sh ⑤ sh

⑥ sh ⑦ s ⑧ s ⑨ s ⑩ x

P104 测试 声母x—c（1）

1. 听录音，圈出你听到的声母。

录音文本及答案：

① q ② z ③ ch ④ x ⑤ r

⑥ s ⑦ zh ⑧ c ⑨ j ⑩ ch

2. 听录音，判断听到的和看到的声母是否一致。

录音文本：

① j ② ch ③ x ④ z ⑤ q

⑥ sh ⑦ r ⑧ zh ⑨ c ⑩ s

答案：

① √ ② × ③ √ ④ × ⑤ ×

⑥ √ ⑦ √ ⑧ × ⑨ √ ⑩ √

3. 听录音，判断每组中听到的两个声母是否一致。

录音文本：

① q-q ② j-zh ③ r-l

④ sh-sh ⑤ s-sh ⑥ s-x

⑦ ch-ch ⑧ z-zh ⑨ c-c

⑩ r-r

答案：

① √　② ×　③ ×　④ √　⑤ ×
⑥ ×　⑦ √　⑧ ×　⑨ √　⑩ √

4. 听录音，根据你听到的顺序排序。

录音文本：

① z　② j　③ zh　④ q　⑤ c
⑥ ch　⑦ sh　⑧ s　⑨ r　⑩ x

答案：

2　4　10　3　6　7　9　1　5　8

5. 听录音，写出你听到的声母。

录音文本及答案：

① s　② x　③ r　④ sh　⑤ ch
⑥ c　⑦ zh　⑧ j　⑨ q　⑩ z

P105 测试　声母x—c（2）

1. 听录音，圈出你听到的拼音。

录音文本及答案：

① xī　② jǔ　③ qí　④ zhì　⑤ chí
⑥ chā　⑦ xì　⑧ rǔ　⑨ lú　⑩ sī

2. 听录音，判断听到的和看到的拼音是否一致。

录音文本：

① jù　② qǐ　③ zhí　④ chì　⑤ shǎ
⑥ xī　⑦ sù　⑧ rì　⑨ zū　⑩ cè

答案：

① ×　② √　③ ×　④ ×　⑤ √
⑥ ×　⑦ √　⑧ √　⑨ ×　⑩ √

3. 听录音，判断每组中听到的两个拼音是否一致。

录音文本：

① sǐ-shǐ　② jì-jì　③ rù-rù
④ cè-chè　⑤ cǐ-zǐ　⑥ cū-zū
⑦ cā-sā　⑧ sī-xī　⑨ zé-zhé
⑩ chē-chē

答案：

① ×　② √　③ √　④ ×　⑤ ×
⑥ ×　⑦ ×　⑧ ×　⑨ ×　⑩ √

4. 听录音，根据你听到的顺序排序。

录音文本：

① rú　② qì　③ jú　④ sè　⑤ cā
⑥ zá　⑦ chá　⑧ zhū　⑨ shì　⑩ xǐ

答案：

3　2　10　8　7　9　1　6　5　4

5. 听录音，填声母。

录音文本及答案：

① fùxí　② cūsú　③ zájì
④ jùtǐ　⑤ rùzhù　⑥ kūqì
⑦ zhāpí　⑧ zhìxù　⑨ zhùzhǐ
⑩ jīzhì　⑪ chūqù　⑫ shíqī

P106 测试　声母x—c（3）

1. 听录音，圈出你听到的拼音。

录音文本及答案：

① xīhú　② jùpà　③ kējì
④ zhījǐ　⑤ shèzhì　⑥ chātú
⑦ shùmù　⑧ zìjì　⑨ cízǔ
⑩ sùzhì

2. 听录音，填出韵母和声调。

录音文本及答案：

① xīfú　② kūqì　③ jígé
④ zhāpí　⑤ lùchá　⑥ zhémó
⑦ qìpò　⑧ zhùzhě　⑨ chēkù
⑩ lìrú

3. 看图，写出相应的拼音并朗读出来。

jīmù　xīfú　cháhú　shāmò

第五章　复韵母

P111 课堂练习　ai

听录音，连线。

录音文本及答案：

① báicài　② dàilái　③ bāikāi
④ pāimài　⑤ chāitái　⑥ tàishài
⑦ nàishài　⑧ cáilái　⑨ zháicài
⑩ màicài

P113 课堂练习 ei

听录音，圈出你听到的拼音。

录音文本及答案：

① pái ② měi ③ nèi ④ hēi ⑤ zhài
⑥ lèi ⑦ gǎi ⑧ bēi ⑨ děi ⑩ tāi

P118 课堂练习 ou

听录音，判断听到的和看到的拼音是否一致。

录音文本：

① pǎo ② tóu ③ gǒu ④ lòu ⑤ hǎo
⑥ zhāo ⑦ zǒu ⑧ ròu ⑨ sǎo ⑩ còu

答案：

① √ ② × ③ √ ④ √ ⑤ ×
⑥ × ⑦ × ⑧ √ ⑨ × ⑩ √

P120 课堂练习 ia

听录音，写出韵母。

录音文本及答案：

① jiā ② pāi ③ fēi ④ cāo ⑤ kāi
⑥ dāo ⑦ tōu ⑧ xiā ⑨ shāo ⑩ gōu
⑪ bēi ⑫ qiā

P122 课堂练习 ie

听录音，圈出你听到的拼音。

录音文本及答案：

① qiè ② xiā ③ bēi ④ jià ⑤ miè
⑥ yà ⑦ pēi ⑧ liě ⑨ nèi ⑩ jiē

P126 课堂练习 uo

听录音，圈出你听到的拼音。

录音文本及答案：

① huà ② zhuō ③ shuò ④ guǒ ⑤ huá
⑥ guā ⑦ shuō ⑧ huā ⑨ chuō ⑩ guò

P128 课堂练习 üe

听录音，按听到的顺序填序号。

录音文本：

① lüè ② jié ③ qié ④ xué ⑤ què
⑥ jiě ⑦ qiě ⑧ xiě ⑨ xiè ⑩ xuē

答案：

4 9 1 7 6 3 8 2 5 10

P133 课堂练习 iou

听录音，判断听到的和看到的拼音是否一致。

录音文本：

① lóu ② diū ③ niù ④ jiǔ ⑤ xiū
⑥ yōujiǔ ⑦ tàixiū ⑧ niúnǎi ⑨ méiyǒu ⑩ yuèqiú

答案：

① × ② √ ③ √ ④ × ⑤ √
⑥ √ ⑦ × ⑧ √ ⑨ √ ⑩ ×

P135 课堂练习 uai

听录音，填韵母。

录音文本及答案：

① gǎi ② hóu ③ xiè ④ kuài ⑤ pǎo
⑥ cuò ⑦ děi ⑧ jiā ⑨ niú ⑩ lüè
⑪ tiào ⑫ shuā

P142 测试 复韵母ai—uei（1）

1. 听录音，圈出你听到的韵母。

录音文本及答案：

① ei ② ou ③ ia ④ ua ⑤ üe
⑥ ai ⑦ uei ⑧ ao ⑨ iou ⑩ iao

2. 听录音，判断听到的和看到的韵母是否一致。

录音文本：

① ia ② uo ③ ei ④ ua ⑤ ou
⑥ ao ⑦ üe ⑧ ai ⑨ iao ⑩ uei

答案：

① × ② √ ③ × ④ √ ⑤ √
⑥ × ⑦ √ ⑧ × ⑨ × ⑩ √

3. 听录音，判断每组中听到的两个韵母是否一致。

录音文本：

① ai-ei ② ia-ia ③ ua-uai ④ ou-iou ⑤ ao-iao
⑥ üe-üe ⑦ ua-uo ⑧ ou-ou ⑨ uai-uei ⑩ ie-üe

答案：

① × ② √ ③ × ④ × ⑤ ×
⑥ √ ⑦ × ⑧ √ ⑨ × ⑩ ×

4. 听录音，根据你听到的顺序排序。

录音文本：

① üe ② ia ③ ai ④ uo ⑤ uai
⑥ ao ⑦ ua ⑧ ei ⑨ iao ⑩ iou
⑪ ie ⑫ uei

答案：

6 3 7 1 10 5 2 4 9 12 11 8

5. 听录音，写出你听到的韵母。

录音文本及答案：

① ou　② ua　③ üe　④ ai　⑤ iao
⑥ ia　⑦ uai　⑧ uo　⑨ ao　⑩ ie
⑪ iou　⑫ ei

P143 测试　复韵母ai—uei（2）

1. 听录音，圈出你听到的拼音。

录音文本及答案：

① mái　② zǒu　③ xiē　④ yá　⑤ zhuō
⑥ xiě　⑦ miáo　⑧ dōu　⑨ guā　⑩ shuài

2. 听录音，判断听到的和看到的拼音是否一致。

录音文本：

① guǐ　② bǎo　③ kǒu　④ shuài　⑤ jiǎ
⑥ huá　⑦ hài　⑧ guó　⑨ xié　⑩ mài

答案：

① ×　② ×　③ √　④ ×　⑤ ×
⑥ √　⑦ ×　⑧ √　⑨ ×　⑩ √

3. 听录音，判断每组中听到的两个拼音是否一致。

录音文本：

① ǒu-ǎo　② quē-quē　③ léi-lái
④ lóu-lóu　⑤ piāo-pāo　⑥ guāi-gāi
⑦ guò-guà　⑧ kuài-kuà　⑨ xiè-xiè
⑩ gěi-gěi

答案：

① ×　② √　③ ×　④ √　⑤ ×
⑥ ×　⑦ ×　⑧ ×　⑨ √　⑩ √

4. 听录音，根据你听到的顺序排序。

录音文本：

① cuì　② shuǎi　③ qiū　④ liáo　⑤ lüè
⑥ tuō　⑦ huà　⑧ niē　⑨ jià　⑩ ròu
⑪ zhǎo　⑫ nèi

答案：

6　8　1　10　4　12　9　2　11　5　3　7

5. 听录音，填韵母。

录音文本及答案：

① xiázhǎi　② méitóu
③ diēdǎo　④ guójiā
⑤ jiéguǒ　⑥ kāikǒu
⑦ shōuhuò　⑧ páihuái
⑨ xiàoguǒ

P144 测试　复韵母ai—uei（3）

1. 听录音，圈出你听到的拼音。

录音文本及答案：

① lièqǔ　② píxié　③ gāolóu
④ tuìxiū　⑤ táopǎo　⑥ nàixīn
⑦ qiēcài　⑧ jièkǒu　⑨ kāikǒu
⑩ juéliè

2. 听录音，填韵母。

录音文本及答案：

① fēikuài　② xiàlái　③ jièkǒu
④ láojià　⑤ huàféi　⑥ xiédài
⑦ zhòuméi　⑧ duōshǎo　⑨ dàibiǎo

3. 看图，写出相应的拼音并朗读出来。

P146 课堂练习　an

听录音，连线。

录音文本及答案：

① kàn　② gài　③ cāi
④ sān　⑤ zhān　⑥ zāi
⑦ zàntàn　⑧ cànlàn　⑨ gānhàn
⑩ kāntàn

P151 课堂练习　uan

听录音，圈出你听到的拼音。

录音文本及答案：

① luàn　② duǎn　③ gān
④ huán　⑤ tiān　⑥ nuǎn
⑦ guānkàn　⑧ duànliàn　⑨ zhuānkuǎn
⑩ zuānyán

P156 课堂练习 en

听录音，填韵母。

录音文本及答案：

① běn ② fēi ③ mén ④ dàn ⑤ gěi
⑥ hǎn ⑦ pén ⑧ shéi ⑨ sēn ⑩ rén

P158 课堂练习 uen

听录音，填韵母。

录音文本及答案：

① kùndùn ② shāncūn ③ wēnwǎn
④ fēnwén ⑤ wēncún

P160 课堂练习 in

读一读，连一连，看看画出来的是什么。

答案：

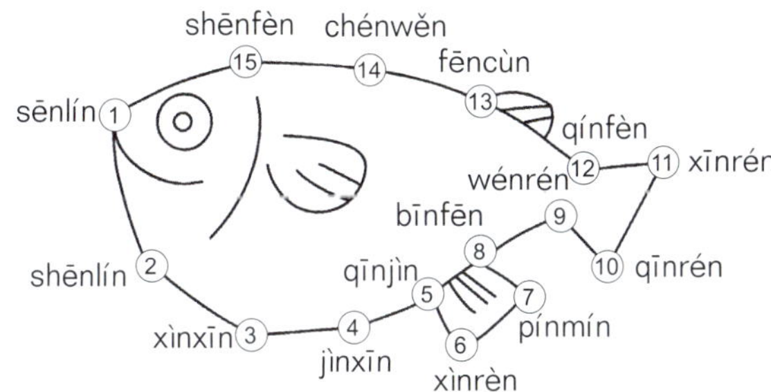

P168 课堂练习 iang

为韵母相同的拼音画上相同的形状。

答案：

P172 课堂练习 eng

听录音，圈出听到的拼音。

录音文本及答案：

① chéng ② téng ③ fěn
④ cáng ⑤ shàng ⑥ zhěng
⑦ rén ⑧ pēng ⑨ sēn
⑩ máng ⑪ lěng ⑫ shēn

P174 课堂练习 ueng

听录音，按听到的顺序填序号。

录音文本：

① wěn ② yúwēng ③ wèngcài
④ wèng ⑤ fùwēng ⑥ wēn
⑦ wēng ⑧ wèngchéng ⑨ wèn
⑩ wěng

答案：

1 7 10 6 4 2 9 5 8 3

P179 课堂练习 ong

听录音，补全拼音。

录音文本及答案：

① dōng ② téng ③ hóng
④ líng ⑤ dǐng ⑥ nóng
⑦ chóng ⑧ réng ⑨ zhèng
⑩ zōng ⑪ néng ⑫ tíng

P189 测试 复韵母an—iong（1）

1. 听录音，圈出你听到的韵母。

录音文本及答案：

① an ② uang ③ ing
④ üan ⑤ ang ⑥ en
⑦ ong ⑧ ün ⑨ uen
⑩ iang

2. 听录音，判断听到的和看到的韵母是否一致。

录音文本：

① üan ② ün ③ eng
④ ong ⑤ ing ⑥ ian
⑦ en ⑧ uan ⑨ iong
⑩ an

答案：

① × ② × ③ × ④ √ ⑤ ×
⑥ √ ⑦ √ ⑧ √ ⑨ √ ⑩ √

3. 听录音，判断每组中听到的两个韵母是否一致。

录音文本：

① ing-eng ② an-ian ③ en-uen
④ ang-eng ⑤ ün-ün ⑥ ong-ong
⑦ ian-üan ⑧ uan-uan ⑨ ing-iong
⑩ iang-uang

答案：

① × ② × ③ × ④ × ⑤ √

⑥ √　⑦ ×　⑧ √　⑨ ×　⑩ ×

4. 听录音，根据你听到的顺序排序。

录音文本：

① iong　② en　③ ün
④ eng　⑤ ing　⑥ iang
⑦ in　⑧ üan　⑨ uan
⑩ uen　⑪ ian　⑫ ong

答案：

4　6　8　10　1　2　5　3　7　12　11　9

5. 听录音，写出听到的韵母。

录音文本及答案：

① en　② ian　③ eng
④ ing　⑤ ong　⑥ uen
⑦ an　⑧ ün　⑨ uang
⑩ üan　⑪ iong　⑫ ang

P190 测试　**复韵母an—iong（2）**

1. 听录音，圈出你听到的拼音。

录音文本及答案：

① mán　② luǎn　③ diàn
④ xuán　⑤ wān　⑥ nèn
⑦ chán　⑧ hùn　⑨ mín
⑩ jūn

2. 听录音，判断听到的和看到的拼音是否一致。

录音文本：

① jīn　② zhǔn　③ chén
④ rěn　⑤ mèn　⑥ juǎn
⑦ diān　⑧ rǎn　⑨ yuǎn
⑩ dài

答案：

① √　② ×　③ ×　④ √　⑤ ×
⑥ √　⑦ √　⑧ √　⑨ ×　⑩ ×

3. 听录音，判断每组中听到的两个拼音是否一致。

录音文本：

① gān-gāi　② liǎn-lǎn　③ huán-huán
④ tuán-tián　⑤ quǎn-quǎn　⑥ yuán-wán
⑦ bèn-bèn　⑧ suàn-sàn　⑨ hěn-hǎn
⑩ shùn-shuàn

答案：

① ×　② ×　③ √　④ ×　⑤ √
⑥ ×　⑦ √　⑧ ×　⑨ ×　⑩ ×

4. 听录音，根据你听到的顺序排序。

录音文本：

① jūn　② pīn　③ sūn　④ guǎn　⑤ fán
⑥ juǎn　⑦ xuán　⑧ liàn　⑨ shān　⑩ běn

答案：

4　9　8　3　7　6　5　1　10　2

5. 听录音，填韵母。

录音文本及答案：

① cānguān　② rénmín　③ duànliàn
④ fàndiàn　⑤ shēnshān　⑥ xìnrèn
⑦ juānkuǎn　⑧ xuānchuán　⑨ hùnluàn

P191 测试　**复韵母an—iong（3）**

1. 听录音，圈出你听到的拼音。

录音文本及答案：

① fāng　② qiǎn　③ liàng
④ chuán　⑤ zhuāng　⑥ yǎng
⑦ mèn　⑧ děng　⑨ xīng
⑩ xióng

2. 听录音，判断听到的和看到的拼音是否一致。

录音文本：

① liàn　② háng　③ shuāng
④ péng　⑤ jīng　⑥ néng
⑦ xiōng　⑧ mín　⑨ zhěng
⑩ chǎng

答案：

① ×　② √　③ √　④ √　⑤ √
⑥ ×　⑦ √　⑧ ×　⑨ ×　⑩ ×

3. 听录音，判断每组中听到的两个拼音是否一致。

录音文本：

① dǒng-dǐng　② zòng-zòng　③ wēng-wēn
④ lǐng-lěng　⑤ chèng-chàng　⑥ shéng-shéng
⑦ wàng-wàng　⑧ chuǎng-chǎng　⑨ huāng-huān
⑩ jiǎng-jiǎn

答案：

① ×　② √　③ ×　④ ×　⑤ ×
⑥ √　⑦ √　⑧ ×　⑨ ×　⑩ ×

4. 听录音，根据你听到的顺序排序。

录音文本：

① jiǒng　② tóng　③ lán
④ mìng　⑤ cháng　⑥ huàn
⑦ guāng　⑧ liáng　⑨ kēng

⑩ duǎn

答案：

4 6 3 2 8 7 1 10 5 9

5. 听录音，填韵母。

录音文本及答案：

① kuāngguǎng ② qiángzhuàng ③ huāngzhāng
④ nánfāng ⑤ chángzhēng ⑥ shēngmìng
⑦ cōngmíng ⑧ dēnglóng ⑨ pínqióng

P192 测试 **复韵母an—iong（4）**

1. 听录音，圈出你听到的拼音。

录音文本及答案：

① zhèngcháng ② qīnrén ③ chéngmén
④ dānxīn ⑤ zàofǎng ⑥ shānwán
⑦ jīngxīn ⑧ píngfán ⑨ cúnqián
⑩ chūshēng

2. 听录音，填韵母。

录音文本及答案：

① rénmíng ② kōngjiàng ③ chénggōng
④ qióngjìn ⑤ mèngxiǎng ⑥ chéngrèn
⑦ biànliǎn ⑧ shòushāng ⑨ kuāngguǎng

3. 看图，写出相应的拼音并朗读出来。

sǎn shān qián chuán

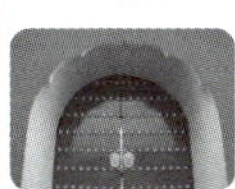

mén pēnquán wénjiàn sēnlín

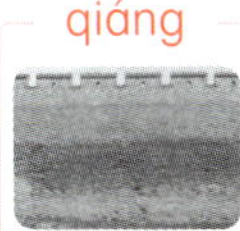

gōngrén táng qiáng chuáng

第六章 音节

P206 测试 **音节（1）**

1. 把你听到的韵母填到相应的类别中。

录音文本：a、o、e、i、u、ü、er、ai、ei、ao、ou、ua、uo、ia、ie、üe、iao、iou、uai、uei、an、ian、uan、üan、en、in、uen、ün、ang、iang、uang、eng、ing、ueng、ong、iong

答案：

开口呼：a、o、e、er、ai、ei、ao、ou、an、en、ang、eng

齐齿呼：i、ia、ie、iao、iou、ian、in、iang、ing

合口呼：u、ua、uo、uai、uei、uan、uen、uang、ueng、ong

撮口呼：ü、üe、üan、ün、iong

2. 根据声韵拼合规律判断普通话中是否存在下列音节。

答案：

不存在的音节：fuáng、xuā、shěi、bóu、zèi、lià、hǔn

3. 找出下列拼音的拼写错误，并改正过来。

答案：

① kuì ② sūn ③ xún ④ jiǔ ⑤ qù
⑥ yún ⑦ xiù ⑧ yāo ⑨ wū ⑩ huò

4. 听录音，圈出你听到的拼音。

录音文本及答案：

① shāngē ② qí'àn ③ pí'ǎo
④ shuàn ⑤ jī'áng ⑥ Xī'ān
⑦ tú'àn ⑧ kuài ⑨ dàng'àn
⑩ jiè

P207 测试 **音节（2）**

1. 根据声韵拼合规律把能和f、k、j、ch、r、s相拼的韵母填在它们的后面

答案：

f	a o u ei ou an en ang eng
k	a e u ai ei ao ou ua uo uai ui an uan en un ang uang eng ong
j	i ü ia ie üe iao iu ian üan in ün iang ing iong
ch	a e u ai ao ou ua uo uai ui an uan en un ang uang eng ong
r	e u ao ou ua uo ui an uan en un ang eng ong
s	a e u ai ao uo ui ou an uan en un ang eng ong

2. 听录音，标声调，注意标调位置。

录音文本及答案：

① huì ② miào ③ zéi ④ juān ⑤ kǒu
⑥ chuáng ⑦ cuò ⑧ qiú ⑨ zǒng ⑩ dùn

3. 听录音，写拼音，注意拼写规则。

录音文本及答案：

① tí'àn　② yōuxiù　③ pēnquán
④ yīngxióng　⑤ yùndòng　⑥ wénxué
⑦ Hànyǔ　⑧ lùchá　⑨ yuànwàng
⑩ páiqiú

第七章　连续变调

P224 测试　连读变调

1. 听录音，圈出你听到的拼音。

录音文本及答案：

① zhǎnlǎn　② guànlì　③ xǐliàn
④ xiǎozǔ　⑤ jiǔdiàn　⑥ jīngchà
⑦ bàoguǎn　⑧ bǐsài　⑨ dàsuàn
⑩ cǎiqǔ

2. 听录音，给下列词语注音，注意"一"的声调。

录音文本及答案：

① 一天 yì tiān　② 一月 yī yuè　③ 初一 chū yī
④ 一口 yìkǒu　⑤ 一下 yíxià　⑥ 一起 yìqǐ
⑦ 一半 yíbàn　⑧ 一边 yìbiān　⑨ 第一 dì-yī
⑩ 一本 yì běn

3. 听录音，给下列词语注音，注意"不"的声调。

录音文本及答案：

① 不是 bú shì　② 不好 bù hǎo
③ 不说 bù shuō　④ 不吃 bù chī
⑤ 不要 búyào　⑥ 不跑 bù pǎo
⑦ 不忙 bù máng　⑧ 不走 bù zǒu
⑨ 偏不 piān bù　⑩ 不行 bùxíng

4. 听录音，标声调，"一""不"标变调。

录音文本及答案：

① Wǒ rènwéi tā bú shì yí wèi hǎo yīshēng.
我认为他不是一位好医生。

② Wǒ ài pǎobù, yì tiān děi rào cǎopíng pǎo shí jǐ quān, bù pǎo jiù hěn nánshòu.
我爱跑步，一天得绕草坪跑十几圈，不跑就很难受。

③ Lílí yuán shàng cǎo, yí suì yì kū róng.
离离原上草，一岁一枯荣。
Yě huǒ shāo bú jìn, chūnfēng chuī yòu shēng.
野火烧不尽，春风吹又生。

第八章　儿化

P235 测试　儿化

1. 听录音，判断你听到的是不是儿化音。

录音文本：

① 帮　② 空儿　③ 画儿　④ 盖　⑤ 个儿
⑥ 天　⑦ 干　⑧ 尖儿　⑨ 沿儿　⑩ 信

答案：

① ×　② √　③ √　④ ×　⑤ √
⑥ ×　⑦ ×　⑧ √　⑨ √　⑩ ×

2. 听录音，圈出你听到的拼音。

录音文本及答案：

① nánmén　② wǎndiǎn
③ huǒguōr　④ xiédài
⑤ cháguǎnr　⑥ shāoxìnr
⑦ xiǎoyǎnr　⑧ liǎndànr
⑨ méijìn　⑩ yuánquānr

3. 听录音，根据你听到的顺序排序。

录音文本：

① yíxiàr一下儿　② dàhuǒr大伙儿
③ hǎowánr好玩儿　④ méishìr没事儿
⑤ yíhuìr一会儿　⑥ chàdiǎnr差点儿
⑦ xiǎoháir小孩儿　⑧ yàoshuǐr药水儿
⑨ liáotiānr聊天儿　⑩ lǎotóur老头儿

答案：

4　7　2　6　9　10　1　5　3　8

4. 听录音，标声调，"一""不"标变调。

录音文本及答案：

① Bié wàng gài pínggàir.
别忘盖瓶盖儿。

② Tā sòng gěi wǒ yì zhāng shūqiānr.
他送给我一张书签儿。

③ Wǒ bù xiǎng qù nà zhǒng chǎnghé.
我不想去那种场合。

④ Nǐ yào yǒukòngr jiù lái wǒ jiā wánr.
你要有空儿就来我家玩儿。

⑤ Wǒ xiǎng qǐng Xiǎo Wáng gěi wǒ mǎi yì gēnr xīn yúgānr.
我想请小王给我买一根儿新鱼竿儿。

第九章　轻声

P249 测试 轻声

1. 听录音，圈出你听到的拼音。

录音文本及答案：

① dàyi　② Lǎozǐ　③ guòqù　④ duìtou

⑤ sūnzi　⑥ dìdao　⑦ dōngxī　⑧ xiōngdì

2. 听录音，根据你听到的顺序给图片排序。

录音文本：

① 真困啊　② 石头　③ 扫帚

④ 钥匙　⑤ 风筝　⑥ 葡萄

⑦ 好饿呀　⑧ 护士　⑨ 别哭哇

⑩ 石榴

答案：

3. 听录音，写拼音，注意轻声。

录音文本及答案：

① piányi便宜　② rènshi认识

③ tiàowa跳哇　④ késou咳嗽

⑤ wàzi袜子　⑥ chīa吃啊

⑦ guānxi关系　⑧ shōushi收拾

⑨ xiānsheng先生　⑩ dìfang地方

第十章　语调

P270 测试 语调

1. 听录音，用'标出你听到的重音词语。

录音文本及答案：

① 我' 二十号走。

② ' 我二十号走。

③ ' 我知道他会这样做的。

④ 我知道' 他会这样做的。

⑤ 我' 知道他会这样做的。

⑥ 我知道他会' 这样做的。

2. 听录音，根据问题用'标出应该重读的词语。

录音文本：

① 你会不会说汉语？

② 这是谁的书？

③ 这件事你听说了吗？

④ 刘经理什么时候去上海？

⑤ 你都告诉谁了？

答案：

① 我' 会说汉语。

② 这是' 玛丽的书。

③ 我' 已经听说了。

④ 刘经理' 下星期去上海。

⑤ 我告诉' 张老师和' 李老师了。

3. 听录音，用/标出你听到的停延位置。

录音文本及答案：

① 老师/同学们都到了。（在呼叫老师，告诉老师同学们都到了）

② 老师同学们/都到了。（老师和同学们都到了）

③ 他弄伤了/小王的狗。

④ 这是弄伤了小王的/狗。

⑤ 他是我和大卫的/朋友。

⑥ 我/和大卫的朋友一起去的。

4. 听录音，根据句调选出你听到的句子。

录音文本及答案：

① 他是中国人？

② 爸爸回来了。

③ 今天星期五。

④ 他不喜欢吃苹果？

⑤ 这是张老师的办公室。

附录3　音节表

序号	音节	等级
1	ā	四级
2	a	二级
3	āi	六级
4	ái	六级
5	ǎi	四级
6	ài	一级
7	ān	二级
8	àn	三级
9	áng	七—九级
10	āo	七—九级
11	áo	七—九级
12	ào	六级
13	bā	一级
14	bá	五级
15	bǎ	三级
16	bà	一级
17	ba	一级
18	bāi	七—九级
19	bái	一级
20	bǎi	一级
21	bài	四级
22	bān	一级
23	bǎn	二级
24	bàn	一级
25	bāng	一级
26	bǎng	六级
27	bàng	五级
28	bāo	一级
29	báo	四级
30	bǎo	二级
31	bào	二级
32	bēi	一级
33	běi	一级
34	bèi	一级
35	bēn	六级
36	běn	一级
37	bèn	四级
38	bēng	七—九级
39	bèng	七—九级
40	bī	六级
41	bí	五级
42	bǐ	一级
43	bì	二级
44	biān	一级
45	biǎn	六级
46	biàn	二级
47	biāo	三级
48	biǎo	二级
49	biē	七—九级
50	bié	一级
51	biè	七—九级
52	bīn	五级
53	bīng	四级
54	bǐng	五级
55	bìng	一级
56	bō	三级
57	bó	五级
58	bo	七—九级
59	bǔ	三级
60	bù	一级
61	cā	四级
62	cāi	五级
63	cái	二级
64	cǎi	三级
65	cài	一级
66	cān	二级
67	cán	六级
68	cǎn	六级
69	càn	七—九级
70	cāng	六级
71	cáng	六级
72	cāo	四级
73	cáo	七—九级
74	cǎo	二级
75	cè	四级
76	céng	二级
77	cèng	七—九级
78	chā	五级
79	chá	一级
80	chà	一级
81	chāi	五级
82	chái	五级
83	chān	七—九级
84	chán	七—九级
85	chǎn	三级
86	chàn	七—九级
87	chāng	六级
88	cháng	一级
89	chǎng	一级
90	chàng	一级
91	chāo	二级
92	cháo	三级
93	chǎo	三级
94	chē	一级
95	chě	七—九级
96	chè	四级
97	chén	二级
98	chèn	三级
99	chēng	二级
100	chéng	二级
101	chěng	七—九级
102	chèng	七—九级
103	chī	一级
104	chí	三级
105	chǐ	四级
106	chì	七—九级
107	chōng	三级
108	chóng	二级
109	chǒng	六级
110	chòng	六级
111	chōu	四级
112	chóu	五级
113	chǒu	五级
114	chòu	五级
115	chū	一级
116	chú	三级
117	chǔ	二级

序号	音节	等级
118	chù	二级
119	chuāi	七—九级
120	chuǎi	七—九级
121	chuài	七—九级
122	chuān	一级
123	chuán	二级
124	chuǎn	七—九级
125	chuàn	六级
126	chuāng	四级
127	chuáng	一级
128	chuǎng	五级
129	chuàng	三级
130	chuī	二级
131	chuí	七—九级
132	chūn	二级
133	chún	四级
134	chǔn	七—九级
135	chuō	七—九级
136	chuò	七—九级
137	cí	二级
138	cǐ	三级
139	cì	一级
140	cōng	五级
141	cóng	一级
142	còu	七—九级
143	cū	四级
144	cù	四级
145	cuàn	七—九级
146	cuī	七—九级
147	cuì	五级
148	cūn	三级
149	cún	三级
150	cùn	四级
151	cuō	七—九级
152	cuò	一级
153	dā	二级
154	dá	一级
155	dǎ	一级
156	dà	一级
157	dāi	五级
158	dǎi	七—九级
159	dài	二级
160	dān	二级
161	dǎn	五级
162	dàn	一级
163	dāng	二级
164	dǎng	五级
165	dàng	六级
166	dāo	三级
167	dǎo	二级
168	dào	一级
169	dé	一级
170	de	一级
171	děi	四级
172	dēng	二级
173	děng	一级
174	dèng	七—九级
175	dī	二级
176	dí	四级
177	dǐ	三级
178	dì	一级
179	diān	七—九级
180	diǎn	一级
181	diàn	一级
182	diāo	七—九级
183	diào	二级
184	diē	六级
185	dié	七—九级
186	dīng	七—九级
187	dǐng	四级
188	dìng	二级
189	diū	五级
190	dōng	一级
191	dǒng	二级
192	dòng	一级
193	dōu	一级
194	dǒu	七—九级
195	dòu	四级
196	dū	三级
197	dú	一级
198	dǔ	四级
199	dù	二级
200	duān	六级
201	duǎn	二级
202	duàn	二级
203	duī	五级
204	duì	一级
205	dūn	五级
206	dǔn	七—九级
207	dùn	三级
208	duō	一级
209	duó	六级
210	duǒ	五级
211	duò	七—九级
212	é	六级
213	ě	四级
214	è	一级
215	ēn	六级
216	ér	一级
217	ěr	四级
218	èr	一级
219	fā	二级
220	fá	五级
221	fǎ	二级
222	fà	二级
223	fān	四级
224	fán	三级
225	fǎn	三级
226	fàn	一级
227	fāng	一级
228	fáng	一级
229	fǎng	三级
230	fàng	一级
231	fēi	一级
232	féi	四级
233	fěi	七—九级
234	fèi	三级

235	fēn	一级
236	fén	七—九级
237	fěn	六级
238	fèn	二级
239	fēng	一级
240	féng	七—九级
241	fěng	七—九级
242	fèng	六级
243	fó	六级
244	fǒu	三级
245	fū	三级
246	fú	一级
247	fǔ	四级
248	fù	二级
249	gà	七—九级
250	gāi	二级
251	gǎi	二级
252	gài	三级
253	gān	一级
254	gǎn	二级
255	gàn	一级
256	gāng	二级
257	gǎng	六级
258	gàng	七—九级
259	gāo	一级
260	gǎo	五级
261	gào	一级
262	gē	一级
263	gé	三级
264	gè	一级
265	gèi	一级
266	gēn	一级
267	gēng	五级
268	gěng	七—九级
269	gèng	二级
270	gōng	一级
271	gǒng	六级
272	gòng	二级
273	gōu	五级
274	gǒu	二级
275	gòu	二级
276	gū	三级
277	gǔ	三级
278	gù	二级
279	guā	四级
280	guǎ	七—九级
281	guà	三级
282	guāi	七—九级
283	guǎi	六级
284	guài	三级
285	guān	一级
286	guǎn	一级
287	guàn	二级
288	guāng	三级
289	guǎng	二级
290	guàng	四级
291	guī	三级
292	guǐ	五级
293	guì	一级
294	gǔn	五级
295	gùn	七—九级
296	guo	二级
297	guō	五级
298	guó	一级
299	guǒ	一级
300	guò	一级
301	hā	三级
302	hái	一级
303	hǎi	二级
304	hài	三级
305	hān	七—九级
306	hán	四级
307	hǎn	二级
308	hàn	一级
309	háng	二级
310	háo	四级
311	hǎo	一级
312	hào	一级
313	hē	一级
314	hé	一级
315	hè	五级
316	hēi	二级
317	hén	七—九级
318	hěn	一级
319	hèn	五级
320	hēng	七—九级
321	héng	六级
322	hèng	七—九级
323	hōng	七—九级
324	hóng	二级
325	hǒng	七—九级
326	hòng	七—九级
327	hóu	五级
328	hǒu	七—九级
329	hòu	一级
330	hū	二级
331	hú	二级
332	hǔ	五级
333	hù	二级
334	huā	一级
335	huá	三级
336	huà	一级
337	huái	四级
338	huài	一级
339	huān	一级
340	huán	一级
341	huǎn	四级
342	huàn	二级
343	huāng	五级
344	huáng	二级
345	huǎng	七—九级
346	huàng	七—九级
347	huī	四级
348	huí	一级
349	huǐ	五级
350	huì	一级
351	hūn	三级

352	hún	七—九级
353	hùn	六级
354	huō	七—九级
355	huó	二级
356	huǒ	一级
357	huò	二级
358	jī	一级
359	jí	二级
360	jǐ	一级
361	jì	一级
362	jiā	一级
363	jiá	七—九级
364	jiǎ	二级
365	jià	一级
366	jiān	一级
367	jiǎn	二级
368	jiàn	一级
369	jiāng	三级
370	jiǎng	二级
371	jiàng	四级
372	jiāo	一级
373	jiáo	七—九级
374	jiǎo	二级
375	jiào	一级
376	jiē	二级
377	jié	二级
378	jiě	一级
379	jiè	一级
380	jīn	一级
381	jǐn	三级
382	jìn	一级
383	jīng	一级
384	jǐng	三级
385	jìng	一级
386	jiǒng	七—九级
387	jiū	四级
388	jiǔ	一级
389	jiù	一级
390	jū	四级
391	jú	四级
392	jǔ	二级
393	jù	二级
394	juān	六级
395	juǎn	四级
396	juàn	四级
397	jué	一级
398	juè	七—九级
399	jūn	四级
400	jùn	七—九级
401	kā	三级
402	kǎ	二级
403	kāi	一级
404	kǎi	七—九级
405	kān	六级
406	kǎn	七—九级
407	kàn	一级
408	kāng	二级
409	káng	七—九级
410	kàng	六级
411	kǎo	一级
412	kào	二级
413	kē	二级
414	ké	五级
415	kě	一级
416	kè	一级
417	kěn	五级
418	kēng	七—九级
419	kōng	二级
420	kǒng	三级
421	kòng	二级
422	kōu	七—九级
423	kǒu	一级
424	kòu	六级
425	kū	二级
426	kǔ	三级
427	kù	三级
428	kuā	七—九级
429	kuǎ	七—九级
430	kuà	六级
431	kuài	一级
432	kuān	四级
433	kuǎn	五级
434	kuāng	七—九级
435	kuáng	五级
436	kuàng	三级
437	kuī	五级
438	kuí	七—九级
439	kuì	七—九级
440	kūn	七—九级
441	kǔn	七—九级
442	kùn	三级
443	kuò	四级
444	lǚ	二级
445	lā	二级
446	lǎ	七—九级
447	là	四级
448	la	六级
449	lái	一级
450	lài	六级
451	lán	二级
452	lǎn	五级
453	làn	五级
454	láng	四级
455	lǎng	五级
456	làng	三级
457	lāo	七—九级
458	láo	五级
459	lǎo	一级
460	lào	七—九级
461	lè	二级
462	le	一级
463	lēi	七—九级
464	léi	四级
465	lěi	四级
466	lèi	一级
467	léng	七—九级
468	lěng	一级

序号	音节	等级
469	lèng	七—九级
470	lí	二级
471	lǐ	一级
472	lì	二级
473	liǎ	四级
474	lián	三级
475	liǎn	二级
476	liàn	二级
477	liáng	二级
478	liǎng	一级
479	liàng	二级
480	liáo	四级
481	liǎo	三级
482	liào	四级
483	liē	七—九级
484	liě	七—九级
485	liè	三级
486	līn	七—九级
487	lín	四级
488	lìn	七—九级
489	líng	一级
490	lǐng	三级
491	lìng	三级
492	liū	七—九级
493	liú	二级
494	liǔ	七—九级
495	liù	一级
496	lóng	三级
497	lǒng	七—九级
498	lóu	一级
499	lǒu	七—九级
500	lòu	五级
501	lú	六级
502	lǔ	七—九级
503	lù	一级
504	lǜ	二级
505	luán	七—九级
506	luǎn	七—九级
507	luàn	三级
508	lüè	六级
509	lūn	七—九级
510	lún	四级
511	lùn	二级
512	luó	五级
513	luǒ	七—九级
514	luò	三级
515	mā	一级
516	má	三级
517	mǎ	一级
518	mà	五级
519	ma	一级
520	mái	六级
521	mǎi	一级
522	mài	二级
523	mán	六级
524	mǎn	二级
525	màn	一级
526	máng	一级
527	mǎng	七—九级
528	māo	二级
529	máo	一级
530	mào	三级
531	me	一级
532	méi	一级
533	měi	三级
534	mèi	一级
535	mēn	七—九级
536	mén	一级
537	mèn	七—九级
538	men	一级
539	mēng	六级
540	méng	六级
541	měng	六级
542	mèng	四级
543	mí	三级
544	mǐ	一级
545	mì	四级
546	mián	五级
547	miǎn	四级
548	miàn	一级
549	miáo	四级
550	miǎo	五级
551	miào	六级
552	miè	六级
553	mín	三级
554	mǐn	五级
555	míng	一级
556	mìng	三级
557	miù	七—九级
558	mō	四级
559	mó	四级
560	mǒ	七—九级
561	mò	二级
562	móu	六级
563	mǒu	三级
564	mú	五级
565	mǔ	三级
566	mù	二级
567	ná	一级
568	nǎ	一级
569	nà	一级
570	na	四级
571	nǎi	一级
572	nài	五级
573	nán	一级
574	nàn	五级
575	náng	七—九级
576	náo	七—九级
577	nǎo	一级
578	nào	四级
579	ne	一级
580	něi	七—九级
581	nèi	三级
582	nèn	七—九级
583	néng	一级
584	ní	六级
585	nǐ	一级

586	nì	七—九级
587	nián	一级
588	niàn	三级
589	niáng	三级
590	niàng	七—九级
591	niǎo	二级
592	niào	七—九级
593	niē	七—九级
594	nín	一级
595	níng	四级
596	nǐng	七—九级
597	nìng	七—九级
598	niú	一级
599	niǔ	六级
600	nóng	三级
601	nòng	二级
602	nú	七—九级
603	nǔ	二级
604	nù	六级
605	nǚ	一级
606	nuǎn	三级
607	nüè	七—九级
608	nuó	七—九级
609	nuò	六级
610	ò	七—九级
611	ōu	七—九级
612	ǒu	五级
613	pā	七—九级
614	pá	二级
615	pà	二级
616	pāi	三级
617	pái	二级
618	pài	三级
619	pān	七—九级
620	pán	四级
621	pàn	三级
622	pāng	七—九级
623	páng	一级
624	pàng	三级
625	pāo	七—九级
626	páo	七—九级
627	pǎo	一级
628	pào	六级
629	pēi	七—九级
630	péi	四级
631	pèi	三级
632	pēn	五级
633	pén	五级
634	pēng	七—九级
635	péng	一级
636	pěng	七—九级
637	pèng	二级
638	pī	三级
639	pí	三级
640	pǐ	五级
641	pì	七—九级
642	piān	二级
643	pián	二级
644	piàn	二级
645	piāo	七—九级
646	piào	一级
647	piě	七—九级
648	pīn	五级
649	pín	五级
650	pǐn	三级
651	pìn	六级
652	pīng	七—九级
653	píng	二级
654	pō	五级
655	pó	四级
656	pò	三级
657	pōu	七—九级
658	pū	六级
659	pú	五级
660	pǔ	二级
661	pù	六级
662	qī	一级
663	qí	二级
664	qǐ	一级
665	qì	一级
666	qiā	七—九级
667	qiǎ	七—九级
668	qià	六级
669	qiān	二级
670	qián	一级
671	qiǎn	四级
672	qiàn	五级
673	qiāng	五级
674	qiáng	二级
675	qiǎng	五级
676	qiàng	七—九级
677	qiāo	五级
678	qiáo	三级
679	qiǎo	三级
680	qiào	七—九级
681	qiē	四级
682	qié	六级
683	qiě	二级
684	qiè	三级
685	qīn	三级
686	qín	五级
687	qǐn	七—九级
688	qīng	二级
689	qíng	二级
690	qǐng	一级
691	qìng	三级
692	qióng	四级
693	qiū	二级
694	qiú	一级
695	qū	三级
696	qú	六级
697	qǔ	二级
698	qù	一级
699	quān	四级
700	quán	二级
701	quǎn	七—九级
702	quàn	五级

703 quē 三级
704 què 二级
705 qún 三级
706 rán 二级
707 rǎn 五级
708 rǎng 七—九级
709 ràng 二级
710 ráo 七—九级
711 rǎo 五级
712 rào 五级
713 rě 七—九级
714 rè 一级
715 rén 一级
716 rěn 五级
717 rèn 一级
718 rēng 五级
719 réng 三级
720 rì 一级
721 róng 三级
722 rǒng 七—九级
723 róu 七—九级
724 ròu 一级
725 rú 二级
726 rǔ 六级
727 rù 二级
728 ruǎn 五级
729 ruì 七—九级
730 rùn 五级
731 ruò 四级
732 sā 七—九级
733 sǎ 五级
734 sà 七—九级
735 sāi 六级
736 sài 三级
737 sān 一级
738 sǎn 四级
739 sàn 三级
740 sāng 七—九级
741 sǎng 七—九级
742 sàng 六级
743 sāo 七—九级
744 sǎo 四级
745 sào 七—九级
746 sè 二级
747 sēn 四级
748 sēng 七—九级
749 shā 三级
750 shǎ 五级
751 shà 七—九级
752 shāi 七—九级
753 shài 四级
754 shān 一级
755 shǎn 四级
756 shàn 三级
757 shāng 一级
758 shǎng 四级
759 shàng 一级
760 shāo 四级
761 sháo 六级
762 shǎo 一级
763 shào 一级
764 shē 七—九级
765 shé 五级
766 shě 五级
767 shè 三级
768 shéi 一级
769 shēn 一级
770 shén 一级
771 shěn 六级
772 shèn 四级
773 shēng 一级
774 shéng 七—九级
775 shěng 二级
776 shèng 三级
777 shī 一级
778 shí 一级
779 shǐ 二级
780 shì 一级
781 shi 七—九级
782 shōu 二级
783 shóu 二级
784 shǒu 一级
785 shòu 二级
786 shū 一级
787 shú 二级
788 shǔ 二级
789 shù 一级
790 shuā 四级
791 shuǎ 七—九级
792 shuāi 五级
793 shuǎi 七—九级
794 shuài 四级
795 shuān 七—九级
796 shuàn 七—九级
797 shuāng 三级
798 shuǎng 六级
799 shuí 一级
800 shuǐ 一级
801 shuì 一级
802 shùn 二级
803 shuō 一级
804 shuò 五级
805 sī 二级
806 sǐ 三级
807 sì 一级
808 sōng 四级
809 sǒng 七—九级
810 sòng 一级
811 sōu 五级
812 sòu 七—九级
813 sū 六级
814 sú 四级
815 sù 一级
816 suān 四级
817 suàn 二级
818 suī 二级
819 suí 二级

820	suǐ	七—九级
821	suì	一级
822	sūn	四级
823	sǔn	五级
824	suō	四级
825	suǒ	二级
826	tā	一级
827	tǎ	六级
828	tà	六级
829	tāi	七—九级
830	tái	三级
831	tài	一级
832	tān	七—九级
833	tán	三级
834	tǎn	五级
835	tàn	六级
836	tāng	三级
837	táng	二级
838	tǎng	四级
839	tàng	六级
840	tāo	六级
841	táo	五级
842	tǎo	二级
843	tào	二级
844	tè	二级
845	téng	二级
846	tī	四级
847	tí	二级
848	tǐ	一级
849	tì	四级
850	tiān	一级
851	tián	三级
852	tiǎn	七—九级
853	tiāo	四级
854	tiáo	一级
855	tiǎo	四级
856	tiào	三级
857	tiē	四级
858	tiě	二级
859	tīng	一级
860	tíng	二级
861	tǐng	二级
862	tōng	二级
863	tóng	一级
864	tǒng	四级
865	tòng	三级
866	tōu	五级
867	tóu	二级
868	tòu	四级
869	tū	三级
870	tú	一级
871	tǔ	三级
872	tù	五级
873	tuán	三级
874	tuī	二级
875	tuí	七—九级
876	tuǐ	二级
877	tuì	三级
878	tūn	六级
879	tún	七—九级
880	tuō	四级
881	tuó	七—九级
882	tuǒ	七—九级
883	tuò	七—九级
884	wā	六级
885	wá	六级
886	wǎ	七—九级
887	wà	四级
888	wa	六级
889	wāi	七—九级
890	wài	一级
891	wān	四级
892	wán	一级
893	wǎn	一级
894	wàn	二级
895	wāng	七—九级
896	wáng	二级
897	wǎng	一级
898	wàng	一级
899	wēi	三级
900	wéi	二级
901	wěi	三级
902	wèi	二级
903	wēn	二级
904	wén	一级
905	wěn	四级
906	wèn	一级
907	wēng	七—九级
908	wō	七—九级
909	wǒ	一级
910	wò	三级
911	wū	三级
912	wú	四级
913	wǔ	一级
914	wù	二级
915	xī	一级
916	xí	一级
917	xǐ	一级
918	xì	一级
919	xiā	七—九级
920	xiá	七—九级
921	xià	一级
922	xiān	一级
923	xián	四级
924	xiǎn	三级
925	xiàn	一级
926	xiāng	二级
927	xiáng	五级
928	xiǎng	一级
929	xiàng	二级
930	xiāo	三级
931	xiáo	七—九级
932	xiǎo	一级
933	xiào	一级
934	xiē	一级
935	xié	二级
936	xiě	一级

937	xiè	一级
938	xīn	一级
939	xìn	二级
940	xīng	一级
941	xíng	一级
942	xǐng	四级
943	xìng	一级
944	xiōng	四级
945	xióng	五级
946	xiū	一级
947	xiǔ	七—九级
948	xiù	四级
949	xū	二级
950	xú	七—九级
951	xǔ	二级
952	xù	三级
953	xuān	三级
954	xuán	六级
955	xuǎn	二级
956	xuàn	七—九级
957	xuē	七—九级
958	xué	一级
959	xuě	二级
960	xuè	六级
961	xūn	七—九级
962	xún	四级
963	xùn	三级
964	yā	三级
965	yá	四级
966	yǎ	七—九级
967	yà	四级
968	ya	四级
969	yān	三级
970	yán	二级
971	yǎn	二级
972	yàn	三级
973	yāng	五级
974	yáng	二级
975	yǎng	二级
976	yàng	一级
977	yāo	二级
978	yáo	四级
979	yǎo	五级
980	yào	一级
981	yē	七—九级
982	yé	一级
983	yě	一级
984	yè	一级
985	yī	一级
986	yí	二级
987	yǐ	二级
988	yì	二级
989	yīn	二级
990	yín	二级
991	yǐn	四级
992	yìn	二级
993	yīng	二级
994	yíng	二级
995	yǐng	一级
996	yìng	二级
997	yōng	五级
998	yǒng	二级
999	yòng	一级
1000	yōu	三级
1001	yóu	二级
1002	yǒu	一级
1003	yòu	一级
1004	yú	二级
1005	yǔ	一级
1006	yù	二级
1007	yuān	七—九级
1008	yuán	一级
1009	yuǎn	一级
1010	yuàn	一级
1011	yuē	三级
1012	yuè	一级
1013	yūn	六级
1014	yún	二级
1015	yǔn	六级
1016	yùn	二级
1017	zā	七—九级
1018	zá	三级
1019	zāi	五级
1020	zǎi	四级
1021	zài	一级
1022	zán	二级
1023	zǎn	七—九级
1024	zàn	四级
1025	zāng	二级
1026	zàng	六级
1027	zāo	五级
1028	záo	七—九级
1029	zǎo	一级
1030	zào	三级
1031	zé	三级
1032	zéi	七—九级
1033	zěn	一级
1034	zēng	三级
1035	zèng	五级
1036	zhā	六级
1037	zhá	七—九级
1038	zhǎ	七—九级
1039	zhà	六级
1040	zhāi	五级
1041	zhái	六级
1042	zhǎi	七—九级
1043	zhài	六级
1044	zhān	七—九级
1045	zhǎn	三级
1046	zhàn	一级
1047	zhāng	三级
1048	zhǎng	二级
1049	zhàng	四级
1050	zhāo	四级
1051	zháo	四级
1052	zhǎo	一级
1053	zhào	二级

1054	zhē	七—九级
1055	zhé	四级
1056	zhě	二级
1057	zhè	一级
1058	zhe	一级
1059	zhēn	一级
1060	zhěn	五级
1061	zhèn	四级
1062	zhēng	三级
1063	zhěng	三级
1064	zhèng	一级
1065	zhī	一级
1066	zhí	二级
1067	zhǐ	二级
1068	zhì	三级
1069	zhōng	一级
1070	zhǒng	三级
1071	zhòng	一级
1072	zhōu	二级
1073	zhóu	七—九级
1074	zhòu	七—九级
1075	zhū	三级
1076	zhú	四级
1077	zhǔ	二级
1078	zhù	一级
1079	zhuā	三级
1080	zhuǎ	七—九级
1081	zhuài	七—九级
1082	zhuān	三级
1083	zhuǎn	三级
1084	zhuàn	六级
1085	zhuāng	二级
1086	zhuàng	三级
1087	zhuī	三级
1088	zhuì	七—九级
1089	zhǔn	一级
1090	zhuō	一级
1091	zhuó	七—九级
1092	zī	三级
1093	zǐ	一级
1094	zì	一级
1095	zōng	四级
1096	zǒng	三级
1097	zòng	六级
1098	zǒu	一级
1099	zòu	六级
1100	zū	二级
1101	zú	三级
1102	zǔ	二级
1103	zuān	六级
1104	zuàn	七—九级
1105	zuǐ	二级
1106	zuì	一级
1107	zūn	五级
1108	zuó	一级
1109	zuǒ	一级
1110	zuò	一级

读者意见反馈

为收集对教材的意见建议，进一步完善教材编写并做好服务工作，读者可将对本教材的意见建议通过如下渠道反馈至我社。

咨询电话　0086-10-58581350

反馈邮箱　xp@hep.com.cn

通信地址　北京市西城区德外大街 4 号

高等教育出版社海外出版事业部（国际语言文化出版中心）

邮政编码　100120